外交を喧嘩にした男

小泉外交二〇〇〇日の真実

読売新聞政治部

新潮社

外交を喧嘩にした男　目次

装　幀　新潮社装幀室
写真提供　読売新聞社
　　　　　共同通信社
図表製作　ジェイ・マップ
　　　　　花岡デザイン事務所

この作品は、２００４年11月18日から２００５年6月24日まで、読売新聞紙上に連載された「政治の現場—小泉外交」の３部作を改題し、追加取材により増補したものである。本文中敬称略。肩書や年齢は当時のままとした。

外交を喧嘩にした男

小泉外交二〇〇〇日の真実

プロローグ

小泉純一郎首相のもとに、掛け軸を写した1枚の写真が送られてきた。
掛け軸には、見事な草書体で、

「得乾坤清絶気」

と記され、「六浦荘人」の署名があった。持ち主は福岡県の人。「首相のお爺さんの又次郎さんの筆ではないか」と鑑定を依頼してきたのだ。

本物だった。「六浦荘人」は祖父の小泉又次郎（第2次若槻内閣で逓信相）がよく使っていた雅号の一つ。書は「天下の清らかな気を採り入れる」という意味で、1936年秋に書かれたものだった。

小泉首相から聞いた話である。このエピソードを紹介しながら、首相は「『凄絶（すさまじい）』なら分かるが、『清絶（非常に清らか）』というのは、あまりお目にかからないね。いいねえ」と相好を崩した。2005年7月末のことだ。

掛け軸の6文字に心が動いたのは、政局が文字通り「凄絶な戦い」へと突入しつつあったからだろう。

約10日後の8月6日夜。東京・永田町の首相公邸の一室で、小泉首相は、兄貴分の森喜朗・前首相と向かい合った。テーブルの上には、世界各国の缶ビールとサケの薫製、ひからびたチーズがのっていた。

「郵政民営化法案が参院で否決されたら衆院を解散する」という小泉首相に、森氏は激しく翻意を迫った。

「この時期に選挙をやって一体どんな意義があるのか。法案の可決に努力してきた人たちが路頭に迷うようなことになったら、どう責任をとるんだよ。内政も外交もいま、課題が山積している。政治空白は絶対に避けねばならん。考え直してくれ」

首相は答えた。

「郵政民営化はおれの信念だ。おれは殺されてもいい。それくらいの気構えでやっているんだ」

約1時間の会談を終えて首相公邸から出てきた森氏は、このやりとりを即座に記者団に明かし、不愉快そうに付け加えた。

「はっきり言って、サジを投げたな、おれも。むなしい。わびしいね」

森氏がテレビカメラの前で自分のことを「おれ」と呼んだことは、ほとんどない。新聞の見出しにもなった「殺されてもいい」という首相のセリフは、首相自身が「マスコミに明かしてほしい」と頼んだものだった。森氏の即席記者会見が幾分、芝居がかっていたのはそのせいである。

2日後の8月8日、郵政民営化法案は参院本会議で否決された。首相は予告通り、衆院を解散した。郵政民営化法案に反対した自民党議員には離党を迫り、刺客まで送った。首相は、「改革派対守旧派」の構図を作り上げ、民主党も守旧派の一員に封じ込めた。

作戦は見事に図に当たった。9月11日投票の衆院選は、自民党が296議席を獲得する歴史的な大勝で幕を閉じた。

解散前に、この結果を予測した政治家は、首相を含め、永田町には1人もいなかったと言っていい。むしろ、「解散したら自民党は野党に転落する公算が大きい」と心配する声が圧倒的だった。首相公邸に乗り込んだ森氏もその1人だ。

ここに、歴代の自民党政権とは異なる「小泉政治」の本質が如実に現れている。すなわち、

一、ぶれず、迷わず、目的に向かって邁進する愚直さ
一、リスクを恐れない大胆さと勇気

である。

もちろん、小泉純一郎という特異なキャラクターの所産にほかならない。衆院解散―刺客作戦―自民党圧勝と展開した2005年夏の歴史的政局は、首相が小泉でなかったら起こり得なかっただろう。


小泉政治を読み解く「ぶれない」「リスクを恐れない」の二つの視点は、小泉外交にも当てはまる。

2002年9月の電撃的な北朝鮮訪問をお膳立てしたのは外務省の田中均アジア大洋州局長だ。首相は田中局長に対し、「日本人を拉致した事実を北朝鮮が認めて謝罪し、拉致被害者の情報を明らかにすることが国交正常化交渉の前提だ。絶対に譲歩するな。もう一度同じことを言ってきてくれ」と再三、口を酸っぱくして指示した。ぶれず、迷わず、である。

だが、相手は軍事独裁のテロ国家だ。欧米諸国との首脳会談のように周到なシナリオは準備できない。政府・与党内には、ぶっつけ本番の首相訪朝を危ぶむ声も少なくなかった。しかし、首相は「拉致問題が前進する可能性があるなら、尻込みしてはいけない」と決断した。

拉致被害者の家族の早期帰国を実現するため、再び金正日総書記との首脳会談に臨んだ2004年5月の2回目の訪朝も同様だった。国内には「首脳が互いに訪問し合う相互主義の外交の慣例に反する。第一、成功するかどうか分からない。外相か官房長官を代理で派遣すればいいのではないか」と首をひねる向きも多かった。

リスクをとる小泉首相の大胆さと政治的勇気は、並の政治家の比ではない。

北朝鮮との関係を含め、小泉外交全体を貫く〝ぶれない〟理念の基本は、「日米同盟を最重視する」ということである。

小泉政権発足から約5か月後に起きた2001年9月11日の米同時テロは、世界を変え、日米同盟に重大な試練をもたらした。

米国は、アフガニスタンでのテロ掃討作戦に続き、イラク戦争へと突き進んだ。同盟国として、どう対処すればよいのか、日本政府は厳しく重い選択を迫られた。国連の場でも、日本国内でも、激しい論議が繰り広げられた。その中で首相は、日米同盟関係を堅持し強めることが国益であると判断し、迷いなく日本の対応策を決めたのだった。

「アメリカは、日本に対する武力攻撃を自分の国に対する攻撃と受け止めると宣言している世界で唯一の国である」

イラク戦争で「米国支持」をいち早く表明した際の小泉首相の言葉だ。核・ミサイルを強化しつつある北朝鮮の脅威を念頭に置いた発言であることは言うまでもない。首相の米国観がよく現れた発言だった。

一方、「戦後最良」と言われる日米関係とは裏腹に、中国や韓国とは、ぎくしゃくした関係が続いた。就任以来毎年続けた靖国神社参拝に、中韓両国が強く反発したためだ。日中間では、長い間、首脳の相互訪問が途絶え、最近では経済面での相互依存関係の深まりと対比した「政冷経熱」（政治関係は冷たく、経済関係は熱い）という言葉も広まった。

首相は言う。

「心ならずも戦場に行った人々に哀悼の意を表明するため、二度と戦争をしてはならないという気持ちで靖国神社に参拝している」

だが、同時に、首相の胸中には「中国に言われて参拝を止めたら、歴史認識の問題が中国の外交カードとして今後ますます重みを持ってしまう」との懸念もあった。

首相は周辺に、「日米中の関係は正三角形ではない。日米関係が何よりも大事だ。日米の揺るぎない同盟関係があって初めて、中国や韓国と正面から向き合うことができる」と語っている。

イギリスの外交官、アーネスト・サトーによれば、外交とは「交渉による国際関係の処理」であり、それに「知性と気転を適用すること」である。

小泉流の「ぶれない愚直さ」には、軸足が定まっていることにより、安定感と信頼感が生れるという利点がある。他方、状況が悪くなった場合、気転がきかず、手詰まり状態からなかなか抜け出せない、という不器用な外交にもなりかねない。前者には日米関係、後者には近年の中国、韓国との関係が当てはまるのではないか。２００５年11月、韓国の釜山で行われた日韓首脳会談で、靖国神社参拝について盧武鉉大統領は「韓国に対する挑戦だ」と言い放った。首相も譲らない。「靖国」をめぐって、首相と中韓両国首脳の関係は、まさに喧嘩状態だ。

それにしても、戦後の日本外交の中で、小泉政権ほど、首相の個性が目に見える形で対外政策に色濃く反映した政権はない。中長期的な外交戦略が首相にあったかどうかは疑問だが、首相官邸が常に外交の司令塔だったことは疑いない。

国際情勢は一段と変化の速度を増しつつある。とくにグローバル化と、科学技術の急速な進展によって、かつては遠い世界のことと思われた出来事が、今では私たちの暮らしに直接影響するようになった。21世紀は、国民の生命、財産を守る「国家の外交力」が、これまで以上に問われる時代である。

外交は、秘密のベールに包まれていることもあって、とかく「一部の政治家や職業外交官にまかせておけばいい」と思われがちだ。しかし、国民の目に触れないところで進められた外交の失敗によって、国が衰退した例は歴史上、たくさんある。

日本をどこに導こうとしているのか、私たちも、しっかり目を見開いて、外交の実相を知り、共にあるべき進路を考えていかなければならない。

読売新聞政治部は、そうした観点から、私が政治部長だった2004年11月から「政治の現場—小泉外交」の長期連載を始めた。

連載を担当した政治部員は多くの関係者に会った。守秘義務の厚い壁に阻まれ、取材は困難を極めたが、その中で、取材班は唯一つのことだけを心がけた。いつ、だれが、どんな考えで、何を言い、どう行動したのかを、丹念に拾い集め、外交政策の立案と決定、相手国との交渉の経緯を出来る限り正確につかむ、ということである。

同時代の日本外交の現場の動きを、ここまで掘り下げて記録したものは他にないのではないか、と秘かに自負している。小泉首相やエリート外交官らの人間くさい、知られざるエピソードもふんだんに盛り込まれている。

本書が、「外交の現場」を正しく理解し、21世紀の日本の進む道を考える一助になれば、それに勝る幸せはない。

2006年1月

読売新聞東京本社編集局次長（前政治部長）　大久保　好男

第1章　日朝外交　極秘交渉の深層

ミスターX登場

外交の世界では、袋小路に陥った困難な事態を打開し、物事を大胆に動かすのは、公式の交渉よりも、水面下の非公式な折衝のことの方が多い。その過程では、折衝が行われていること自体が秘密にされているケースも少なくない。

2002年9月の歴史的な小泉首相の北朝鮮訪問は、その典型だった。1年に及ぶ極秘交渉が日本と北朝鮮の国交正常化交渉を一気に進展させた。一方で、日本人拉致事件を白日の下にさらし、日本国民の「対北朝鮮観」を根底から覆すほどの衝撃をもたらした。

発端は、2001年9月11日の米同時テロよりしばらく前のことだ。北朝鮮側から1本の電話があった。

「責任ある立場の人と、ぜひお会いしたい。こちらも、それなりの人物を出しますから」

後に「ミスターX」と呼ばれることになる北朝鮮の人物が、仲介者を通じ、外務省の槙田邦彦アジア大洋州局長に接触を図ってきたのだ。槙田はXと面会したが、本格的な交渉には至らなかった。9月25日、シンガポール大使に転出した槙田の後任に経済局長から移った田中均が、Xとのルートを引き継いだ。10月には、Xと接触し、訪朝のお膳《ぜん》立てを始めた。

Xは「国防委員会所属の軍関係者」とされるだけで、全く未知の相手だった。その正体については後に、様々な憶測を呼んだ。

日本国内では一時、金正日《キムジョンイル》総書記の「懐刀」とされる姜錫柱《カンソクチュ》第1外務次官や、対日交渉を担当する宋日昊《ソンイルホ》外務省副局長などの名前が取りざたされた。しかし、Xは外務省の人間ではなかった。

田中はある時、自民党関係者に「趙明禄《チョミョンノク》国防委員会第１副委員長の系統だ」と漏らしたことがある。Xを知る関係者によると、Xは、金正日と国防委員会に直結し、40歳代で長身、日本語は話せない人物だという。

朝鮮半島情勢に詳しい米国務省当局者は、「金正日の義弟で、側近中の側近とされる張成沢《チャンソンテク》・朝鮮労働党中央委第１副部長ではないか」との見方を示している。真相は今なお、明らかにされていない。

一方の田中は、外務省内外で「政治、経済両方の政策に通じた仕事師」との評価を受けていた。北米2課長、北東アジア課長、初代の総合外交政策局総務課長、北米局審議官と、花形ポストを歴任した。総政局総務課長時代には、１９９４年の北朝鮮の核開発疑惑への対応と朝鮮半島エネルギー開発機構（ＫＥＤＯ）の設置や、戦後50年の「村山談話」を手がけた。橋本内閣の北米局審議官の時は、96年の劇的な「米軍普天間飛行場返還の合意」の水面下の交渉を担当した。沖縄施設・区域特別行動委員会（ＳＡＣＯ）最終報告や97年の日米防衛協力の指針（ガイドライン）改定にも取り組んだ。

北朝鮮問題に詳しい田中自身も当初は、半信半疑だった。軍関係者を名乗るXが、金正日ら北朝鮮指導部と一体どの程度つながっているのか。

「あの国の体制はよく分からない。慎重にやろう」

田中から相談を受けた福田康夫官房長官は、こう指示した。「手堅く、慎重に」は福田のモットーだ。「ヒゲの次官」で知られた野上義二外務次官も、「本当に信頼できる相手かどうか、よく確認しながら進めてくれ」と田中に念を押した。野上は「今は米同時テロへの対応が優先課題だ。あの田中真紀子外相の下で、果たして日朝交渉をうまく進めることができるだろうか」と不安を抱いていた。

極秘交渉の情報漏れには細心の注意が払われた。会談は、人目を避けるため、週末や祝日に、第三国の中国の北京、大連などで行われた。田中が後に自分の旅券の出入国記録を数えたところ、秘密会談は1年間で約25回に上ったという。月2回のペースに相当する。

当時、交渉の報告を受けていたのはわずか4人。首相官邸の小泉、福田、古川貞二郎官房副長官と、外務省では野上だけだった。

交渉の日本側の出席者は、田中と平松賢司北東アジア課長、通訳。北朝鮮側は、Xと記録係、通訳。「3人対3人」が基本スタイルだった。

最初のころは原則論の応酬が続き、議論は平行線をたどった。

X「日本は植民地支配で、600万人の朝鮮人同胞を強制連行し、耐え難い苦痛を与えた。その責任をどう取るのか」

田中「日本にとって、日本人拉致問題は極めて深刻な問題だ。拉致問題の解決なしに日朝関係が改善することなどあり得ない」

田中は一計を案じた。自分の信頼性を高めるため、「小泉首相との近さ」をアピールする作戦に出た。田中の念頭にあったのは姜錫柱のことだった。

姜は2001年1月、森首相側近の中川秀直・前官房長官とシンガポールで密会し、「トップ会談」を持ちかけた。相手国のトップに近い人物に接近したがるのは、北朝鮮外交の常套手段である。

田中は、Ｘと接触する前後に、意図的に小泉を首相官邸に訪ねた。新聞の首相動静欄に自分の名を載せるためだ。Ｘにも念を押した。

「私はちゃんと小泉首相とも相談したうえで、ここに来ているんですよ」

読売新聞の「小泉首相の一日」欄で確認してみる。田中が小泉訪朝までの1年間で、小泉と２人きりで会ったのは27回に達した。月曜と金曜が各８回で最も多かった。原則として、週末にＸと接触していたことを裏付ける。

新聞に載った以外の「密会」もあった。小泉がホテルなどで会合を開いている最中に、一時抜け出し、別室でひそかに田中と会う「籠《かご》抜け」という手法も使った。小泉が複数の外務省幹部と外国訪問などについて打ち合わせをした後、田中１人だけが残るパターンもあった。

Ｘは、日朝関係の前進に強い意欲を見せ、毎回、熱心に議論に臨んだ。１回ごとに交渉内容を金正日ら北朝鮮指導部にきちんと報告し、指示を仰いでいる様子だった。

交渉が始まって約2か月半後の２００１年12月22日、予想外の事件が起きた。鹿児島県・奄美大島沖の日本の排他的経済水域（ＥＥＺ）内で、北朝鮮籍と見られる不審船が発見され、追跡した海上保安庁の巡視船との銃撃戦の末、沈没したのだ。北朝鮮に対する日本の国内世論は硬化した。

田中はＸに抗議した。

「一体どういうつもりなんだ。北朝鮮は日朝関係を改善するつもりがあるのか」

その後、交渉は一進一退が続いた。拉致、経済協力に加え、安全保障問題でも激しく対立した。

Ｘ「核と弾道ミサイルの問題は米国と交渉する話だ。日本とやる話じゃない」

田中「核とミサイルは日本の安全保障にかかわる。この問題が進展しなければ、日朝関係は進まない」

激しく対立した時は、1か月くらい交渉の間隔が空き、電話連絡さえ取り合わなかった時期もあった。

「私は命がけだ」

膠着していた極秘交渉の1つの転機は、2002年初めに訪れた。

北朝鮮は2月12日、1999年からスパイ容疑で拘束していた日本人の元日本経済新聞記者を解放し、帰国させた。事前に田中が「あなたが信頼できる人物であるというのなら、その証拠として、無条件で釈放して欲しい」と要求していたのに対し、Xが「満額回答」をよこしたのだ。何事にも経済支援などの「見返り」を要求する北朝鮮が、無条件で日本の要求に応じたのは極めて異例であった。

「Xは金正日総書記に直結している。クレディビリティ・チェック（信頼性の確認）は合格だ」

日本側はこう判断し、1枚の外交カードをちらつかせた。「条件が整えば、小泉首相の訪朝もあり得る」と持ちかけたのだ。ただ、田中は、小泉訪朝を実現したいそぶりは絶対に見せないよう心がけた。Xが「日本は首相を訪朝させたがっている」と思えば、足元を見て条件をつり上げてくるのは明らかだからである。一方で、田中は小泉にも「仮説としてですが、首相に北朝鮮を訪問して頂くケースもあります」とささやいた。

北朝鮮がこの時期、日本への態度を軟化させた大きな要因として、ブッシュ米大統領の1月29日の一般教書演説があった。

ブッシュは、北朝鮮をイラク、イランと並べて「悪の枢軸」と名指しで批判し、軍事行動を含む「あらゆる選択肢を排除しない」と強硬姿勢を強めた。クリントン前政権と違って、ブッシュ政権が北朝鮮との2国間交渉には一切応じない方針を崩さない中、北朝鮮には「まず日本との外交交渉に活路を見いだそう」という安全保障上の力学が働いていた。

極秘交渉はヤマ場を迎えつつあった。

「日本は一体いくら金を出してくれるのか」

Xは執ように、日本の大戦中の植民地支配などに対する過去の「補償」を具体的な金額で示すよう迫った。田中が「金額など言えるはずがない」と拒否すると、物騒な脅し文句を平然と口にした。

「私は命がけだ。交渉が失敗した時、あなたは更迭で済むかも知れないが、私は自決するための拳銃を用意している」

「田中さん、我々と戦争しますか」

田中は、中国や韓国との国交正常化の経緯を詳しく説明したうえ、次の3項目を受け入れるよう粘り強く説得した。

一、北朝鮮が拉致の事実を認めて謝罪し、拉致被害者の情報を開示する。

一、「過去の清算」は、北朝鮮が戦前・戦中の財産・請求権を放棄し、経済協力による「日韓方式」で解決する。

一、経済協力の金額は公式にも非公式にも決めない。

この事実上の「3点セット」を「絶対に譲れない一線」と判断していたのは、田中以上に、小泉本人だった。小泉は「この点を譲歩してまで、国交正常化交渉を進める必要はない」と腹をくくっていた。このため、田中に対し、何度もこう指示した。
「次の交渉でも、もう1度、同じことを言って来てくれ。絶対に妥協するな」
だが、Xはなかなか主張を取り下げようとはしなかった。交渉の障害は、思わぬ方面からも生じた。

2002年5月8日、中国・瀋陽の日本総領事館で、脱北者5人が中国警察に連行された。田中は、担当のアジア大洋州局長として、対応に追われた。都内の自宅にも多数の新聞記者が夜回りに訪れ、マークがきつくなった。川口順子外相はやむなく、その週末に予定していた田中とXとの交渉を延期するよう指示した。

田中らにとっては、このころが最も苦しい時期だったという。そんな田中を励まし続けたのは、古川官房副長官だった。

「日朝関係を改善する大義は何ですか。この北東アジアに平和を作ることじゃないか。苦しくても交渉を進めるべきだ」

古川は村山、橋本内閣時代に沖縄の米軍基地問題などを通じて、総政局総務課長、北米局審議官だった田中とは旧知の仲だった。「交渉相手を大事にしなきゃ駄目ですよ」とも助言した。田中は「古川さんのところに来ると、ホッとします」と漏らした。

北朝鮮が拉致や経済協力問題などの「3点セット」について大筋で譲歩し、日朝首脳会談を開催して国交正常化交渉を進めようという段取りが大枠として固まったのは、この年7月のことだった。小泉も「拉致被害者が1人でも帰国できるなら、自分が平壌に行こう」と腹を固めた。

それでも、もう1つの障害が残っていた。前年12月に東シナ海で沈没した北朝鮮の不審船の引き揚げ問題だ。

不審船の沈没地点は、中国の排他的経済水域（ＥＥＺ）内だった。北朝鮮のＸは実は、引き揚げにあえて反対せず、黙認する姿勢を見せていた。日本側は「北朝鮮は本気で首脳会談を成功させたがっているな」と考えた。むしろ問題となったのは、中国側との調整だった。

日本国内でも、「早期引き揚げ」を主張する海上保安庁や防衛庁の幹部と、田中が激しく対立した。

田中「日本の引き揚げ船が、中国の軍艦に取り囲まれたらどうするんだ」

防衛庁幹部「そんなことをして困るのは中国の方だ。なぜ、そこまで卑屈になるんだ。早く引き揚げるべきだ」

田中は小泉訪朝に一言も触れなかったが、防衛庁幹部は後に、「訪朝への影響を懸念したのだろう」と振り返った。最後は福田官房長官が調整に乗り出した。小泉は「引き揚げは引き揚げでやっていこう」と決断した。

結局、中国側との調整が整い、不審船が引き揚げられたのは９月11日。首相訪朝の６日前のことだった。不審船は北朝鮮の武装工作船だった。

独裁国家の北朝鮮では、重要な意思決定はすべて金正日総書記にゆだねられている。「国家犯罪」の日本人拉致問題などを打開するには、金正日本人を動かすための「仕掛け」が欠かせない。小泉が訪朝し、首脳会談を行うことを決断したのは、ある意味で必然だった。

実際、金正日の意思一つで、北朝鮮側の対応が激変した例は少なくない。

７月31日、ＡＳＥＡＮ地域フォーラム（ＡＲＦ）に合わせて、ブルネイで行われた日朝外相会談。

「近くて遠い国が、近くて近い国になりましたね」

北朝鮮の白南淳《ペクナムスン》外相は笑顔を見せ、川口外相の手を握りしめた。

会談後の共同発表文には、日本人拉致問題について「人道上の懸案問題」と明記された。白は2年前の河野洋平外相との会談では、拉致問題を指す「人道上の懸案」という表現さえ拒否していた。今回、白の姿勢がひょう変したのは、もちろん、金正日の意向を反映したものだった。

北朝鮮側が柔軟な姿勢に転じたのは、少なくとも川口・白会談の6日前の7月25日より前と見られている。その理由はこうだ。

7月25日午後、北朝鮮は、6月末に黄海で起きた韓国高速艇への銃撃事件について、「遺憾の意」を韓国側に伝えた。その数時間後の夕方、川口が日朝外相会談の開催を発表した。「遺憾」の表明は実は、田中が「日朝関係を良くしようという時に、あんな事件は困る」と、北朝鮮のXに要求していたものだ。北朝鮮側がこれを受け入れたことにより、外相会談の日程も確定したのだった。

一見、別々に見える二つの出来事が実は、密接に連動していた。

外相会談の開催は、小泉訪朝に話を進める前に、日朝外務省間の正式ルートに乗せるためのステップを踏むのが目的だった。Xは北朝鮮外務省とのつながりはなかった。田中が「外務省も参加させた方がいい」とXに要求し、途中から北朝鮮外務省も交渉に加わったが、主導権はあくまでXが握っていた。白がどこまで極秘交渉の内容を知っているかは、日本側には分からなかった。

このため、外相会談では、あえて極秘交渉には触れなかった。

小泉、福田らの間では一時、外務省ルートを省略して、一気に小泉訪朝を断行する案も検討されたという。

「漏れれば、訪朝はつぶれる」

8月下旬、平壌で行われた日朝外務省の局長級協議では、北朝鮮側の「日本重視」の姿勢が際立った。

「日本は国交正常化と日朝間の諸懸案の解決に真摯《しんし》に取り組む。北朝鮮も真剣に、誠意を持って取り組んで欲しい」

田中や林景一条約局審議官らは8月24日、協議に先立って洪成南《ホンソンナム》首相を平壌市内の万寿台議事堂に表敬訪問した際、金正日あての小泉のこんなメッセージを伝えた。北朝鮮の首相が、局長級の外交官に会うこと自体が異例だった。

田中らは25、26の両日、人民文化宮殿で、北朝鮮の馬《マ》哲洙《チョルス》アジア局長らと協議した。

馬「小泉首相に訪朝して頂けるなら歓迎します。メンツをつぶすことは絶対しません」

田中「拉致問題が進展しない限り、日本国民の北朝鮮を見る目は厳しいですよ」

過去の日朝交渉では、北朝鮮側が机をたたいたり、日本の植民地支配を激しく糾弾するのが常だったが、今回の協議は淡々と進んだ。田中が「拉致」という言葉を使っても、馬らは一切反論しなかった。２０００年10月を最後に中断されていた国交正常化交渉の再開についても、「今後1か月をめどに」検討することで合意し、「共同文書」に明記された。

協議終了後の26日午後、田中らは、北朝鮮外務省に招かれた。予定外の姜錫柱《カンソクチュ》第1外務次官との会談が設けられたのだ。姜は「小泉首相のメッセージは特別列車で移動中の金総書記に伝えました」と説明した。当時、金正日はウラジオストクでのウラジミル・プーチン大統領との露朝首脳会談を終え、帰国する途中だった。わざわざ移動中の金正日にメッセージを届けたことに、日本側は、北朝鮮側の前向きな姿勢を感じた。

姜は「米国が北朝鮮を敵視しないよう、日本から説得して欲しい」とも田中に訴えた。

平壌の中心部は、金正日の帰国に合わせてイルミネーションが飾られていた。多数のチョゴリ姿の女性が参加する集会も開かれ、歓迎ムード一色だった。

局長級協議後の平壌での記者会見。田中は、今後の日朝関係に関して、3つのキーワードを挙げた。

「時限性」——国交正常化交渉再開の是非の方向性を1か月以内に出す。

「包括性」——過去の清算を他の懸案と一緒に解決する。

「政治的意思」——両首脳による政治判断で日朝間の懸案解決に取り組む。

「当時はだれも気づかなかったが、3つのキーワードは、9月の小泉首相の訪朝による首脳会談を強く示唆していた」

外務省幹部は後日、解説した。

ただ、小泉訪朝の実現までには、なお大きな課題が残っていた。北朝鮮を「悪の枢軸」と批判する同盟国・米国との調整だった。

8月21日、外務省の次官室で開かれた幹部会議。多くの出席者が我が目を疑った。

谷内《やち》正太郎総合外交政策局長、藤崎一郎北米局長、海老原紳条約局長らに配られたのは、何と国交のない北朝鮮との首脳会談を前提とした「日朝平壌宣言」の原案だった。

当時、外務省で日朝極秘交渉の報告を受けていたのは、川口外相と、野上の後任の竹内行夫次官の2人だけだった。小泉本人が「外務省でこの件を知っているのは、外相、次官、田中（アジア大洋州局長）、平松（北東アジア課長）の4人だけだな。絶対に、それ以外には話すなよ」と強く口止めしていたのだ。

「秘密裏にやってきて申し訳ない。首相も了承していたことだ」

竹内は冒頭、幹部たちに釈明した。

宣言案が「拉致」に言及していないことに谷内が気づいた。

「拉致問題はどうなっているんだ」

田中は「それは別途、やっていますから」とだけ答えた。竹内も当然のような顔で、何も発言しなかった。その場の雰囲気を踏まえ、谷内らはそれ以上の追及はしなかった。

田中は、9月の小泉訪朝後の日朝関係について、極めて楽観的かつ強気の見通しを示した。

「年内にも、国交正常化は実現するでしょう」

海老原は「こんな大事な外交文書を条約局長の私に何の相談もなしに作るのはおかしい」と田中にかみついた。田中は「首相の指示だった」とかわした。海老原が「米国には連絡したのか」と質問すると、田中は否定した。気まずい空気が流れた。

「宣言案では核や弾道ミサイルの問題への言及が不十分だ。今後、米国から相当突っ込まれるだろう」と、出席者の1人は懸念した。

コリン・パウエル米国務長官は約3週間前の8月1日、ブルネイでの日米外相会談で、「北朝鮮には、従来とは違う形式の核疑惑がある」と川口に警告していた。１９９4年の米朝枠組み合意では、北朝鮮のプルトニウム型の核開発計画は凍結していたが、新たな疑惑が生じたウラン濃縮型の核開発は対象外だった。日本側はこの後、新たな核疑惑に関する詳しい説明を求め、米側が専門家を派遣することを約束した。だが、結局、小泉訪朝前に専門家は来日しなかった。

日本側は実は、この年の春ごろから、水面下で日朝交渉を進めていることはハワード・ベーカー駐日米国大使らにひそかに説明していた。しかし、最も重要な小泉の訪朝計画は伏せていた。「事前に漏れれば、訪朝はつぶれる。米政権内の強硬派が意図的にリークする恐れもある」と判断していたからだ。

日本側の秘密主義が日米関係をきしませた。

米政権内の「訪朝反対」

米国に訪朝計画を伝えたのは小泉本人だった。8月27日午後、来日中のリチャード・アーミテージ国務副長官、ベーカーと首相官邸で会談した際、こう打ち明けた。

「近く北朝鮮を訪問し、金正日総書記と会談したい。自分が行って拉致問題などの局面を打開したい。ブッシュ大統領にもきちんと伝えるつもりだ。詳細は今晩、事務レベルで説明させる」

正式発表のわずか3日前のことだ。アーミテージには寝耳に水だった。首相官邸から在京米大使館に直行した。ベーカーの執務室で保秘電話を手に取ると、パウエルに連絡した。

「小泉首相が平壌に行く。首相本人が『拉致問題を解決するため、行く必要がある』と言っている。核開発など大量破壊兵器の問題も決して軽視せず、米国の国益は損ねないと約束している」

その夜、福田官房長官と、平壌での日朝局長級協議から帰国した田中が都内のホテルで、アーミテージやジェームズ・ケリー国務次官補（東アジア太平洋担当）に交渉の経過や今後の見通しを説明した。日本外交に出し抜かれた形の米側には、白けた空気が漂い、ほとんど質問は出なかった。

翌28日、アーミテージはパウエルから国際電話を受けた。ブッシュとの調整を済ませたパウエルは、「ＯＫだ。大統領は愉快というわけではないが、小泉首相の立場を理解した」と語った。アーミテージはほっとした。

アーミテージはこの日、東京・麻布台の飯倉公館で行われた第1回日米戦略対話の休憩中に、別室に竹内を呼び出し、今後の日朝交渉にやんわりとクギを刺した。

「訪朝は慎重に進めて欲しい。今後は、米国にもきちんと連絡して欲しい」

この日夜、小泉は首相官邸からブッシュに電話し、自らの訪朝を直接説明した。マスコミには田中の事務的な報告を受けたことにし、電話会談は伏せた。さらに、中国の江沢民国家主席、韓国の金大中大統領にも相次いで電話した。江沢民と金大中は不在だった。小泉と江沢民との関係は、小泉の靖国神社参拝をめぐってぎくしゃくしていたため、「わざと江沢民が不在の時に電話し、訪朝することを伝言した」と解説する関係者もいる。

2日後、福田が小泉訪朝を正式発表した。米政府内には、「日本が核疑惑を深く追及しないまま、拉致問題で北朝鮮と取引し、国交正常化を進めてしまうのではないか」との疑念が広がっていた。それを抑え込んだのは、ブッシュ本人だった。

ブッシュは「金正日は嫌いだ」と公言してはばからない。9月12日、ニューヨークでの定宿であるウォルドルフ・アストリアホテルで行われた日米首脳会談では、「北朝鮮の大量破壊兵器、ミサイル、通常兵力はおろそかにできない」と指摘した。小泉は「我々も核問題を懸念している。核問題が解決しない限り、日朝が国交を正常化することはない」と強調した。ブッシュは小泉の言葉に理解を示し、訪朝への支持を明言した。会談の最後には、小泉に心からエールを送った。

「グッド・ラック」

2001年9月の米同時テロ後、自衛隊のインド洋派遣による対米支援などを通じて醸成された小泉とブッシュとの強い個人的な信頼関係がものを言った。

アーミテージは2003年春、訪米した外務省幹部に対し、米政権の内情を明かした。

「実は、我々は当時、小泉訪朝に反対だった。だが、大統領が『ジュンイチロウが決めたことだから』と言うので、それ以上は何も言えなかった」

米国のチャールズ・プリチャード前朝鮮半島和平担当特使も2004年1月になって、田中にこう述懐した。

「小泉訪朝は絶妙のタイミングだった。もう少し遅ければ、米政府は本気でつぶそうと動いただろう」

小泉政権になって日米関係は「戦後最高」と言われた。だが、一皮めくれば危うい局面もあったのである。

小泉と北朝鮮の金正日が署名した「日朝平壌宣言」。このA4判1枚の文書を、日朝両政府はその後も、折に触れて引用している。文書の随所には、首脳会談直前まで日朝両国が展開した、激しい攻防の跡がにじんでいる。

宣言案の大詰めの調整が続いていた8月末。竹内外務次官は田中らにハッパをかけた。

「絶対に日韓方式しかない。補償をにおわす表現が宣言に残るようなら、首相訪朝がなくなっても構わない」

「日韓方式」とは、相手国に補償・賠償は行わず、相互に財産・請求権を放棄したうえ、経済協力により、日本の植民地支配の問題を解決する手法だ。日本が1965年に韓国と国交正常化した際の日韓基本条約を手本としている。

仮に韓国より良い条件を北朝鮮に提示すれば、当然、韓国から不満が噴出する。日本にとって、別の選択肢はあり得なかった。

北朝鮮側はいったん日韓方式に基本的に同意しながら、土壇場になって、再び「補償」にこだわりだしていた。さらに、巨額の経済協力の金額を明示するよう要求してきた。日本側が8月30日に小泉訪朝を発表したことにより、もう引き返せないと見て、最後の「瀬戸際戦術」に出てきたのだ。

北朝鮮が要求した金額について、外務省筋は「途方もない巨額で、論外だった」と語った。平壌宣言の表現については、外務省内で一時、「経済協力とも補償とも読めるような表現で妥協してはどうか」との意見も出た。だが、竹内は「絶対に駄目だ」と念を押した。竹内は思い詰めていた。

「日朝どちらが先に降りるか、これはチキンゲームだ」

9月上旬、田中とXらによる予備交渉が2回にわたり、北京で行われた。北朝鮮側は結局、経済協力に関しては日本側の主張を丸のみした。補償をにおわす表現は一切姿を消した。91年1月の日朝国交正常化交渉開始以来、初めてのことだ。日朝交渉に長く携わった外交官は「北朝鮮はコペルニクス的転回をした」と評した。

8月21日に一部の外務省幹部に配られた平壌宣言の原案では、経済協力の実施時期が明確でなかったが、最終的に「国交正常化の後」と明記された。

「北朝鮮は、国交正常化後にしか本格的な経済協力が得られないということは十分認識している。

その点は、きちんと説得し切った自信がある」

田中は後日、関係者にこう語った。

平壌宣言の約4分の1は、経済協力の記述にあてられている。「低金利の長期借款供与」「国際協力銀行等による融資」といった具体的な専門用語も目立つ。当時は、「北朝鮮に譲歩し過ぎだ」との批判もあったが、実際は逆だという。

「補償ではなく、完全な経済協力だと明確にする狙いだった」と政府高官は説明する。

平壌宣言では、日本が譲った部分もある。過去の植民地支配に関する北朝鮮への「謝罪」だ。日韓基本条約や72年の日中共同声明には、謝罪はない。95年に村山首相が出した「村山談話」の「痛切な反省と心からのお詫び」という表現を踏襲したとは言え、国交正常化前に相手国に謝罪するのは外交上、異例だとの指摘があった。

安倍晋三官房副長官は平壌へ向かう政府専用機内で、平壌宣言の骨子を初めて見せられた。小泉の目の前で、「謝罪のくだりなどは日韓基本条約より踏み込んでいるのではないか」と問題提起したが、田中は明確な返答をしなかった。小泉も黙ったままだった。

拉致問題でも、妥協を余儀なくされた。

日本側は執ように「拉致」の明記を求めたが、北朝鮮側は頑として応じなかった。

結局、宣言は「日本国民の生命と安全にかかわる懸案問題については、(北朝鮮が)今後再び生じることがないよう適切な措置をとる」との間接的な表現にとどまった。「日朝が不正常な関係にある中で生じた」と、拉致事件を起こした北朝鮮側を弁護するかのような表現も残った。代わりに、金正日本人が17日の首脳会談で、「遺憾」の意を表明したうえ、北朝鮮外務省報道官の談話を朝鮮中央通信を通じて対外的に発表することになった。「宣言の表現と、口頭での遺憾表明、談話発表の3項目はセット」というのがぎりぎりの事前交渉の合意だった。金正日が会談で、拉致の責任を認め、生存者を帰国させる「原状回復」の措置を取ることでは合意していたが、発言の具体的表現までは詰めることができなかったという。

「金正日が拉致や工作船の事実を認めることを最終的に決断したのは、首脳会談が始まる15分前だった」と語る関係者もいる。

「2国間の外交文書は、両国の国力や立場に圧倒的な差がない限り、9対1や8対2で片方の国に一方的に有利な文書にはなり得ない。実は、双方が『6対4で得している』と解釈できる文書が一番良い。その意味で、平壌宣言は良くできている。北朝鮮側は、経済協力がしっかり明記してある、と主張できる。日本にとって、経済協力は国交正常化後の話で『将来の展望』にすぎないが、拉致や核・ミサイルなど北朝鮮がやるべきことは現実に、今すぐやることになっている」

条約交渉に詳しい外務省幹部の解説である。

9月上旬、日本政府の第1次先遣隊が平壌入りした。外務省と航空自衛隊の職員が中心で、市内の高麗ホテルに現地準備本部を設置し、政府専用機を飛ばすための下見や通信回線の確保などに当たった。何もかもが初めてとあって、準備がうまく進むのか懸念された。

先遣隊の代表は外務省の課長級だった。だが、空港で出迎えたのは、格上の馬哲洙・外務省アジア局長だった。北朝鮮側は、「偉大なる将軍様の客人を迎えるのだから、我々も全面的に協力する」と表明した。日本側が要望したほとんどの案件は現場の担当者の判断で許可した。金日成総合大学の見学も許された。「日本から衛星電話の機材を検閲なしで運び入れさせて欲しい」と頼んだ時は、「軍事委員会に相談してみる」と持ち帰ったが、最終的に了承された。

このころ、小泉は訪朝のための勉強会を重ねていた。

「首脳会談では、決して笑わないでください」

「握手は両手でなく、片手の方が良いでしょう」

外国要人と会談する際、自然と両手で握手する癖のある小泉に対し、田中や飯島勲首相秘書官らが助言した。

9月17日朝、平壌の順安《スンアン》空港。小泉は厳しい表情で政府専用機のタラップを降りた。トップダウンで北朝鮮の対応を前向きに変えようとした日本側の戦略は、この時点までは一応、順調に進んでいるように見えていた。

「8人死亡」の衝撃

それは、1年間に及ぶ極秘交渉の苦労が水泡に帰すかのような衝撃だった。

9月17日午前、「百花園招待所」（迎賓館）での日朝首脳会談に先立ち、田中と馬が局長級協議に臨んだ。馬は、横田めぐみ、有本恵子ら8人は死亡し、久米裕は「北朝鮮に入国していない」と回答した。生存していると説明されたのは、蓮池薫、地村保志両夫妻と曽我ひとみの5人だけ。小泉や田中の事前の予想よりもはるかに悪い内容だった。

報告を受けた小泉は沈痛な表情を浮かべ、目をつぶったまま、しばし絶句した。安倍官房副長官が「厳しく抗議して下さい」と言うと、小泉はうなずいた。

小泉は午前11時過ぎ、首脳会談に臨んだ。厳しい空気が漂っていた。金正日は冒頭、日朝国交正常化への意欲を表明した。

「日朝両国はこれまで、近くて遠い関係にあったが、首脳会談を契機に、『近くて近い国』とし、

『近くて遠い国』との言葉は前世紀の古い言葉としたい。両国関係の歴史に新たなページを開きたい」

小泉はまず、８人死亡について「大きなショックであり、強く抗議する」と表明し、継続調査を求めた。生存者の早期帰国や、拉致の再発防止も要求した。

さらに、小泉は「拉致を含む人道上の問題や安全保障上の諸懸案に誠意を持って対応して欲しい。両国関係を大きく進めるには政治的意思が必要だ。金総書記が勇気ある行動を取ることを望む」と迫った。しかし、金正日から謝罪の言葉はなかった。

昼食休憩の間、安倍は「金正日が拉致を認め、謝罪しなければ、平壌宣言に同意すべきではありません」と、小泉に進言した。高野紀元《としゆき》・外務審議官も同調した。小泉は緊張した表情で、日本から持参した弁当に一切はしをつけなかった。

午後の会談が始まった。金正日はようやく、拉致の事実について「誠に忌まわしい出来事だ。この場で遺憾であったことを率直におわびしたい」と謝罪した。しかし、責任転嫁を図るように弁明した。

「70年代、80年代初めまで、特殊機関の一部が妄動主義、英雄主義に走った」

さらに、「二つの理由がある。一つは特殊機関で日本語の学習をするため。一つは他人の身分を利用して南（韓国）に入るためだ。これらに関連した責任者は処罰された。これからは絶対にない」と言明した。２００１年末の不審船事件についても、北朝鮮の工作船だったことを認めたが、「私は事実を知らなかった」と弁解した。小泉は、それ以上の追及はしなかった。

核・ミサイル問題について、小泉は、「関連するすべての国際合意を順守することを強く求める。ミサイル発射のモラトリアム（凍結）は２００３年以降も継続すべきだ」と訴えた。既に平壌宣言案に明記されている内容をなぞっただけだった。金正日は、弾道ミサイル発射の凍結延長については明言した。だが、核問題では、朝鮮半島エネルギー開発機構（ＫＥＤＯ）の軽水炉建設の遅れを問題視した。「米国が誠実に対応すれば解決する」と、米国への不満も隠さなかった。

ある外務省幹部は後日、小泉の首脳会談での発言ぶりについて悔しがった。

「拉致とミサイルの発射凍結問題。首相が会談で両方を攻めれば、北朝鮮はどちらかで譲歩し、平壌宣言をもう一歩前進させられたはずだ」

首脳会談開始から6時間半後の午後5時半。小泉と金正日は平壌宣言に署名した。

会談前に用意された文案は、1文字たりとも変わらなかった。


この日夕方、首脳会談を終えて百花園招待所内の控室に戻った小泉の表情は険しかった。その隣で、岡田秀一首相秘書官が声を上げた。

「あれ、家族への言葉が全くないですね」

外務省が作成した小泉の記者会見の冒頭発言要領に、「死亡」とされた被害者8人の家族らをいたわる言葉が一切なかったのだ。小泉も「本当だ。これはまずいな」と顔をしかめた。

「『痛恨の極みであります』と入れてはどうか」

安倍が提案した。小泉はその通り発言し、記者会見は一応、事なきを得た。拉致問題に関する事前準備の不十分さを浮き彫りにした一幕だった。

なぜこんなことが起きたのか。

田中は訪朝直前、安倍に言い切っていた。

「一瀉千里で交渉を進め、1か月くらいで国交正常化を実現したい」

小泉や田中らには当時、極めて困難な国交正常化交渉だからこそ、歴史的な首脳会談をバネとして、一気に進めた方がいい、という判断があった。一方で、「日本外交史に残る偉業を成し遂げたい、という功名心にかられていた」との指摘も少なくない。

「拉致は機微に触れる問題だ」

これが当時の田中の口癖だった。それを理由に、自分と平松北東アジア課長の2人だけで拉致問題の交渉を仕切った。2国間の条約交渉には必ず同席する条約局を含め、他の外務省幹部には一切関与させなかった。

田中らの手法は省内外から「秘密主義」との批判を招いた。後日、「田中局長は実は、何人が生存し、何人が死亡しているか、安否情報を事前に知っていたのではないか」との憶測を呼んだほどだ。

実際は、Xらは日朝の事前折衝で、「拉致問題を判断できるのは金正日総書記だけだ」と最後まで言い張り、安否情報を何も明かさなかったという。結局、首脳会談当日の「出たとこ勝負」となった。通常の首脳会談ではあり得ない、大きなリスクを背負う会談である。そのリスクを平然と取るのが、良くも悪くも「小泉流」だった。

「どんな安否情報が出ようとも、徹底した真相究明の調査を求め、きちんとした科学的な証拠の開示を求めよう」

小泉と田中らは訪朝前、こんな対処方針を定めるのが精いっぱいだった。

北朝鮮側が17日午前の局長級協議で日本側通訳に手渡した拉致被害者の安否リストの扱いも、後に問題となった。横田さんら8人の「死亡年月日」が記載されていたにもかかわらず、外務省は当初、「非公式情報」として被害者の家族に知らせなかった。田中らは会談当日になっても、事前交渉と同様に、ごく少数で拉致問題を仕切ろうとした。その結果、相次ぐ不測の事態に適切な判断と機敏な対応ができるだけの体制が組まれていなかった。

田中は当日、首脳会談にかかりきりだった。安否リストを見る暇がなく、「死亡年月日」のことも知らなかった。有本恵子と石岡亨の「死亡」が同じ88年11月4日だと気づき、「あれ、同じ日付だ。外務省は、この説明をできるようにしておかないといけないぞ」と最初に声を上げたのは、飯島首相秘書官だった。

核・ミサイル問題に関する準備も不十分だった。

米国は「小泉首相は北朝鮮の核問題に詳しくないのではないか」と懸念していた。ベーカーが訪朝前、安倍に小泉あての親書を託し、核問題について注意喚起をしたほどだった。しかし、訪朝の事前勉強会でも、割かれた時間は少なかった。小泉は、日本を射程に入れる北朝鮮の弾道ミサイル「ノドン」の配備数といった基礎データさえ把握せずに首脳会談に臨んだのだという。

外交に秘密は欠かせない。しかし、初訪朝では、秘密にこだわり過ぎた結果、大きな「詰めの甘さ」が生まれた。

小泉訪朝は、日本人拉致が北朝鮮による国家犯罪だったことを暴露した。隣国が抱える「深い闇」は、日本国民に強い衝撃を与えた。

9月17日昼。首脳会談の最中、前北東アジア課長で現地準備本部長の梅本和義駐英公使は平壌市内のある高層アパートに駆けつけた。拉致された蓮池薫、地村保志両夫妻との面会が急に許可されたのだ。横田めぐみさんの娘、キム・ヘギョンもいた。5人は家族ごとに3部屋に分かれて待機していた。梅本はそれぞれ30分程度、面会した。

「あなたのお母さんは日本人なんですよ」

梅本が語りかけると、キム・ヘギョンは「えっ」と驚いた様子を見せた。「お母さんとは昔、遊んだ覚えがかすかにある」「お母さんの墓の場所は知らないし、墓参りに行ったこともない」などと語った。梅本は「どこまでが本当なのかな」と思いつつ、懸命にメモを取った。

蓮池、地村両夫妻に対し、梅本は「日本に来たいですか」と尋ねた。4人の答えは極めて冷静かつ慎重だった。

「両親には会いたいが、子供の学校もある。夫婦でよく相談したい」

実は、面会前に北朝鮮当局者が「私たちは外しますから、ゆっくりと」と言って部屋を退出した際、空調のスイッチを切った。蓮池らは「盗聴される」と直感し、自由に発言できなくなったのだった。

拉致被害者1人ひとりが、北朝鮮による「呪縛《じゅばく》」にとらわれていた。

両家族はこの年6月、高い塀で囲まれ、監視も厳しい「招待所」から、一般住民も住む高層アパートに引っ越しさせられた。観光名所にも連れ回された。

「その時点で、日朝首脳会談の開催を想定し、その後の日朝国交正常化を側面支援する『広告塔』に使うための準備だったのだろう」と、政府筋は指摘する。

蓮池、地村夫妻と曽我ひとみの5人は10月に帰国する前、北朝鮮当局から「子供を連れて行くか」と質問された。5人は「すぐ戻るので、その必要はない」と答えた。北朝鮮への忠誠心を試されている、と感じたからだった。

蓮池らの帰国後、北朝鮮は、5人に子供たちを迎えに来るよう持ちかけた。「迎えに来る場所は、平壌でなく、北京でもいい」とも誘った。蓮池らは悩みながらも拒否した。

「第三国に行けば、そこで子供たちに泣かれ、また北朝鮮に連れ戻されかねない」と、心の底から恐れたからだった。

「今まで、何をやっていた」

「8人死亡」の情報に、拉致被害者の帰国を長年待ち続けた家族の怒りは激しかった。その矛先は外務省、中でも田中に向かった。

小泉訪朝の10日後の9月27日午前。田中と斎木昭隆アジア大洋州局審議官、平松北東アジア課長が都内のホテルで拉致被害者の家族と面会した。斎木を団長とする政府調査団が同日夕、北京経由で北朝鮮に出発するのに先立ち、被害者の身体の特徴などを聞き取るのが目的だった。

席上、家族の怒りが爆発した。

「あんたら、(拉致事件発生から)今まで24年間、何をやっていたんだ。一言謝れ」

拉致被害者の蓮池薫の兄、透が声を張り上げた。田中は「我々の努力を認めて欲しい」と訴えた。透が「拉致問題が解決しない限り、日朝国交正常化などあり得ないと、あんたの口から言ってくれ」と求めても、田中は「一局長の立場では言えない」と答えた。「約束しろ」「できない」。押し問答は1時間にも及んだ。

翌28日から4日間、斎木らは平壌を訪れた。北朝鮮外務省の馬哲洙アジア局長は、拉致被害者について「6、7月ごろに調査委員会を作り、小泉首相訪朝の前日の9月16日に調査結果がまとまった」と説明した。斎木は疑問を感じたが、あえて反論する材料もないため、黙って記録にとどめた。

斎木は、横田めぐみが「自殺」したとする詳しい経緯の説明を求めた。

馬「横田めぐみは自殺した後、自殺した病院の裏に埋めた後、いったん埋葬し直した。その後、夫のキム・チョルジュンが引き取った」

斎木「夫のキムに会わせて欲しい」

馬「『日本人には会いたくない』と言っている」

斎木が「こんないい加減な調査では納得できない」と声を荒らげたこともあった。馬は「もう話はしない」と怒り、席を立った。

斎木は平然と、「それなら仕方がない。日本に帰るぞ」と調査団の帰国をちらつかせた。日朝交渉には付き物の神経戦だった。馬は約2時間後に席に戻ると、一転して会談の継続を持ちかけてきた。

北朝鮮が「ガス中毒死した」とする拉致被害者の有本恵子と石岡亨について、斎木が「警察が現場検証した時の記録が残っているはずだ」とただすと、馬は「日本とは国交がないから、書類を見せる義務はない」と拒絶した。

馬が連れてきた「田口八重子を目撃した」と称する人物は、田口は「身長１７０センチくらいだった」などと詳しい説明を始めた。斎木が「どれくらいの位置から目撃したのか」と尋ねると、かなり距離が離れた場所だった。斎木は「これは信用できないな」と感じた。

後に明らかになる拉致被害者をめぐる北朝鮮側の対応のずさんさは、既に小泉訪朝のころから顕著だった。

10月1日に帰国した調査団は翌2日、詳細な報告書を発表した。小泉訪朝の当日、安否リストを公表しなかった失敗の教訓を踏まえ、「何か隠していたことが分かれば、国民から激しいバッシングを受ける」と、入手した情報のほとんどを公表したのだった。

10月15日、蓮池薫（45）・祐木子（46）夫妻、地村保志（47）・富貴恵（47）夫妻と曽我ひとみ（43）の拉致被害者5人が24年ぶりに日本の土を踏んだ。地村富貴恵がチャーター機のタラップを降りる際、手を振りながら見せた笑顔は、多くの日本国民の心を打った。

5人の帰国時期に微妙な影響を与えたのは、北朝鮮の核疑惑だった。

日朝首脳会談の2日後の9月19日、小泉はブッシュに電話し、「金正日総書記は米国との対話を望んでいる」と伝えた。北朝鮮が小泉訪朝を歓迎した背景には、米国との関係改善の仲介役を日本に果たしてもらいたいという狙いがあった。小泉としても、核問題が解決しないまま、日朝国交正常化を進めるわけにはいかなかった。日朝双方の利害は一致していた。

米国が約2週間後にケリー国務次官補を平壌に派遣し、核問題を協議させたのは実は、この電話会談によるところが大きかった、と複数の日米関係筋は証言する。

ケリーは10月3、4の両日、北朝鮮高官と会談した。北朝鮮がウラン濃縮型の核開発を進めているとの情報を得ていることを明かし、追及した。また、核問題を解決すれば米国との関係改善が図れるとも説明し、慎重な回答を求めた。

「北朝鮮の将来や、国際社会との関係をよく考えたうえで、返事してほしい」

ところが、北朝鮮の姜錫柱《カンソクチュ》第1外務次官は4日、ウラン濃縮型の核開発の事実を平然と認めた。さらに、「我々は、核を放棄することでなく、核抑止力を持つことで人民を食わせていく」と言い放ち、好戦的な態度まで取った。姜とケリーは、売り言葉に買い言葉で、激しいどなり合いになった。

2日後、福田官房長官と川口外相は東京・赤坂の米国大使公邸を訪ねた。安倍官房副長官、外務省の田中アジア大洋州局長も同行した。ケリーの訪朝報告を聞くためだ。

「実は、北朝鮮がウラン濃縮型の核開発を認めた」とのケリーの説明を聞き、福田らは危機感を抱いた。安倍は「この情報がいずれ表ざたになれば、米朝、日朝関係は一気に悪化する。そのおりで被害者5人が帰国できなくなる恐れがある」と懸念した。

福田、安倍、田中は大使公邸を出た後、今後の対応を協議し、5人の帰国を急ぐ方針を確認した。

田中の交渉相手のXは当初、5人の家族を北朝鮮に呼び寄せる案を示していた。だが、日本側はこれを拒否し、2週間程度の5人の「一時帰国」を認めさせた。日本側は、一時帰国の際、民間チャーター機による平壌乗り入れを打診したが、北朝鮮側は難色を示し、「北京経由の民間機」を打診してきた。安倍は「もっと強く交渉してくれ。こっちも腹をくくっている」と田中に指示した。結局、北朝鮮側が折れ、チャーター機の使用が実現した。

北朝鮮が核開発を認めた事実は16日、米国務省が発表した。米政府の対北朝鮮強硬派がマスコミに意図的にリークしたのがきっかけだった。5人が帰国したのは前日の15日。核問題が深刻化し、事態が複雑になる直前で、辛うじて間に合った。

「5人は北朝鮮に戻さない」

5人の帰国後、問題になったのは、当初の予定通り5人を北朝鮮に戻すかどうかだった。日本政府内では、激しい対立が起きた。

田中はXとの信頼関係の維持を優先していた。「5人はいったん北朝鮮に戻り、その後、家族を連れて帰国する」という事前の予定通りの筋書きを描いていた。内閣府が作った5人の「行動予定表」には、北朝鮮に戻る前提で「日本でのお土産の購入」が含まれていた。

しかし、安倍や中山恭子内閣官房参与の考えは違った。「5人は絶対に北朝鮮に戻さない」という家族の思いをくみ、最初から5人を日本に「永住」させる腹づもりだった。

10月24日午前、首相官邸の安倍の副長官執務室に、中山、田中、谷内正太郎官房副長官補らが集まった。田中が5人を北朝鮮に戻すよう主張すると、中山は猛然と反論した。

「政府の責任で、5人を戻さないと決めるべきです」

中山は既に、地村夫妻と曽我が日本に残る意思を伝えてきたことも明らかにした。

谷内も「5人を戻したら、その家族8人を合わせた13人を連れ戻す交渉を始めなければならなくなる。そんなバカなことがあるか」と同調した。

田中が「日朝間の信頼関係が崩れてしまう。日朝協議ができなくなる」と訴えると、中山は「それなら、交渉できる人に代わってもらえばいい」と、平然と言い放った。

激論の最中、中山の携帯電話が鳴った。態度が未定だった蓮池薫からだった。

「私たち夫婦も日本に残ります。残って子供たちが来るのを待ちます」

蓮池は、迷った末のぎりぎりの決断を伝えてきた。流れは決まった。田中は「5人の希望で北朝鮮に戻さないことにした、と発表できないか」と食い下がったが、中山は「それは絶対にやってはいけない」と反論した。最後は安倍が議論を引き取り、こう宣言した。

「5人を戻し、もし2度と日本に帰って来なかったら、内閣はもたない。選択肢はほかにない。今後、子供たちを帰国させ、本人の自由な意志を表明できる環境を作るのが国の責任だ。政府として、5人を日本にとどめるという決定をした、と発表しよう」

田中は、こう言い返すのが精いっぱいだった。

「反対はしないが、これで私とXのルートは死にます。5人の子供らの帰国にも相当長い時間を要しますよ」

北朝鮮をどれだけ信頼できるか。その温度差により、政府内でそれ以降、何回も繰り返される対立の一つだった。

「米国は日本を完全支持」

10月29、30の両日、マレーシア・クアラルンプールで第12回日朝国交正常化交渉が行われた。交渉再開は約2年ぶりだった。北朝鮮側は「5人をいったん北朝鮮に戻すべきだ」と、繰り返し主張した。結局、日朝双方が拉致問題や核開発問題で原則論に終始し、物別れに終わった。

鈴木勝也・日朝国交正常化交渉担当大使は29日昼、北朝鮮の鄭泰和《チョンテファ》日朝交渉担当大使を市内の和食レストランに連れ出し、接点を探った。だが、鄭は「私は拉致のことはよく分からない。将軍様（金正日総書記）が謝罪したのだから、あとは下の者で細かいことを話し合えば良い」などと語るばかりだった。

2003年に入ると、事態はさらに悪化した。北朝鮮は1月10日、核拡散防止条約（NPT）の脱退を表明した。拉致問題も、5人の家族らの帰国・来日のめどが立たず、膠着状態が続いた。

北朝鮮からどう前向きの対応を引き出すか。その方法論について、日本政府内では「圧力派」と「融和派」との対立が強まった。5月の日米首脳会談で、北朝鮮問題についてどう言及するかが焦点となった。

外務審議官に昇格していた田中は、北朝鮮との対話を重視し、「圧力」という表現に反対した。「圧力は、素知らぬ顔で静かにかけるものだ。圧力という言葉を振りかざすのは、北朝鮮を刺激するだけで、効果的ではない」

福田や、川口、竹内外務次官らが理解を示した。「対話と圧力」ではなく、「対話と抑止」という表現にする案が浮上した。

「圧力」案を強く主張したのは、安倍や、外務省の藪中三十二アジア大洋州局長、海老原紳北米局長、西田恒夫総合外交政策局長らだった。

「抑止は、軍事的な報復力を示すことにより、相手の攻撃を断念させる言葉。北朝鮮の対応を前向きに変えさせるには、やはり圧力が必要だ」

政府が当時、検討していた「圧力」とは、現行法に基づく輸出入管理を厳格化し、麻薬、ニセ札などの違法取引の取り締まりを強化することだった。竹内らは「真綿で首を絞めるようなアプローチ」と称していた。また、仮に北朝鮮が核問題で状況を悪化させた場合は、国連安全保障理事会で経済制裁を論議することも念頭に置いていた。

政府内での調整の末、首脳会談で小泉は「圧力」に言及するが、発表する際は「慎重に扱う」ことが決まった。

それでも、田中はあきらめなかった。米国に向かう政府専用機内での昼食の席上、田中が小泉に直訴した。

「総理が『圧力』とおっしゃってしまえば、北朝鮮は暴発しかねない。彼らはすべてのメッセージを悪い方に受け取ります」

同席していた安倍は、すかさず反論した。

「何を根拠に言っているんだ。古今東西、国ぐるみで暴発した例はない。当然、『圧力』で行くべきです」

海老原も「暴発を防ぐために日米同盟がある」と同調した。小泉は特に発言せず、方針は変わらなかった。

５月23日、米テキサス州クロフォードのブッシュの牧場で日米首脳会談が始まった。だが、議題が北朝鮮に移っても、小泉は、なかなか「圧力」という言葉を使わなかった。同席した安倍が用意された発言要領の「圧力」の部分に赤線を引いて小泉に示すと、ようやく小泉はキーワードに言及した。

「北朝鮮問題の平和的解決のためには、『対話と圧力』が必要だ」

ブッシュも「この問題を平和的に解決する自信があるが、そのためにも強い行動が必要だ」と述べ、足並みをそろえた。

その後の日本の対北朝鮮政策の基本指針となる「対話と圧力」路線を国際舞台で明確にした場面だった。ブッシュは会談後の記者会見で、「拉致された日本国民の行方が１人残らず分かるまで、米国は日本を完全に支持する」と言い切った。日本側が事前に、ベーカー駐日大使らを通じて、ブッシュ本人に拉致問題での日本の立場を支持するよう働きかけた成果だった。ブッシュの力強い発言に、小泉の同行者は「大統領があそこまで明確に言うとは、我々の予想以上だ」と喜びを隠さなかった。

会談後も、混乱は続いた。小泉発言をどう公表するかをめぐり、またも対立が起きたのだ。

田中は「公表したら、北朝鮮から大変な過剰反応が出ますよ」と、小泉の「圧力」発言を伏せるよう主張した。記者説明役の安倍は、「日米首脳会談での発言であり、今後の日米両国の姿勢に関する合意である以上、私は発表する」と拒否した。ところが、外務省が作成した記者説明用の文書には、いったん載った「圧力」の部分が最終段階では、なぜか消えていた。

安倍は「おれに任せてくれ」と言い残すと、文書を無視し、小泉の「圧力」発言を記者団に公表した。

外務省側は否定するが、安倍は今も、「『圧力』は田中の指示で削除された」と信じている。

新たな展開

北朝鮮に前向きな対応を促すための「圧力」の具体策をどう確保するか。最初に動いたのは、自民党の若手議員だった。

帰国した拉致被害者5人の家族の帰国・来日をめぐり日朝間の対立が深まっていた2002年12月13日。参院議員会館6階の議員談話室で、自民党の「対北朝鮮外交カードを考える会」が初会合を開いた。メンバーは、河野太郎、菅義偉、水野賢一、増原義剛の衆院議員4人と山本一太、小林温の参院議員2人の計6人だった。

「拉致問題が動かないのは、北朝鮮が日本政府をなめているからだ。今こそ政治家の出番だ」

山本はそう言って、メンバーにA4判の冊子を配った。数年前から温めていた外国為替・外国貿易法改正案の私案骨子だった。日本が単独で北朝鮮への送金や貿易を停止できるもので、2004年2月に成立した改正外為法とほぼ同じ内容だった。

元国連職員で外交通の山本は、1998年に北朝鮮が弾道ミサイル「テポドン」を三陸沖まで着弾させたことに危機感を深めた。翌99年、民主党の浅尾慶一郎とともに論文を発表し、外為法改正の必要性を訴えた。さらに、安倍晋三、石破茂らとともに、超党派の「北朝鮮に対する戦略的外交を考える会」を設立し、外為法改正案の国会提出を模索したが、果たせないでいた。

6人の若手議員の議論は白熱した。

「第三国経由の迂回《うかい》送金もある。効果はあるのか」

「日本には微々たる金額でも、北朝鮮にとっては大きな打撃となるはずだ」

「外為法の所管は財務省だが、財務省に加え、外務省も法改正に反対するかもしれない」

国会議員にとって地元の選挙区回りをするのに貴重な年の瀬にもかかわらず、会合は頻繁に開かれた。翌2003年初めには改正案の素案がまとまった。

だが、3月にイラク戦争が始まると、通常国会の論戦はイラク一色になった。自民党執行部は「北朝鮮の現状を考えれば経済制裁法案を議論する意味は十分あるが、イラク問題が落ち着くまでは動くな」と、山本らに待ったをかけた。

財務省と外務省も予想通り消極的だった。「現行法でも『2国間の合意』により経済制裁は可能」とする政府解釈を改めて確認し、法改正は不要との立場を示した。外為法改正案はイラク戦争後、6月になってようやく自民党の部会で了承されたが、結局、通常国会には提出できなかった。

転機は3か月後に訪れた。対北朝鮮強硬派の安倍が官房副長官から自民党幹事長に抜擢されたのだ。「小泉流」の目玉人事だった。衆院解散3日前の10月7日、自民党は「北朝鮮による拉致問題対策本部」を設置した。本部長には安倍自らが就任した。

「政府は『対話と圧力』という姿勢だ。どういう圧力の選択肢があるか、党として検討したい」

安倍は初会合で、外為法改正案の議員立法に取り組む考えを打ち出した。自民党の衆院選の政権公約（マニフェスト）にも「帰国した拉致被害者5人の家族の早期帰国実現」と明記した。

拉致問題を衆院選で取り上げ、北朝鮮に批判的な世論を追い風にして、党内外の「制裁慎重派」を抑え込もうという計算だった。安倍は意識的にテレビのワイドショーにも出演を重ね、発言の機会を増やした。

狙いは当たった。

制裁に慎重だった公明党が、政権公約に「北朝鮮の対応次第では、一定の圧力を掛けることも辞さない構えを示すことも視野に入れる」と追加した。民主党も競うように「外為法改正の実現」を掲げた。

衆院選後の11月21日、安倍は都内のホテルで「北朝鮮による拉致被害者家族連絡会」の横田滋代表らと会談し、「外為法改正案を次期通常国会に提出する」と宣言した。自民党内では慎重派と見られていた中川秀直国会対策委員長も、「次の通常国会で議論して成立を期すべきだ」と歩調を合わせた。

流れはさらに加速した。衆院選後、自民党は、もう1本の経済制裁法案についても、本格的な検討に入った。北朝鮮の貨客船「万景峰《マンギョンボン》92号」などを念頭に置いた特定船舶入港禁止法案である。

万景峰号は1992年に就航し、日本の新潟西港と北朝鮮を年間20回以上も往復してきた。94年にミサイル開発に転用可能な粉砕機の密輸に利用されたほか、日本国内の工作員への指令伝達や数億円単位の違法送金など、様々な疑惑が指摘されている。日本への入港が禁止されれば、北朝鮮にとって、貿易への影響に加え、対日工作活動にも大きな痛手になると見られていた。

こうした「準備」が、北朝鮮側を動かした。北朝鮮外務省が日本側への水面下の働きかけを始めたのだ。標的となったのは、経済制裁を唱える「強硬派」の国会議員である。

新たな展開の始まりだった。

「外務官僚にはできない本音の話をしたい」

２００３年12月初旬、自民党の平沢勝栄衆院議員に、北朝鮮に詳しいジャーナリストの若宮清を通じて、誘いがあった。若宮によると、姜錫柱《カンソクチュ》第1外務次官の側近と名乗る人物が会談を希望しているという。姜は金正日の「右腕」とされ、外交問題で北朝鮮が動く時には必ず関与するキーマンと目されていた。

「これは罠《わな》だ。北朝鮮は、あなたを籠絡《ろうらく》し、拉致議連を分断しようとしている」

周囲は接触に反対した。平沢は、超党派の「拉致議連」の事務局長だった。外為法改正案の国会提出の「旗振り役」でもあった。そんな立場の人間が北朝鮮と極秘接触したことが分かれば、その後の議員活動にも影響する打撃となりかねない。

平沢はしばらくの間、返事をしなかった。だが、北朝鮮政府に深い人脈を持つ、もう１人の仲介役から聞いた言葉が、その心を揺さぶった。

「北朝鮮が『死亡または未入国』とした10人は生きていると思う。先方は10人について何らかの情報を出すようなことを言っている」

外務省主導の交渉が行き詰まっていることに業を煮やしていた平沢は、自ら北朝鮮側との折衝に乗り出すことを決意した。拉致議連のメンバーで民主党の松原仁衆院議員、「救う会」の西岡力副会長らも同行した。

12月20日夕、中国・北京のホテル「京倫飯店」のスイートルーム。平沢らは、北朝鮮の鄭泰和《チョンテファ》日朝交渉担当大使、宋日昊《ソンイルホ》外務省副局長と向かい合った。テーブルの上には、ペットボトルの飲み水だけが人数分置かれていた。

宋は達者な日本語を話し、北朝鮮外務省では日本専門家と位置づけられている。１９９１年の第１回日朝国交正常化交渉の際は、「朝日友好促進親善協会常務委員」という肩書で日本の報道機関の通訳兼接遇係を務めたこともあった。姜錫柱とも比較的近い関係にあるとされる。

北朝鮮側は事前にマカオやシンガポールでの会談を打診してきたが、平沢が「場所はこちらで決める」と北京を指定した。さらに盗聴防止のため、ホテルに依頼して部屋の調度品を全て外に出し、代わりに別の長テーブルといすを運び入れさせた。警察官僚出身の平沢ならではの慎重さだった。一通りのあいさつの後、議論が始まった。

平沢「なぜ政府間協議ができないのか」

鄭「日本が政府間の合意と信義を一方的に破ったからだ」

鄭は、拉致被害者5人について「北朝鮮に帰す約束だった」の一点張りだった。平沢が「5人が北朝鮮に行くことは120%ない。5人が帰ってこなければ問題が解決しないと言うなら、それでも構わない。経済制裁法案もある」と早口でまくしたてると、鄭は一層激しく反発した。

「経済制裁は宣戦布告と見なす。大きな結果が生じる」

初日の議論は平行線だった。平沢はホテルの部屋に戻り、肩を落とした。「何のためにここまで来たのか」と、後悔の念がわいていた。そこへ1本の電話が入った。仲介役の若宮だった。

「宋が『このまま物別れは避けたい。平沢さんと2人きりで会いたい』と言っている」

平沢は若宮が立ち会うことを条件に、宋との接触を了承した。翌21日朝、1人でホテルに現れた宋の態度は一変していた。

「きょう午前の協議では鄭に席を外させるので、腹を割った話がしたい。何とか話がまとまるように協力してくれないか」と懇願した。平沢は半信半疑で、提案を受け入れた。

宋の言葉通り、午前の協議に鄭は姿を見せなかった。宋は平沢らにささやいた。

「5人を北朝鮮に戻せば、必ず家族8人と一緒に帰国させる。日本側にもメンツがあるだろうから、『子供を連れ帰るためにいったん帰しただけだ』と説明し、報道陣を同行させても構わない」平沢は驚いた。即答を避け、提案を持ち帰った。政府に相談し、善後策を検討しようと考えたのだ。

しかし、帰国後、外務省や首相官邸の反応は「政府間協議の邪魔になる」と冷淡だった。協議の結果について、詳しい情報提供を求めることもなかった。それどころか、「拉致問題を自分の宣伝に使っている」との批判が漏れ聞こえた。

このころ、「政治家ルート」とは別に、「政府間ルート」の交渉が再び動き出そうとしていた。平沢は一時、高みの見物を決め込んだ。

金正日の逆鱗

2004年1月13日、外務省北東アジア課の実生《みばえ》泰介首席事務官ら数人が極秘に訪朝した。平壌に拘束されている暴力団員ら日本人2人との「領事面会」が認められたためだ。クアラルンプールでの日朝国交正常化交渉以来、1年3か月ぶりの日朝政府間の公式接触だった。その4日後には、安倍に近い内閣官房職員が「個人の資格」でひそかに訪朝し、北朝鮮外務省と接触した。職員は早期の政府間協議の再開を申し入れ、北朝鮮側は「上に報告する」と述べたという。

北朝鮮のミスターXが田中外務審議官に対し、日朝協議に応じる方針を伝えてきたのは、その後間もなくのことだった。田中とXのルートは、日本側が2002年10月に拉致被害者5人を北朝鮮に戻さないと決めた後も、水面下で続いていた。Xは、日朝首脳会談の後、両国関係が再び冷え込んだため、失脚説も取りざたされていたが、実際は逆に昇進を果たしたとされる。

田中は、後任のアジア大洋州局長の藪中三十二とペアでXと接触していた。Xに電話する際も、田中と藪中が交互に話す形をとったりしたという。

北朝鮮の新たな動きについて、外務省は「経済制裁法案を何としても阻止したいのだろう」と受け止めていた。

自民党が、外国為替・外国貿易法改正案の国会提出を内定したのに続き、特定船舶入港禁止法案の議員立法の検討も本格化していたからだ。船舶航行を管理する国土交通省は「法律を作っても効果があるかどうか分からない」と難色を示したが、山本一太参院議員らは着々と準備を進めた。安倍幹事長も、「第2のカードとして良いんじゃないか。応援するから頑張れ」と山本にハッパをかけた。

政府には、「年末年始に地元に帰った国会議員が、在日本朝鮮人総連合会（朝鮮総連）の支部などから、制裁法案に反対するよう圧力をかけられた」との情報も入っていた。田中らは、北朝鮮が政府間協議で拉致問題について態度を軟化させる可能性もあると期待した。

ところが、両政府にとって予想外の事態が起きた。改正外為法が、事前の想定より大幅に早い2月9日に成立してしまったのだ。民主党など野党が賛成に回ったため、法案の審議期間が一気に短縮されたからである。田中と藪中が平壌で協議に臨んだのは、そのわずか2日後だった。

平壌は寒かった。空にはぼたん雪が舞っていた。1年4か月ぶりの政府間協議も寒々とした雰囲気の中で行われた。

金正日の側近である姜錫柱《カンソクチュ》第1外務次官や、金永日《キムヨンイル》外務次官らは冒頭から、改正外為法の成立を激しく非難した。

「我々が他国の圧力に屈する形で動くことは絶対にない」

北朝鮮は90年代以降の核やミサイル問題をめぐる米朝協議などで常に、瀬戸際政策を展開し、強気の交渉を続けてきた。相手国の圧力に屈して譲歩したと見られることは、北朝鮮側の自尊心が許さないばかりか、今後の交渉にも影響しかねない。

さらに、後日分かったことだが、北朝鮮側の厳しい態度には理由があった。姜らは事前に、「日朝協議の時点で経済制裁法が成立していることはない」との見通しを金正日に報告し、「話が違うじゃないか」と逆鱗《げきりん》に触れたのだという。

３日間の協議は、大半が原則論の応酬だった。日本側は帰国した拉致被害者５人の家族計８人を即時・無条件で帰国・来日させることを要求した。北朝鮮が「死亡」または「未入国」とした拉致被害者計10人の真相究明も強く求めた。北朝鮮側は「拉致被害者５人をいったん北朝鮮に戻すべきだ」と従来の主張を繰り返した。

そうした中で、日本側は姜の次のような発言に注目した。

「平壌宣言の履行を最初に破ったのは日本だが、日本が悪いわけではない。妨害した米国のせいだ」

これに呼応し、田中らも、８人の帰国に向けて、ある前向きな提案をした。

「しかるべき政府の高いランクの人間を平壌に送る用意がある」

日本政府が８人を「迎えに行く」案を示したのは初めてのことだ。田中らの念頭にあった高官は、拉致問題担当の細田博之官房副長官だった。官房長官や外相などの閣僚はレベルが高すぎると考えていた。だが、姜らとの協議では、具体名を挙げた話し合いに入るには至らなかった。協議は進展のないまま終わった。

「田中、藪中という外務省のエースを指名してきた以上、一定の進展があるだろう」という外務省の事前の期待は、裏切られた。外務省幹部は「直前の改正外為法の成立がなければ、違った結果になったはずだ」と悔しがった。

北朝鮮に対する「圧力」を目指して改正外為法を成立させた与野党議員は、直後の日朝協議を全く知らなかった。「対話」の成功を優先するため、水面下で事を進めた外務省は、成立を止めるための術《すべ》がなかった。

家族帰国を目指す双方の思いは同じだった。だが、「対話」と「圧力」の足並みの乱れが日朝交渉の歯車を空回りさせた。

政治家ルートの再開

2004年2月の田中、藪中らによる政府間協議が不調に終わった後、平沢は「外務省に任せていては、拉致問題は何も進まない」との思いを一段と強めた。2月中旬、それを見透かしたかのように北朝鮮側は平沢に再接触を図った。

「次回の協議には、ぜひ閣僚級の政治家を連れて来て欲しい」

前年12月の「北京会談」を仲介した若宮を通じてメッセージが届いた。北朝鮮側が、小泉につながる「政治家ルート」の開拓を狙っているのは明白だった。

本命は自民党の安倍幹事長だった。その後、中川国会対策委員長、平沼赳夫・前経済産業相、鳩山邦夫・元文相らの名前が浮かんでは消えた。最終的に白羽の矢が立ったのが、小泉の盟友の山崎拓・前副総裁だった。

小泉と山崎は72年の衆院選で初当選して以来の付き合いだ。91年に加藤紘一・元幹事長と「YKK」を結成し、「竹下派（現・津島派）支配の打破」を掲げた。小泉は2001年に首相に就任すると、党内で最重要ポストの幹事長に山崎を据え、政策、政局の両面で相談を持ちかけていた。２００３年秋の衆院選で山崎が落選した後も、親密な関係は変わらなかった。北朝鮮は、そこに目を付けた。

山崎は２００４年2月下旬、小泉と公明党の冬柴鉄三幹事長に北朝鮮側と極秘で接触する計画を明かした。

「政府間協議は駄目だった。ここはやはり政治家が行かないと無理だと思う」

山崎は冬柴に同行するよう誘った。山崎は、冬柴が小学生時代、両親とともに北朝鮮の羅津《らじん》に住んでいたことを知っていた。だが、冬柴は断った。

「個人の立場ならどこにでも行くが、今は党の看板を背負っている以上、失敗できない。それに、外務省との二元外交はいけない」

3月1日夜、都内のホテルオークラ内にある日本料理店「山里」。小泉、山崎、冬柴、安倍の4人が酒を酌み交わした。山崎は上機嫌で、冬柴の幼少時代の話を小泉と安倍に紹介した。「この中で北朝鮮に行くなら冬柴さんだろう」と語る山崎に、小泉は「そうか、そうか」と笑顔で調子を合わせた。

ところが、北朝鮮に対する経済制裁について話題が及ぶと、場の雰囲気は一変した。

「北朝鮮は『日本は我々を圧殺するのか』と怒っているそうだ」

山崎は、経済制裁法案を慎重に扱うべきだと主張した。北朝鮮との交渉を前に、相手を刺激することは避けたいとの思いがあった。冬柴も同調した。安倍は唯一、山崎の「接触計画」を知らされていなかった。杯を置くと、「どんどん経済制裁をやるべきだ」と真っ向から反論した。丁々発止のやりとりが続く中、小泉は、ひとり黙りこんだ。

3月28日、山崎は外務省の田中外務審議官を呼び出した。山崎は4日後に控えた北朝鮮側との接触を伏せたまま、日朝関係の現状に関するブリーフを受けた。一方で、山崎は、米国のベーカー駐日大使に事前に相談した。北朝鮮の核開発やミサイル問題も議論することを説明し、理解を得た。

「首相のメッセージが欲しい」

4月1日夕、山崎と平沢は中国・大連のホテルの会議室で、鄭泰和《チョンテファ》・日朝交渉担当大使、宋日昊《ソンイルホ》外務省副局長らと会談した。

鄭は冒頭、「小泉首相の盟友である山崎先生がいらっしゃるということで、我々も期待して来ました」と切り出した。山崎から前向きな発言を引き出したいという北朝鮮側の意図が透けて見えた。

最初は、双方が相手の出方を探り合った。山崎は、やや緊張した面持ちで指摘した。

「日朝が国交正常化をするには、拉致問題の解決は当然だが、核とミサイルの問題は避けて通れない。拉致と核とミサイルの3つはセットだ」

鄭は「北朝鮮の強硬派には、『日本は戦争中に何をしたと思っているのか。もっと軍事力を高め、日本を威嚇すべきだ』という意見もある」と主張した。山崎は「仮に核開発を進めたら、日朝平壌宣言に違反するだけでなく、世界から完全に孤立する。ブッシュ政権は貴国に厳しい」と切り返した。

話が拉致問題に及ぶと、山崎は、かねて考えていた一つの提案をした。

「日本政府の責任ある立場の者が家族を迎えに行くことでどうか」

山崎は、「迎えに行く人物」として閣僚級を想定していた。さすがに小泉は想定外だった。山崎は1日の会談が終わると、ホテルから小泉に電話で経過を報告した。小泉は胸の内にしまい、記者団に山崎らと北朝鮮側の接触について質問されても、「知らなかった」とシラを切った。

翌2日午前。山崎の提案に鄭らが返答した。北朝鮮が重視したのは、迎えの人物より、小泉の「意思」だった。

「『日朝平壌宣言を守り、いずれ必ず国交正常化する』という首相本人のメッセージが欲しい。それが守られれば8人は帰す」

北朝鮮側は、政府間協議についても、「申し出があればすぐに応じる」と前向きな姿勢を示した。「拉致された者がほかにいる可能性もある。生存者もいるかも知れない」とも思わせぶりに語った。

帰りの機中で、山崎は「非常に意味のある会談だった」と満足げだった。隣席の平沢は「必ず国民から批判されるでしょうが、黙っていましょう」と相づちを打った。

そして、山崎にそっと語りかけた。

「首相のメッセージには3つの方法がありますね。記者会見、特使の派遣、そして再訪朝です」

山崎は前をじっと見つめたまま、「小泉はどれを選ぶかな」とつぶやいた。

2004年の初春、日本側は結果的に、3つのルートで北朝鮮と接触していた。第1は、外務省の田中外務審議官、藪中三十二アジア大洋州局長と北朝鮮のミスターXらの政府間ルート。第2は、自民党の山崎前副総裁、平沢衆院議員と鄭日朝交渉担当大使らのルート。そして、もう一つが飯島勲首相秘書官と朝鮮総連最高幹部の第3のルートだ。

飯島は小泉のベテラン大物秘書で、永田町でも一目置かれる存在だった。小泉の首相就任後は、政務担当秘書官として、マスコミ対策や政財界への根回しを一手に引き受けていた。2001年8月に田中真紀子外相が外務省人事をめぐって小泉に反旗を翻した際は、外務省に単身乗り込んで「外相罷免」をちらつかせ、田中を全面降伏に追い込んだこともあった。

そんな飯島に、朝鮮総連の最高幹部がひそかに「裏交渉」を持ちかけたのは2004年1月のことである。

「我々が信用できるのは小泉さんだけだ。あなたのルートで話を進めたい」

この幹部は野中広務・元自民党幹事長ら日本の政界に幅広い人脈を持ち、金正日総書記ともパイプがある。

2人は極秘会談を重ねた。朝鮮総連は、在日朝鮮人の地位向上が優先課題で、拉致問題による日本の対北朝鮮世論の悪化が悩みの種だった。膠着する日朝国交正常化交渉を再開し、日本から経済協力を引き出すことに一役買いたい、という思惑もあった。当然、日本側が最重視していた「拉致被害者の家族8人の帰国」が取引材料として浮上した。7月に参院選を控え、内閣支持率アップにつながる〝秘策〟を探していた飯島には、魅力的な提案だった。

4月上旬、飯島は「うまくいけば、5月中に決着が付けられるかも知れない」と周囲に漏らすまでになった。

飯島は自ら得た感触を小泉に伝えた。一方で、中国・大連で鄭らと会談した山崎と、Xとの接触を続けていた田中も、それぞれ北朝鮮との交渉状況を小泉に報告した。

相互の連携はほとんどなく、「3元外交」と言ってもおかしくないバラバラな状況だった。田中らは薄々、飯島が朝鮮総連と接触していることは気づいていた。田中が一時、「私以外のルートで北朝鮮側と交渉しているのですか」と質問し、小泉に否定されたこともあった。

田中らは、「細田官房副長官クラスを拉致被害者の家族8人の迎えに派遣する」という外交カードを切る時期を計っていた。だが、北朝鮮側は、山崎や飯島との接触の中で「より大物の訪朝」も可能との感触を得て、それを既成事実化しようとしていた。

「北朝鮮は、山崎、飯島の両ルートと政府間ルートを比べて、どの条件で8人を帰すのが一番得か、いわば天秤にかけていたわけだ」

小泉に近い政府高官は、こう総括する。

様々な情報が飛び交う中で、小泉の態度は明快だった。「8人の帰国を何よりも最優先しよう」ということだ。小泉は内心、2002年9月の自分の訪朝が結果的に、蓮池、地村、曽我の3家族を1年半も離散状態にしてしまったと、忸怩《じくじ》たる思いを強めていた。

大型連休直前の4月28日夕。小泉は首相執務室に福田と田中を呼び、こう切り出した。

「私が再訪朝すれば、拉致被害者の家族を帰す、という話がある。この情報を確認し、準備して欲しい」

小泉は、腹心の飯島が朝鮮総連の最高幹部と進めてきた話を披露した。「3元外交」の中で飯島ルートを選択したのだった。福田と田中は驚き、当惑した。「小泉再訪朝」という選択肢は全く想定していなかった。福田は公然と慎重論を唱えた。

「首相が2度も訪朝するのは方法論としてどうか。北朝鮮が家族8人を帰すかどうかも確実ではない」

だが、小泉の考えは変わらなかった。「この問題は、自分の責任で解決する」と宣言した。首相の指示である以上、官僚の田中としては従うしかなかった。もともと連休中には日朝の政府間協議を行う予定になっていた。事前に電話で北朝鮮側に小泉再訪朝を打診し、前向きの感触を得た。

だが、問題もあった。曽我ひとみの夫の米軍脱走兵、チャールズ・ジェンキンスの扱いだった。田中や藪中アジア大洋州局長はこの時点で既に、小泉自身が「一家4人が帰国・来日すれば、米国に身柄は引き渡さず、日本にとどめる」とジェンキンスを説得するシナリオを想定していた。ただ、「ジェンキンスは我々を信じてくれるだろうか」「米国は日米地位協定に基づき、日本に対して身柄引き渡し訴訟を起こすかも知れない」といった不安も抱いていた。

田中と藪中は連休中の5月4、5の両日、北京郊外のホテルで日朝協議に臨んだ。相手は、鄭泰和《チョンテファ》日朝交渉担当大使と宋日昊《ソンイルホ》外務省副局長だった。

鄭らは、しきりに日本の世論の動向を気にかけた。

鄭「2年前の日朝首脳会談で拉致を認め、拉致被害者を日本に帰した。日本の世論が良くなると期待していたのに、逆に悪化した」

田中「家族8人を人質のように扱っているからだ。全員を帰せば日本の国民感情も随分変わるだろう」

鄭らは「それを保証できるか」と念を押したが、田中らはこう答えざるを得なかった。

「そんな保証はできない」

さらに、田中は「8人の帰国に加え、安否不明者の徹底調査も必要だ。これが解決しなければ、国交正常化交渉を再開しても絶対に妥結しない。経済協力も行われない」と力説した。

最後まで対立したのは北朝鮮への食糧支援の量だった。日本側が10万トンを提案したのに対し、北朝鮮側は100万トン近い「法外な量」(外務省幹部)を要求してきた。事前に小泉が再訪朝する意向だという感触を得ているため、一貫して強気の姿勢を崩さなかった。溝は埋まらないまま、２日間の協議は終了した。

田中らの帰国報告を受けた小泉の判断は、またも明快そのものだった。

「今回は、勝った負けたという交渉にはしない。大事なのは懸案を前に進めることなんだ」

８人の帰国を最優先する考えを示した。小泉の裁断で、食糧支援は最終的に25万トンに決まった。外務省首脳は後日、「北朝鮮側の狙いは完全に食糧支援だった。最初から外務省に任せてくれれば、首相の再訪朝カードをもっと有効に使えた。食糧支援も10万トン程度で済んだのに」と悔しがった。

小泉の再訪朝が大筋で固まった5月7日、福田が突然、官房長官を辞任した。福田は定例記者会見で質問が途切れると、「いいですか。では私から申し上げます」とサバサバした表情で切り出した。

「私自身も含め、閣僚の中に年金の未加入・未納の問題があったことが判明し、政治に対する国民の信頼を失ったことは慚愧《ざんき》に耐えない。年金改革関連法案について3党合意がなされたこの機会に、官房長官を辞したい」

福田は年金未納問題を辞任の理由に挙げたが、関係者は「首相再訪朝をめぐる小泉首相との対立が本当の理由だ」と口をそろえる。

福田は２００２年の小泉訪朝の際、田中が主導した極秘交渉について、発表直前まで飯島を蚊帳の外に置いた。再訪朝では逆に、事前に飯島が北朝鮮側との話を大筋でまとめ、福田や田中は出し抜かれた。小泉もそれを黙認した。

「これが政治というものだ」

福田は後日、親しい関係者に漏らした。表情には悔しさがにじんでいた。福田はその後、小泉内閣に戻ろうとしなかった。２００５年10月の第3次小泉改造内閣発足前にも、「入閣辞退」を小泉に伝えたほどだ。

田中にとっても、もともと外務省以外のルートで準備された再訪朝に小泉が乗ったことは、外交官として屈辱だった。再訪朝前、「日朝外交から僕の名前をもう消したい」と知人にこぼすこともあった。

小泉は5月21日、竹内外務次官ら外務省幹部らとの勉強会で、翌日に迫った再訪朝にかける強い決意の一端を明かした。

「一昨年に北朝鮮を訪問して、やっと開いた日朝の重い扉が今、閉じようとしているんだ。何とかしてこじ開けたい」

「全員一緒に帰りたい」

ついに、その日が来た。

5月22日午前6時過ぎ、小泉は東京・東五反田の仮公邸から黒塗りの専用車で羽田空港に向かった。グレーのスーツの胸元には、拉致被害者の救出運動のシンボル「ブルーリボン」をあしらったバッジが輝いていた。前日に拉致被害者の家族から細田官房長官を通じて渡されたものだった。

「長い間、つらい思いをなさってきたことを思うと、本当に悲痛な気持ちで待っておられると思います」

小泉は離陸前、拉致被害者とその家族への思いを口にした。「全力を尽くします」と、自らに言い聞かせるように繰り返した。

平壌の順安《スナン》空港で小泉を出迎えたのは、金永日《キムヨンイル》外務次官だった。２００２年9月の初訪朝では、北朝鮮の序列ナンバー2で対外的な国家元首格にあたる金永南《キムヨンナム》・最高人民会議常任委員長が応対した。

「今回は、格下の役人を迎えに出すとは、どういう意図だろうか」

拉致被害者の家族らには当惑が広がった。実は、事前の打ち合わせで「歓迎式典をやりましょうか」と打診してきた北朝鮮側に対し、外務省が「実務的にいきましょう」と簡素な出迎えを希望した結果だった。

会談場所の「大同江《テドンガン》迎賓館」は、平壌中心部から北東約30キロに位置し、近くには北朝鮮を代表する大河・大同江が流れる。金正日の父・金日成《キムイルソン》主席が１９７０─80年代に各国首脳を迎える際に好んで使った「由緒正しき場所」とされる。前年から改修工事に着手し、日朝首脳会談が改修後初の公式行事となった。

午前11時、迎賓館で待ち構える小泉の前に、金正日が現れた。トレードマークのカーキ色のジャンパー姿だった。金正日は右手を差し出して小泉と握手した。表情は硬く、笑顔はなかった。

「小泉首相が再度訪朝されたことは、良いことだと思うし、歓迎する。２００２年9月は平壌でお会いし、拉致という問題が生じたが、首相が国交正常化に関心を払われ、正常化を成功させる意思と抱負を持って改めて訪朝されたことをうれしく思う」

金正日は会談の冒頭、カメラを意識して美辞麗句を並べた。だが、記者団が退席すると、小泉に不満をぶつけた。

「『平壌宣言』の合意後、朝日関係が良くなると思っていたのに、そうならなかった。自分たちは失望した」

金正日は早口でまくし立てた。約1時間半の会談で「平壌宣言」に20回近く言及した。日本側同席者は「自分が署名した文書だけに、こだわりが強いな」と感じた。

小泉はひるまなかった。

「拉致被害者の家族8人をただちに帰国させて欲しい。全員一緒に帰りたい」

日本側は事前交渉で、帰国が実現するという感触を得ていたが、最終的に金正日が認めるまでは予断を許さなかった。

金正日は家族8人の帰国をあっさり認めた。だが、曽我ひとみの夫、チャールズ・ジェンキンスと娘2人については、「本人が日本に行くのを不安に思っている。首相が直接話してはどうか。うまくいかなければ、第三国で会うのも一つの手ではないか」と語った。

一方、安否不明の拉致被害者10人について、小泉は「日本の家族はまだ生きていると信じている。きちんとした真相究明が必要だ」と力説した。金正日は「我々は解決済みだと言っているが、そこまで言うのなら、白紙で再調査しよう。日本に入ってもらっても結構だ」と応じた。事前協議では「再調査」を行うことで合意していた。「白紙に戻して」という表現は、小泉が引き出した発言だった。ただ、金正日は、前回同様、またも責任転嫁を図るような発言を繰り返した。

「前回の首脳会談後、徹底した安否調査を指示したが、その指示が守られなかったのかも知れない」

小泉は北朝鮮の核開発問題についても譲歩を迫った。

「核を完全に廃棄することで得られるものと、核を持つことで得られるものは、天と地ほども違う。国際社会が今、北朝鮮を迎え入れようとするチャンスを逃してはならない」

さらに、リビアの例を持ち出し、核廃棄で得られる「利益」の大きさを指摘した。リビアは大量破壊兵器開発の放棄を表明し、欧米との関係改善を果たした。小泉にリビアの例を助言したのは、4月の「大連会談」で同様に北朝鮮を説得した山崎だった。しかし、金正日は冷たく言い放った。

「我々はリビアとは違う」

北朝鮮情勢を分析した海外雑誌の記事に言及しながら、「米国が敵視政策を捨てない限り、駄目だ」と強調した。小泉は「それは誤解だ。米国がすぐに北朝鮮を攻撃することはない」と反論した。

金正日は、「声がかれるほど米国と二重唱したい。周辺国の伴奏をお願いしたい」と漏らした。米朝関係を改善するため、日本に仲介して欲しいという要請だった。

「来月の先進国首脳会議（シーアイランド・サミット）で私からブッシュ米大統領に伝える」

小泉は約束した。小泉とブッシュの蜜月関係は、もちろん金正日も知るところだった。金正日は「良い話ができた」と満足そうな笑みを浮かべた。

約1時間半の首脳会談を終えた小泉に、息をつく暇はなかった。ジェンキンスと娘2人を説得する仕事が残っていた。

迎賓館の別室で、小泉は、ジェンキンスら3人に「一緒に日本へ行こう」と懸命に促した。曽我が託した手紙や帰国を呼びかけるビデオなども見せた。ジェンキンスは、日本を訪れた場合、米軍に脱走罪などで訴追されることへの警戒感を隠さなかった。

「私は日本の新聞も読んでいる。日米首脳の電話会談がありましたね」

同席した外務省の藪中アジア大洋州局長は、ジェンキンスの身の安全を保証するため、「日本の首相として、家族が一緒に日本で幸福に暮らせるよう全力を尽くすことを確約する」との小泉の言葉を英語で書き、メモを手渡した。

説得は約1時間に及んだが、3人は最後まで来日には応じなかった。中山恭子内閣官房参与が事前に、「ジェンキンスさんを説得できるはずがない。会っては駄目ですよ」と小泉に語っていた通りの結果となった。

小泉が部屋を後にすると、ジェンキンスは興奮気味に「北京に行き、家族と話し合うんだ」などと叫んだ。隣では長女の美花がわんわんと、声を上げて泣いていた。

ジェンキンスは後日、この面会について「部屋が盗聴されていることを知っていた。小泉首相の説得に応じていれば、私の人生は終わっていたかもしれない」と振り返った。事前に、北朝鮮高官から「日本に行く場合は、日本の代表団とは別の車で空港に行くことになる」と、やんわり脅されていたのだという。

「曽我さんの笑顔を見よう」

家族8人全員の帰国を目指し、訪朝した政府関係者の合言葉は、この日はかなわなかった。

もつれた曽我一家の再会

小泉首相の再訪朝に先立ち、政府は10種類以上のシナリオを想定し、それぞれに応じた対処方針を作っていた。小泉訪朝の際、蓮池夫妻らとの面会が急きょ実現したのに、本人確認の準備が不足していた教訓を踏まえたものだ。中には、「小泉首相が空港に到着した際、金正日総書記が迎えに来て、2人が同じ車に乗る」というケースまで想定し、通訳や同席者を検討していた。横田めぐみの娘、キム・ヘギョンが訪日を希望した場合、どう対処するかについても横田滋夫妻と事前に話し合った。

「会いたいが、今回は会えない。そう伝えてください」

　横田滋は苦渋の決断を伝えた。「まず、めぐみを取り戻すことが大切だ。北朝鮮の陽動作戦に乗ってはいけない」と考えていた。

　日朝首脳会談当日の5月22日朝、地元の福岡市内でソフトボール大会に参加した山崎・前自民党副総裁は、楽観的な見通しを語った。

「小泉首相が拉致被害者の家族8人を今夕、日本にお迎えすることになった。あと1人いれば、ソフトボールチームができる」

　だが、実際は、8人のうちだれが帰国するのか、いつどこで接触できるのかなどは、事前には全く分かっていなかった。政府現地対策本部の「拉致家族班」の職員約15人は、会談が始まると同時に、順安《スンアン》空港、大同江《テドンガン》迎賓館、記者会見場の高麗ホテルの3か所に分かれて家族が現れるのを待った。

　地村保志夫妻の長女（22）、長男（20）、二男（16）と、蓮池薫夫妻の長女（22）、長男（19）の計5人は、首脳会談が終わると間もなく、順安空港に姿を見せた。全員スーツ姿で、手には旅行カバンを持っていた。会談の6日前に、北朝鮮当局から「お母さんの所に帰りなさい」と〝命令〟されていたのだった。

　ただ、5人を政府専用機に乗せるのは簡単ではなかった。北朝鮮の軍関係者が日本側との面会を拒んだのだ。「体が触った」などと、ささいなことで2時間以上も押し問答が続いた。そのうちに、記者会見を終えた小泉らが空港に到着した。

「なぜ5人が乗っていないんだ」

専用機に乗り込んだ後、初めて事態を知らされた小泉らは焦った。藪中は拉致家族班に携帯電話で「どうなっている」とせかした。班員は「事態はさらに悪くなっています」と叫んだ。藪中は北朝鮮側にかけ合おうと、慌てて専用機のタラップを駆け下りた。5人が空港の待合室を出て専用機に向かって歩き始めたのは、その直後だった。

日本では、蓮池ら拉致被害者5人が東京・紀尾井町の赤坂プリンスホテルに集まり、会談の模様を伝えるテレビを食い入るように見つめていた。

午後2時過ぎ、首相官邸で待機していた福田の後任の細田官房長官に、平壌から連絡が入った。悪い知らせだった。ジェンキンスと娘2人に対する小泉の説得が失敗に終わったのだ。

「第三国で再会することについて、曽我さんの意向を確認してほしい」

現地からの要請を受け、細田は川口外相らとともに、ホテルへ駆けつけた。まず、地村、蓮池両夫妻に息子や娘の帰国を告げた。曽我への説明は、場所を移して行った。

「つらいことだが、今日のところはそういうことなんです。第三国での再会については、ジェンキンス氏が『もともと自分が提案したことだ』と言っています」

細田の言葉に、曽我は涙ぐみつつ、「いろいろ努力して頂きありがたい」と声を絞り出した。第三国での再会についても、「できるだけ早く会いたい」と前向きな姿勢を見せた。細田らは、ほっとした。

曽我の胸中は複雑だった。ホテルの一室で、信頼している中山内閣官房参与を前に、ぽつりと漏らした。

「私って、なんてややこしい人生になってしまったんでしょうね」

その後の家族との再会に至るまでの複雑な経緯を、まるで見通していたかのような一言だった。

「テレビカメラを入れろ」

目前に迫った7月の参院選に弾みを付けたい――。

自らの再訪朝で拉致被害者家族8人を取り戻すことを最優先した小泉の胸中には、そんな思惑もあった。だが、再訪朝の結果は、国内で待つ家族たちを満足させるものではなかった。小泉は、世論対策に腐心した。

「全部、マスコミにオープンにしてくれ。おれは最後に1回だけ質問に答えるから」

5月22日午後7時過ぎ、平壌から東京に帰る政府専用機内。小泉は、この日深夜に予定していた拉致被害者や家族らへの説明会の「全面公開」を指示した。機内の専用ファクスには、「日朝首脳会談で安否不明の拉致被害者10人についてめぼしい進展がなかったことなどに、家族会が反発している」とのメモが届いていた。小泉が家族らと会えば、激しく突き上げられることは容易に想像できた。

政府関係者は小泉の真意をいぶかった。逢沢一郎外務副大臣は羽田空港の貴賓室で、家族側の険しい雰囲気を改めて伝えたが、小泉は全く意に介さなかった。

「それはそうだろうなあ。納得しないだろうが、自分が話し、収めるしかない。逃げも隠れもしないからテレビカメラを入れろ」

午後10時過ぎ、赤坂プリンスホテルで行われた説明会では予想通り、安否不明者の家族らから怒りの声が噴出した。

「一番悪い結果が出た。拉致問題の解決より日朝平壌宣言の履行に重点が置かれている」

「金正日に2回もだまされ、首相にはプライドがあるのか」

小泉は硬い表情で聞き入った。この場面はテレビ中継され、何度も放映された。家族側の発言が一巡すると、「私のプライドよりも、1日も早く家族が一緒に暮らせるようにすることが私の責任だ」と強調した。声はかすれ気味だった。

公安調査庁も後日、日朝首脳会談について、辛口の評価を示した報告書を首相官邸に届けた。「北朝鮮は5人を帰国させるという最小の支出で、食糧支援という予想以上の収入を得た。金総書記は会談前は緊張していたが、会談後は、『日本は交渉しやすい相手だ』と感じているようだった」

ところが、世論の受け止めは違った。各種世論調査では、再訪朝を評価する声が多数を占めた。読売新聞社の直後の世論調査では、「評価する」が63%で、「評価しない」の33%を大きく上回った。内閣支持率も59%と高水準を維持した。

なぜ評価されたのか。小泉再訪朝に関与した外務省幹部は語る。

「蓮池、地村さん一家の再会が連日報道され、『やっぱり良かった』とのムードが徐々に醸成された。首相がたった1人で家族らの批判に耐える姿も同情を呼んだ。首相がそこまで計算していたなら、並大抵の感覚ではない」

小泉には成算があったようだ。再訪朝の2日後の政府・与党連絡会議で、「行って良かった。時間がたてば国民も冷静な評価をしてくれるだろう」と強調した。

小泉が世論を気にする姿勢は、実は、再訪朝の発表のタイミングにもうかがえた。

細田が小泉の再訪朝を正式に発表したのは5月14日のことだ。その日午後、2つの大きな出来事があった。小沢一郎・民主党代表代行の代表就任要請の受諾と、小泉の国民年金未加入歴の公表である。他に大きなニュースがなければ、いずれもトップ・ニュースとなるはずだった。

年金未納問題では、福田官房長官や民主党の菅直人代表が辞任に追い込まれていた。近く発売される週刊誌も小泉の年金未加入について報じる予定だった。これを聞きつけた飯島首相秘書官が、先手を打つ形で発表した。民主党からは、「我々の新代表誕生のニュースと自分の不祥事を目立たせないため、意図的に再訪朝の発表をぶつけてきた」と怒りの声が上がった。

小泉自身は14日午後の公明党の神崎武法代表との党首会談で、こう弁明した。

「再訪朝は今朝、決まりました。決して、きょうという日に合わせた訳ではない。本当です」

だが、外務省幹部は「首相の再訪朝の日付を私が知ったのは、発表前日の13日だった」と証言する。

小泉の場合は、歴代首相と比べても、「外交と世論」がひときわ深く結びついている。

「北京以外で再会したい」

小泉の2度にわたる訪朝でも、再会を果たせなかった曽我ひとみ一家の4人。日朝首脳会談で金正日は、「第三国で会うのも一つの手ではないか。たとえば北京で会ったらどうか」と提案した。

「一生懸命やったけれど、駄目だった。再会場所は北京やモスクワでどうだろう」

5月22日深夜、訪朝から帰国し、家族会への説明を終えたばかりの小泉は、ホテルの一室で曽我に持ちかけた。拉致被害者の蓮池薫や地村保志は「北京では駄目ですよ」と曽我に忠告していた。蓮池らは自らの体験を通じて、北朝鮮に近い中国で再会すれば曽我が連れ戻されてしまうのではないか、と本気で心配していた。

小泉はとりあえず、「とにかく、ゆっくり話せるような所がいい」と言い、曽我も「それなら」と一応うなずいた。

ところが、この時点で、外務省は既に、北京での再会を前提に動き始めていた。曽我の夫のジェンキンスが複雑な事情を抱えていたからだ。

ジェンキンスは在韓米軍兵だった1965年、南北軍事境界線付近をパトロール中に失踪し、自ら北朝鮮に渡った。その後、北朝鮮の反米宣伝映画に出演するなどし、米軍は脱走や利敵行為など4つの容疑で訴追していた。仮にジェンキンスが第三国に行けば、米国が身柄の引き渡しを求め、新たな外交問題に発展する恐れがあった。

その点、中国は米国と犯罪人引き渡し条約を結んでいない。北京なら比較的スムーズに再会が実現できると思われていた。

川口外相は22日夜、早速、中国の李肇星外相に電話した。李は首脳会談の成功に祝意を示したうえで、こう申し出た。

「北京で再会する話があるのなら、喜んで場所を提供しますよ」

川口は「その節はよろしくお願いします」と応じた。同日夜、外務省幹部は「北朝鮮にとって第三国と言えば、すなわち中国なんだ」と自信たっぷりに語った。曽我本人の意向は、この時点で外務省に全く伝わっていなかった。

5月30日、杉浦正健官房副長官、中山内閣官房参与、外務省の斎木アジア大洋州局審議官の3人が新潟県佐渡市の曽我の自宅を訪れた。家族との再会場所や日程を調整するためだった。

杉浦は弁護士出身で、外務副大臣も経験していた。小泉から首相官邸内の拉致問題担当を任され、やる気満々だった。事前に「弁護士は依頼人と契約を結んで一任をいただくものだ。それと一緒だよ」と周囲に漏らした。

北京での再会案に曽我は抵抗した。再会場所について杉浦に「一任」を促されても、「それはちょっと……」と口をつぐんだ。北京が嫌だと明言こそしなかったが、態度でしっかり伝えたつもりだった。

しかし、杉浦の受け止め方は全く逆だった。

「よしよし、これで一任を取り付けたということだな」

帰りのフェリーで笑みを浮かべた。記者団から「曽我さんは北京での再会に難色を示しているのでは」と質問を受けても、「そんなことはない。かえって片言隻句が間違って伝わったと感じているようだ」と自信ありげに答えた。

これを伝え聞いた蓮池、地村両夫妻は驚き、心配した。

「このままでは、曽我さんが平壌に連れ戻されてしまう」

4人は中山に電話し、北京以外の場所を選ぶよう念を押した。4人と中山の助言を受け、曽我は翌31日、「できれば北京以外で再会したい」とする談話をファクスで報道機関に送った。

これが決め手となり、北京での再会案は白紙に戻った。

平壌で長年、塗炭の苦しみを味わってきた拉致被害者の強い団結が、曽我の立場を支えた。

曽我の談話発表を受け、政府は、新たな再会場所探しを始めた。白羽の矢が立ったのは、米国と犯罪人引き渡し条約を結んでいないうえ、北朝鮮とも国交があるインドネシアだった。飯村豊インドネシア大使が打診すると、ハッサン外相は快諾した。

「バリ島やスマトラ島はどうか」などと具体的な再会場所まで提案してきた。

ジェンキンスの扱いをめぐり、米国との調整が必要となった。外務省の薮中アジア大洋州局長が6月5日、急きょ訪米した。米側はジェンキンスの訴追に関して妥協する姿勢は一切見せなかったが、第三国での面会には強く反対しなかった。

「米国の真意は、『我々の手の届かない場所でうまくやって』という黙認。あうんの呼吸だった」と、外務省幹部は解説した。6月下旬、川口はハッサンに書簡を送った。

「米国と調整しているので、貴国に迷惑をかけることはない」

米国との根回しは済んでおり、米国がインドネシアに抗議することはない、とのサインだった。

7月1日、ジャカルタで行われた日朝外相会談は、2年前のブルネイでの会談以上に友好的だった。

北朝鮮の白南淳《ペクナムスン》外相は「以前会った時より若くなったように見えます」と川口にお世辞を言った。川口も笑って、「あなたもそう見えます」と応じた。

2人が明るかったのは当然だった。曽我一家の再会をインドネシアで実現することが事前調整で合意されていたからだ。

川口は会談で、「二女のブリンダさんの誕生日を一家そろってお祝いさせてあげたい」と、誕生日の7月23日までに再会が実現するよう求めた。白は「早ければ早いほど良い」と答えた。外務省は「日付と場所は今後、調整する」と説明した。

だが、実は、この時点で既に、「再会場所はジャカルタで決まっていた」と政府筋は明かす。

舞台裏はこうだ。

6月24日、参院選が公示された。自民党は岡田克也・新代表が率いる民主党に苦戦していた。世論調査の結果を見た飯島首相秘書官は外務省幹部に打診した。

「7月4日に再会させることはできないか」

幹部が、米国の独立記念日であることを理由に異論を唱えると、飯島は「それもそうだな」と、あっさりうなずいた。ただ、「7月11日投票の参院選前の適当な時期」に再会を実現することには固執した。

インドネシアの飯村らにも受け入れ準備を急ぐよう指示が飛んだ。大使館から遠いバリ島などでは準備が間に合わない。首都ジャカルタが再会場所として急浮上した。

日朝外相会談の2日後の7月3日、川口に同行していた藪中はジャカルタ市内のホテル2軒をひそかに下見した。「出入り口が多い方が報道陣の目を避けやすい」として、インターコンチネンタル・ホテルに決めた。ホテルの支配人と直談判し、宿泊費の値下げ交渉も行った。長期滞在が予想されたからだ。

残る懸案は、再会の日時だった。7月5日に北朝鮮から来た返事は「9日」、投票の2日前だった。細田は記者会見で謝意を表した。

「ひとえに北朝鮮側の協力によるところが大きい」

ぎりぎりまでじらせてからカードを切るのは、北朝鮮外交の常套手段だ。ただ、協力姿勢の一方で、一筋縄ではいかない相手であることを、その後、日本側は改めて思い知らされる。

「日本に行けば死刑」

曽我一家をいつ、どうやって日本に連れ帰るか。1年9か月ぶりの劇的な再会の後に待っていたのは、来日をめぐる日本と北朝鮮との激しい水面下の攻防だった。

7月8日、曽我は、娘2人より一足早く、成田空港から再会場所のジャカルタに旅立った。中山内閣官房参与が付き添った。

「生水は絶対ダメですよ。生野菜もダメです。私の息子は2回もチフスなどで死にかけたのですから」

見送りに来た杉浦官房副長官は、「お土産に」と胃腸薬の小瓶を手渡した。曽我は「ありがとうございます」と笑みを浮かべた。

翌9日朝、外務省の斎木は北朝鮮に飛び、順安空港でジェンキンスと合流した。64歳の元米軍軍曹は空港の待合室のソファで胸元から米国産のタバコを取り出し、悠然と煙を吹かした。北朝鮮での豊かな暮らしぶりを印象づけたが、タバコは前夜、北朝鮮高官から手土産にもらったものだった。北朝鮮は、この様子を異例の生中継で日本のテレビ局に配信し、日朝関係の「雪解けムード」を演出した。

この日夕、曽我はジャカルタのスカルノ・ハッタ国際空港で家族を待った。ジェンキンスがタラップを降りてくると、いきなり両手で顔を引き寄せ、人目もはばからず熱烈なキスをした。美花（21）、ブリンダ（18）の娘2人とは肩を寄せ合い、涙を流して再会を喜んだ。

「ごめんね」

「お母さん」

その直後、3人の男が同じチャーター機のタラップを降りた。北朝鮮からの同行者だった。

北朝鮮側は3人を「一家の世話係」と説明した。表向きは「ジェンキンスさんらがいつまでインドネシアにいても構わない」と強調していた。だが、日本側は、「平壌での曽我さん一家の監視員と、その上司、もう1人は不明。3人は状況次第では、一家を北朝鮮に連れ戻す役割も担っている」と分析した。

ジェンキンスも滞在中、中山らにこう打ち明けた。

「北朝鮮当局から『曽我さんを北朝鮮に連れ戻したら、運転手付きの車１台をあげる』と言われた」

日本側は、曽我一家と３人の男の一切の接触を断った。一家の滞在先には、専用キーなしではエレベーターから降りられないホテル14階のスイートルームを選んだ。廊下に警備員を配し、部屋の電話機を外させた。

３人の男は同じホテルに滞在し、執ように面会を迫った。駐ジャカルタ北朝鮮大使を通じてインドネシア政府に「何とか会わせろ」とねじ込んだ。スイートルームに強引に潜入しようと試み、警備員ともみ合いになったこともあった。

北朝鮮側は事前に、脱走兵のジェンキンスと２人の娘たちにこう吹き込んでいた。

「日本に行けば、米軍に引き渡され、死刑になる」

ジェンキンスは不安に駆られた。ストレスから深酒し、ホテルの備品を壊したり、外務省の伊藤直樹北東アジア課長の首をネクタイで絞めたりしたこともあった。５月に平壌で小泉が「家族が一緒に暮らせるよう全力を尽くす」と約束した紙を大事に折り畳み、お守りのように片時も離さなかった。娘たちも、北朝鮮の話を頭から信じ込んでいた。

来日までには、かなりの時間を要すると見られた。ジャカルタに派遣された政府職員の１人は、長期出張を覚悟し、数か月の旅行者保険に入っていたほどだ。

だが、事態は急変した。

再会翌日の７月10日午後、日本から同行した医師がジェンキンスを診断し、腹部の手術跡の化《か》膿《のう》を発見した。ジェンキンスは「北朝鮮でがんの疑いがあると言われた」と説明した。医師は、不安定な精神の治療のためにも、「専門的な手当てが必要」と診断した。中山らは早急に曽我一家を日本に連れて行く決意を固めた。

長年、北朝鮮に「マインドコントロール」されてきたジェンキンスの頑なな心を変えたのは、1本の国際電話だった。

7月11日、飯村の大使公邸で夕食会が催された。飯村の計らいで、ジェンキンスは米ノースカロライナ州にいる妹夫婦に国際電話をかけた。

「30数年ぶりだ。どうしようか。泣いちゃうよ」

涙を流しつつ、約30分間の電話を終えたジェンキンスは「よくやってくれた」と飯村らに心からの感謝の言葉を述べた。日本政府への信頼感が初めて芽生えた瞬間だった。

娘の美花とブリンダに対しては、外務省の女性通訳が遊び相手となった。曽我も交えてカラオケや折り紙をしたりして、次第に心を通わせた。

まだ難題が残っていた。ジェンキンスの身柄引き渡しに関する米国との調整だった。日米の外交当局間では当初、時間をかけて入念なすり合わせを行う予定だった。一家の早期帰国案を聞かされた外務省幹部は、「まだ無理だ。米国との調整ができていない」と難色を示した。

それでも中山は突き進んだ。深夜便の飛行機に飛び乗り、東京に向かった。翌12日午後、中山は首相官邸で小泉に直談判した。

「早急に日本で入院、治療を受けさせるべきです」

小泉はその場で「分かった」と了承した。ただ、「インドネシアの病院で再検査し、同様の診察結果が出たなら」と条件を付けた。政府内に「米国や北朝鮮から『日本が初めから日本に連れて行くシナリオを描いていたのでは』と疑われる」と心配する声もあったためだ。

翌日の検査の結果は、日本の医師の診断と一致した。ゴーサインが出た。

ジェンキンスは16日、北朝鮮が派遣した３人の男と初めて面会した。北朝鮮の自宅に残した冷蔵庫やタンスなどの備品と、その譲渡先を記したリストを手渡し、こう言い切った。

「我々は一家で日本に行く」

北朝鮮に亡命して以来、39年余も支配下に置かれた北朝鮮に対する「決別宣言」だった。

７月18日、ジェンキンスは、曽我や娘２人とともに日本行きのチャーター機に搭乗した。機内では、一足早い二女ブリンダの誕生会が開かれた。ケーキをほおばる娘たちの胸には、拉致被害者の救出を願う青いリボンのブローチ風のバッジが光っていた。

「北朝鮮のバッジは？」

そう尋ねた政府職員に、曽我は「私は何も言わなかったのに、２、３日前に渡したバッジと自分で付け替えたんですよ」と笑顔で答えた。

拉致被害者の家族らの帰国が実現するまでの足取りは、独裁国家と向き合うことの困難さを改めて浮き彫りにした。

奔走したベーカー大使

曽我一家がジャカルタに滞在している間、ジェンキンスの訴追問題をめぐる水面下の日米協議は難航を極めていた。

「ジェンキンス氏が入院中は、何とか身柄引き渡しを猶予してもらえないか」

７月14日、「一家の早期帰国」の方針決定を受けて、外務省はすぐに米側に要請した。日米地位協定は、日本側に米兵容疑者の「引き渡しの援助」を義務づけている。米側が身柄引き渡しを要求し、日本側が「超法規的措置」でそれを拒否する展開は、法治国家として何としても避けたかった。

その年の春ごろには、良好な日米関係を背景に、「大統領の恩赦や訴追免除もあり得るだろう」と、希望的観測を口にする外務省幹部もいた。だが、米側の態度は日本側の予想以上に堅かった。米国では当時、米兵によるイラク人虐待事件が発覚し、軍の規律違反に厳しい視線が注がれていた。11月に大統領選を控え、退役軍人会などの支持が欠かせないブッシュ政権にとって、簡単に妥協できる問題ではなかった。

外務省が一時、来日直後に米側から身柄引き渡しを要求されることを前提に、引き渡しを拒否する応答要領を作成したこともあった。細田は7月15日の記者会見で、「国際法上の問題を最終的に決定する段階でないまま、（日本で）治療を受けてもらわなければならない可能性がある。いわば緊急避難、人命救助的な観点だ」と苦しい胸の内を明かした。

その時、助け船を出したのはベーカー駐日大使だった。16日午前、ベーカーは自民党の安倍、公明党の冬柴の両幹事長と都内の大使公邸で会談した。

ベーカー「日米同盟や、人道的観点からの配慮も大切だと考える。ジェンキンス氏が自ら進んですべてを話し、司法取引すればいい」

安倍「ジェンキンス氏は重い病気であり、米側の配慮は大変ありがたい。米国の弁護士と、よく話し合いをさせます」

〈入院中は身柄引き渡し請求を先送りし、その間に司法取引で減刑の可能性を探る〉

弁護士出身のベーカーならではの筋書きだった。

ベーカーはもともと拉致被害者に同情的で、拉致問題の解決に熱心だった。２００２年12月には、拉致被害者の横田めぐみの両親、滋と早紀江と面会し、「皆さんは信じられないほど長い間、苦しい経験をした。米国全体が同情している」と励ました。２００３年３月の滋らの訪米時には、アーミテージ国務副長官ら米政府・連邦議会の要人に面会できるよう段取りをつけた。

しかし、今回のベーカーの「司法取引」案には、米政府内で反発が出た。ワシントンでは、国防総省幹部がすぐに在米日本大使館員を呼び、「我々は何も決めていない」とクギを刺した。在京米大使館も日本外務省に「あくまで大使個人の見解だ」と伝えた。

ベーカーは粘った。側近は、焦る外務省にこう答えた。

戦後の主な駐日米大使　( )内は元職

1961年4月～66年8月	エドウィン・ライシャワー（ハーバード大教授）
1977年7月～88年12月	マイク・マンスフィールド（上院院内総務）
1989年5月～93年7月	マイケル・アマコスト（国務次官）
1993年9月～96年12月	ウォルター・モンデール（副大統領）
1997年11月～2001年4月	トーマス・フォーリー（下院議長）
2001年7月～2005年2月	ハワード・ベーカー（上院院内総務）
2005年4月～	トーマス・シーファー（駐豪大使）

「大使自身は本国の訓令に納得していない。もう１日待って欲しい」

ベーカーは米上院議員時代から親しいドナルド・ラムズフェルド国防長官や、コンドリーザ・ライス大統領補佐官（国家安全保障担当）、パウエル国務長官らに次々と電話し、直接説得した。

「彼が我々との会議を締めくくる際の口癖は、『オーケー。それで私は何をやればいい？』だ。彼ほど行動する大使はいない」

在日米大使館幹部のベーカー評である。

最終的にパウエルがホワイトハウスの了解を取り付けたのは日本時間の７月17日未明とされる。ベーカーはその数時間後、外務省の麻布台別館で川口外相と会談し、こう表明した。

「人道的配慮により、ジェンキンス軍曹の身柄引き渡し要求は、『将来の適当な時期』まで先送りする」

米側が身柄の引き渡し要求そのものを見送ったことに、外務省幹部は「日米関係を重視したことによる、特段の配慮以外の何物でもない」と驚きを隠さなかった。

ベーカーは「今後、複数の選択肢がある。1つは司法取引だ。どういう結果が出るかは、ジェンキンス軍曹が自分の罪状にどれだけ認識を深めるかにかかっている」と川口に語った。川口は謝意を伝えた。ベーカーは米政府内の調整に骨を折ったことを冗談めかして語った。

「お陰で私は痣《あざ》だらけになりましたよ」

曽我一家4人が帰国・来日する前日のことだった。

ジェンキンスは18日に来日すると、そのまま都内の東京女子医大病院に入院した。その後、在韓米軍所属の独立法務官と面会を重ね、最終的にキャンプ座間の在日米陸軍司令部への出頭を決意した。11月3日の軍法会議では「禁固6か月、不名誉除隊」の有罪判決が下されたが、司法取引の結果、刑期は30日に短縮された。

服役態度などが考慮され、6日間早く釈放されたジェンキンスは、曽我の生まれ故郷の新潟県佐渡市に落ち着き、一家4人で新たな生活をスタートさせた。

「コイズミは私の友人だぞ」

ブッシュ米大統領は本気で怒っていた。

2003年初頭、側近のライス大統領補佐官から、北朝鮮の核開発問題に関する報告を聞いた時のことだ。

「日本が入っていないと意味がないじゃないか。コイズミは私の友人だぞ。彼の足を引っ張りたくない」

ライスは、「米中朝の3か国協議」を開くという中国の提案について、米国務省がブッシュに相談せずに独断で同意した、と伝えたのだ。

そもそも、核問題を多国間協議で解決する方式を言い出したのは、ブッシュ本人だった。「日米を中心とした多国間協議」を想定していた。

ブッシュは、2月22日に訪日したパウエル国務長官に日米外相会談で、この構想に対する日本側の意向を聞かせた。

川口外相は「北朝鮮に影響力のある中国を関与させることが重要だ」と指摘したうえ、中国と日米、韓国、ロシア、北朝鮮による「6か国協議」を逆提案した。日本は、小泉訪朝直前の2002年8月の日朝局長級協議で同じ案を提示するなど、もともと6か国協議への思い入れが強かった。

さらに、川口はパウエルにささやいた。

「これを日本が提案すると、中国や北朝鮮が拒否反応を示しかねない。米国から中国に伝えてほしい」

パウエルは即座に、「それは良い考えだ」と応じた。早速、2日後、中国の江沢民国家主席らとの会談で、6か国協議の開催を打診した。

中国側は、日本の参加に難色を示した。表向きは「北朝鮮はあくまで米朝2国間協議を望んでおり、多国間協議には慎重だ」と主張した。実際は、日本の参加により米国の立場が強まることを中国自身が懸念した、との見方が有力である。その後、中国側が提示した代案が「米中朝の3か国協議」だった。

最初は激怒したブッシュも結局、ライスに説得され、「3か国案」を渋々受け入れた。しかし、江沢民に電話し、こう言い放った。

「今回は良しとするが、次の会合で日本を外したら、米国は参加しませんよ」

その後、米国は「3か国案」を水面下で日本に打診した。日本側は熟考の末、こう回答した。

「日本が最初の協議に出席しないのは構わない。ただし、日本だけが外れ、韓国が入るのは困る」

結局、北朝鮮の核問題に関する協議の場は、4月の米中朝3か国協議を経て、8月の6か国協議へと進んだ。

日本にとって、6か国協議の開催は長年の悲願だった。94年の米朝枠組み合意では、米朝交渉に直接関与できないまま、米朝が合意した朝鮮半島エネルギー開発機構（KEDO）への巨額の資金協力を了承させられた。悪く言えば、「他人が飲み食いした請求書をつけ回しされた」格好である。他に選択肢はなかったとは言え、日本外交にとって大きな屈辱だった。それ以来、日本は一貫して、朝鮮半島を取り巻く北東アジアの安全保障に自らの発言権を確保することに腐心してきた。

6か国協議の実現は、良好な小泉・ブッシュ関係が生んだ日本外交の大きな成果となった。

日中が役割分担

日本は6か国協議で、一貫して米韓両国と共同歩調を取り、北朝鮮に核開発計画を完全に放棄するよう迫ってきた。一方で、米朝の激しい対立を解きほぐし、協議を進展させるため、水面下では議長国の中国と連携し、調整役を務める場面も少なくなかった。協議開始前は日本の参加に難色を示した中国も、徐々に日本を頼りにするようになっていった。

２００３年８月27～29日の第１回６か国協議の開幕前日、北京の釣魚台国賓館で開かれた立食形式の夕食会でのことだ。

「我々は北朝鮮を協議の場に引き留める。日本は米国を引き留めて欲しい」

「知日派のエース」として、後に駐日大使を務める王毅・中国外務次官は、藪中三十二外務省アジア大洋州局長に流ちょうな日本語で話しかけた。協議の議長を務める王の表情はやや不安そうだった。中国は重要な国際会議を仕切った経験が少ない。北朝鮮が「瀬戸際外交」を続け、協議が決裂することを恐れていたのだ。

藪中は「我々も協議の成功に努力する」と、王に協力を約束した。その後、早速ケリー米国務次官補に近づくと、こう語った。

「北朝鮮が席を立つ口実を与えないようにしよう」

翌日始まった協議で、北朝鮮の金永日《キムヨンイル》外務次官は「我々は核兵器など持ちたくない。しかし、米国の姿勢が、我々に核抑止力を求めざるを得ない状況を作っている。このままでは、核保有宣言、核運搬手段の示威（弾道ミサイル発射実験）、ひいては核実験を行うことになるだろう」と核開発の正当性を主張した。藪中は韓国の李秀赫《イスヒョク》外交通商次官補、ロシアのアレクサンドル・ロシュコフ外務次官とともに、「米国には、北朝鮮を攻撃する意図はない」と反論し、金に軟化を促した。

８月29日に閉幕した第１回６か国協議では、土壇場で北朝鮮が文書化に反対したため、各国が署名する共同文書の作成・発表はできなかったが、「朝鮮半島の非核化」と核問題の平和的解決、6か国協議の継続などでは合意した。

日中両国の連携は、翌2004年2月25～28日の第2回協議でも続いた。

王は、核の凍結・廃棄手順などを検討する「作業部会」の設置を盛り込んだ「共同文書」案を各国に示した。だが、米国は、作業部会設置の条件として「完全で検証可能かつ不可逆的な核廃棄（CVID）」の明記を求めた。北朝鮮が絶対に同意しない要求だった。

中国の李肇星外相は、わざわざパウエルに国際電話をかけ、「中国案をのんでくれ」と頼み込んだ。藪中は、王に何度も相談を持ちかけられ、ケリーの説得に当たった。

各国は一時、文案に合意したが、またも土壇場で北朝鮮が「意見の相違がある」との表現を盛り込むよう要求し、共同文書はまとまらなかった。代わりに、王が、拘束力の弱い「議長総括」を発表するにとどまった。

議長総括は、日本人拉致問題について「関連する懸案に対処する」との表現で言及した。藪中や斎木アジア大洋州局審議官が踏ん張った成果だった。

藪中はテレビが中継した冒頭あいさつで、拉致問題に言及する際、「拉致」との表現はあえて使わず、「日朝間の懸案」と述べた。北朝鮮や議長国の中国への配慮だった。北朝鮮代表の金桂《キムケ》寛《グァン》外務次官は早速、藪中に「日本の配慮に感謝する」と伝えた。

斎木は共同文書を作成する作業部会に参加し、各国の主張が一巡した後、さりげなく「『関連する懸案に対処する』と入れて欲しい」と提案した。北朝鮮の李根《リグン》外務省米州副局長も異論は述べず、議長総括に文言が残った。もっとも、交渉の中では、中国外務省幹部が「日本が文書に『拉致』と入れたいなら、我々としては『靖国問題』を入れてもらいたい」と露骨に嫌みを言う場面もあったという。

正念場

２００４年６月23～26日の第３回協議は正念場だった。藪中は事前に訪米し、韓国の李秀赫と連携し、ケリーらに米国が具体的な提案を示すよう働きかけた。藪中らには、「今回も何の進展もない場合、６か国協議の信頼性がなくなる。各国の協議に対する機運も失われかねない」との危機感があった。

藪中は日本政府内の根回しにも動いた。６月18日の外務省の幹部会議では、こう力説した。

「北朝鮮から前向きの対応を引き出すためには、日本としても応分のエネルギー支援を表明すべきだ」

日本国内では、経済制裁を発動すべきという議論こそあれ、北朝鮮への新たな支援には否定的な空気が大勢だった。前月の小泉再訪朝でも、拉致問題の進展はわずかにとどまっていた。竹内外務次官は「支援の言い方には十分気をつける必要があるね」と藪中に注文した。

３回目の協議で、ようやく米国は動いた。ケリーは、北朝鮮が将来の完全な核廃棄を前提にして核開発計画を凍結した段階で、「安全の保証」やエネルギー支援を与えるという新提案を初めて示した。北朝鮮も、核の一部凍結を表明し、歩み寄った。

それでも、米朝の隔たりは依然、大きかった。

ジョゼフ・デトラニ朝鮮半島和平担当特使「議長声明にＣＶＩＤ（完全で検証可能かつ不可逆的な核廃棄）と入れてもいいんだぞ」

李根副局長「そんな敗戦国にのみ強要できるような屈辱的な言葉は到底、受け入れられない」

共同文書の起草作業では、米朝が激しく応酬した。北朝鮮は「廃棄」という表現の明記に頑強に抵抗した。あくまで「廃棄」にこだわる米国は、「凍結」という中途半端な文言に反対した。結局、双方の主張に配慮し、「廃棄」は「朝鮮半島の非核化」に、「凍結」は「非核化に向けた第1段階の措置」という表現に言い換えられた。

文書には、検証を伴う「朝鮮半島の非核化に向けた第1段階の措置」と、その見返りとしての対北朝鮮支援などが盛り込まれた。9月末までに第4回協議を開くことでも合意した。しかし、各国が文言の一字一句に合意し、一定の政治的な拘束力を持つ「共同声明」といった共同文書の形式には至らず、「議長声明」という形式にとどまった。

金正日は2004年5月の日朝首脳会談で、安否不明の横田めぐみら10人の再調査を「白紙に戻す」と約束した。その後、日本側は北朝鮮に「誠意ある回答」を求め続けたが、期待はことごとく裏切られた。

この年8月5日、小泉が明言していた北朝鮮への食糧支援25万トンのうち、半分の12万5000トンの供与が正式に決まった。

「日本は約束を守る、というメッセージを北朝鮮に送ったんだ」

藪中の解説である。「残りの半分を与えるかどうかは、北朝鮮の対応次第」というメッセージでもあった。日本側は、10人の再調査結果を話し合う日朝実務協議の日程についても、「本格的な調査には一定の時間が必要だろう」として、早期開催を催促することは避け、北朝鮮側に配慮してきた。

しかし、日本側のこうした〝誠意〟は、北朝鮮側には全く通じなかった。8月11、12両日の第

1回実務協議の前、朝鮮総連関係者は、こんな自分勝手な見方を漏らした。

「8月14日にアテネ五輪の女子柔道で日本初の金メダルが出る。テレビは五輪一色になるだろう。その前後に協議を行えば、結果が悪くても大丈夫だ」

朝鮮総連が、「実務協議で再調査の結果を報告した場合、日本の世論がどう反応するか」という本国からの照会に応じて、詳細なシミュレーションを行った末の結論だという。

11日に北京で始まった実務協議は、この通りの展開となった。

「調査委員会は、拉致被害者が20数年前に入国した港にも人を派遣し、現地調査している」

「調査委員会は毎日活動し、外務省への報告は日曜日も行われている」

北朝鮮側代表の宋日昊《ソンイルホ》・外務省副局長は協議で、調査の手法や10人の入国経路を長々と説明した。肝心の10人の安否には一切触れなかった。具体的な情報をほとんど持たされず、徒手空拳のまま、ひたすら時間稼ぎをしているのは明白だった。

「我々の関心はそんなことではない。結論から話して欲しい」

日本側代表の外務省の斎木アジア大洋州局審議官は何度も宋の発言を遮った。斎木は対北朝鮮強硬派を自認し、拉致被害者の家族から高い信頼を得ている。斎木は、2002年10月の日朝国交正常化交渉で自ら北朝鮮側に手渡した約150項目の質問書を改めて示した。そして、「仮に病気でも、精神的にボロボロの状態であっても、日本人が1人でもいるなら帰すべきだ」と強く求めた。

宋は「これを参考に調査を加速する」と、質問書を初めて見るかのように振る舞った。「ウソをつくつもりも、隠すつもりもない」「なかなか特殊機関の協力が得られない」などとも語った。

一方で、くせ球を投げた。1970年に北朝鮮に亡命した日航機「よど号」乗っ取り犯4人について、「帰国を説得してはどうか」と提案した。斎木は即座に拒否した。事前に「よど号犯の引き渡しは、拉致問題から日本側の関心をそらす手段」と分析していたからだ。自民党の安倍幹事長からも数日前、「絶対に断れ。よど号犯は犯罪者だ。日本が説得して連れ帰らなければならないなんて、理屈としておかしい」と助言されていた。

北朝鮮の「かく乱戦術」は、協議のテーブルを離れた後も続いた。

「斎木さんと食事ができるなんてうれしい」

協議初日の夜、日本側が設けた夕食の席で、宋が語りかけた。「なぜ」と問う斎木に、宋は「私はあなたの悪口をたくさん言ってきたのに」と真顔で語った。

翌日昼、今度は宋らが北京郊外の朝鮮料理店に日本側を招いた。食卓の脇には、大きなスクリーンがあった。宋は「マイクもありますよ。1曲いかがですか」と誘った。斎木らは、唖然《あぜん》として断った。

「仮に2回目の協議もこんな感じだったら、大変なことになりますよ」

斎木は帰国前、宋に強くクギを刺した。宋は「はい」と神妙な面持ちで答えた。だが、北朝鮮情勢に詳しい外務省幹部は語る。

「北朝鮮に厳しい斎木に花を持たすような、酔狂な外交官は北朝鮮にいない。文句だけ言って済む外交なら簡単だが、そういう相手ではない」

2日後、アテネ五輪女子柔道で谷亮子が日本人初の金メダルを獲得した。男子柔道の野村忠宏も3連覇を達成した。拉致被害者家族らの憤りと悲しみは、メダルラッシュに沸く歓喜の渦にかき消された。

猿芝居

9月25、26両日の第2回実務協議も、第1回と似た展開となった。25日午前、北京空港に到着した宋は、報道陣に対し、10人の安否不明者について「死亡者問題」と表現した。さらに、「調査は完全に終わるまでやらなければいけない」と語り、再調査がまだ終了していないことを示唆した。日本側の関係者に失望が広がった。

宋が持参した書類のファイルは厚さ4センチほどだった。前回よりは厚かったが、提供した新情報は石岡亨、有本恵子ら数人についてだけだった。横田については、「2年前の調査で『93年3月13日に死亡』としたが、4月20日～6月3日と8月3日～10月8日にも入院していた」と説明を変えたのにとどまった。肝心の安否については、「現在どうなっているかは分からない」と回答を避けた。

斎木は、病院のカルテや被害者の所持品など具体的な証拠や資料を提示するよう求めた。斎木の様々な要求に対し、宋は「持ち帰って相談する」の一点張りだった。斎木が、新たに拉致被害の可能性が強まった藤田進について「失踪前の写真と脱北者が提供した写真がぴったり一致した」と追及しても、宋は「理由が分からない」などと、のらりくらりとかわすばかりだった。結局、再調査の肝心の部分を知らされていない宋と話しても、進展が望めないのは明らかだった。

斎木ら一行が協議を終えて帰国した27日、小泉は第2次小泉内閣を改造した。民間出身の川口外相に代えて町村信孝・元文相、首相補佐官に山崎・自民党前副総裁と川口を起用した。

政府内で、北朝鮮に対する経済制裁の発動を声高に訴えていた中山内閣官房参与は辞任した。あくまで北朝鮮との国交正常化を目指し、制裁には慎重な小泉との路線の食い違いが辞任の遠因となった、との指摘もある。首相官邸を訪れた中山に対し、小泉は「ありがとうございました」

と語り、慰留しなかった。

藪中と斎木は28日、小泉に実務協議の内容を報告した。小泉は目を閉じて上を向く、いつも通りのポーズで聞き入った。

「基本的には実務協議を続けてみよう。ただ、3回目も同じ結果だとな……」

小泉は、その後の言葉を飲み込んだ。藪中は「今後の協議方法はいろいろ研究してみます」と言い添えた。

「実務協議を意味のあるものにするため、調査委員会の責任者を協議の場に引き出すには、自分が平壌に行くしかない」

藪中は決意を固め始めていた。


第3回日朝実務協議は11月9〜14日、初めて平壌で開かれた。日本側は、藪中、斎木を始め、外務省、警察庁、内閣官房拉致被害者支援室から過去最多の計19人が参加した。藪中が初めて参加したのは、局長級の協議とすることで、北朝鮮側からも調査委員会の局長級の責任者を引っ張り出す狙いだった。

11月10日午後、平壌市内の高麗ホテル。協議は2日目を迎え、実質的な話し合いが始まった。藪中らの前に、「調査委員会の責任者」を名乗る男が現れた。

68歳という陳日宝《ジンイルボ》は、日本の警察に相当する人民保安省の「捜査担当局長」と自己紹介した。

そして、日本側が注目する再調査結果を淡々と明らかにした。

「残念ながら8人は死亡していた。1人1人の詳しい説明については、別途行わせる」

その後、陳はほとんど口を開かなかった。日本側の質問には、人民保安省の玄哲《ヒヨンチヨル》課長が答えた。玄は「８人死亡、２人は入国未確認」という２年前と同じ説明を繰り返した。前回の協議で訂正した横田の死亡年月日について、「94年４月死亡」と再訂正した。誤った理由については、「病院の記録が残っておらず、（関係者の）記憶をたどって記入した」と釈明した。

日本側には「そもそも調査委員会など本当に実在するのか」と疑う声もあった。北朝鮮側が協議の直前、陳の名前を「進一歩《ジンイルボ》」と間違えて伝えたことが、疑念を増幅させた。日本側出席者の１人は、「まさか『再調査が一歩、進む』という意味の語呂合わせの偽名ではないと思うけどね」と語った。

日本側には納得しがたい再調査結果だった。協議は激しい応酬となった。陳と口論となり、怒った藪中が書類を片づけ、席を立とうとした瞬間、陳が突然、胸を押さえて苦しみ出した。玄はすかさず休憩を求め、その場をとりなした。「協議を決裂させないための猿芝居なのか」と、藪中らは首をひねった。

協議はすれ違いのまま４日目を迎えた。北朝鮮が、幕引きに向けて、１枚のカードを切った。11月12日午後、高麗ホテルの一室で、横田の元夫とされるキム・チョルジュンと藪中らの面会を認めたのだ。

キムは２００２年秋の政府調査団の訪朝以来、一貫して「日本人には会いたくない」と日本側との接触を拒んできた。今回の面会は当日朝、北朝鮮側が申し出た。

２年越しで面会が実現した相手は、物静かでメガネをかけた40歳代半ばの北朝鮮工作員だった。隣には、横田の娘のキム・ヘギョンが座っていた。本物の親子だとアピールする狙いは明らかだった。

ヘギョンは二言三言、朝鮮語でキムと会話すると、退席した。事実上の事情聴取が始まった。

「めぐみさんが入院中、お見舞いに行きましたか」

「どんな様子でしたか」

　藪中はまず、「普通の会話」を心がけた。横田に関する正確な情報を聞き出すには、キムと一定の信頼関係を築く必要があるためだ。

　キムは2枚の小さな写真を見せた。1枚はヘギョンの1歳の誕生日に家族3人で撮ったという写真。もう1枚は旅行先での夫婦の写真だと説明された。ただ、写真の顔があまりに小さかったため、日本側の出席者は、本当に面前にいるキムと同一人物なのかと、交互に写真を点検し合ったほどだった。

「新婚旅行ですか」

　藪中の質問に、キムはやや和んだ表情を見せた。

　藪中は本題を切り出した。「あなたの説明を信じないわけではないが」と前置きし、「科学的な裏付けが欲しい」として、まずキムの毛髪や血液の提供を頼んだ。キムとめぐみ、ヘギョンとの家族関係を確認するのに不可欠だからだ。

　だが、キムの態度は硬かった。

「私は今も現役で特殊機関で働いている。日本で（私が）話題になっていることは知っているが、協力できることは限られている」

　藪中は、「せめて写真を撮らせてほしい」と食い下がった。キムは写真撮影はもちろん、自分が写っている2枚の写真の複写さえ認めなかった。

　藪中はさらに、キムが所有しているとされる「横田の遺骨」の引き渡しを求めた。

「それなら、自分で横田さんの両親に手渡したい」

キムは表面上は前向きな姿勢を示した。だが、それは両親に訪朝を促す「くせ球」でもあった。藪中は「我々は横田夫妻から全権委任を受けている」と切り返し、説得を続けたが、キムは最後まで応じなかった。当初30分の予定だった面会は１時間半に及んだが、成果は芳しくなかった。

「横田さんの遺骨をぜひ提供してほしい」

翌13日午前、藪中は今度は陳に直談判した。陳の答えは、日本側の想像を越えていた。

「我々もキムを説得しているが、プライバシーの問題があり、なかなか難しい」

普段は温厚な藪中が怒りを爆発させた。

「プライバシーとは何事だ。ふざけたことを言うな。横田さんの両親がどれほど心を痛めているか、分かっているのか」

陳は声を張り上げて反論した。

「それなら、私にも言い分がある。私の父は赤紙１枚で日本軍に連行されたんだ」

２人の顔は真っ赤だった。この時点で、北朝鮮が「遺骨」の提供に応じる可能性はほとんどないと思われていた。

虚構のシナリオ

第３回日朝実務協議では、日本側が立ち会って初の現地調査も行われた。

11月12日、藪中ら一行は、横田めぐみが入院していたとされる平壌市内の「49号予防院」を訪問した。２年前に政府調査団が平壌を訪れた際にも応対した横田の元主治医が再び現れた。

当時の政府調査団長だった斎木は、「私のことを覚えているか」と尋ねた。元主治医は「覚えている」と答えた後、横田の「自殺」時の状況について説明を始めた。

「1994年4月13日、横田さんと私、入院患者2人の計4人で松林へ散歩に行った時のことだ」

とっさに斎木が詰問した。

「私が2年前、あなたから聞いた説明は『3月の暖かな日、2人で散歩に行った時』だったはずだ」

元主治医は「努力して思い出したんだ」と開き直った。カルテの提出を求めると、別の病院に入院していた際のものを出してきた。紙は黄色く変色し、綴《と》じ紐《ひも》はボロボロだった。49号予防院に入院中の記録はなかった。斎木が追及すると、元主治医は「横田さんは特別扱いだったので、49号予防院では臨時のカルテを作っていた。それは特殊機関が持って行ってしまった」とかわした。

元主治医は、横田が首をつったとされる松林にも案内した。元主治医が1本の松の枝を指さした。幹の高さ約1・6メートルの付近から分かれていた枝は、ほぼ根元部分で折れていた。

「この枝の根元に縄をくくりつけていた」

元主治医は淡々と説明した。日本側は現場の写真を撮ったり、スケッチを作成したりして懸命に記録した。帰国後、拉致被害者の蓮池薫らの証言と照らし合わせ、矛盾点がないか検証するためだ。

藪中らは協議の席上、事前に聴取した蓮池らの証言や情報をもとに北朝鮮側を追及した。

「めぐみさんは平壌49号予防院に入院中に死亡したと言うが、義州の病院に入院したはずだ」

蓮池は政府に対し、「94年3月にめぐみさんが入院したのは義州の病院。翌月に死んだというのも違うのではないか」と指摘していた。49号予防院は本来、工作員専用の病院で、横田が入院するのは不自然だという。

陳日宝は、「前日までは義州への入院を検討したが、少し様子を見るため、49号予防院に入院させた」などと釈明した。

藪中らは、病院関係者や、拉致被害者が宿泊する招待所の職員とも面会した。ただ、藪中の同行者によると、北朝鮮側の応対は、すべて応答要領に基づき、事前の振り付け通りに答えている印象だったという。

帰国前日の14日夜、大きな展開があった。

藪中の宿泊先の高麗ホテルに突然、キム・チョルジュンが１人で訪ねてきた。あれほど提供を拒んでいた横田の「遺骨」を届けに来たのだ。応対したのは藪中１人だった。

「墓から取り出し、焼いた上で骨つぼに入れた。自分で管理するためだ」と、キムは説明した。

白い布に包まれたつぼの中には、骨らしき白い物体がほぼ粉々の状態で入っていた。キムは「遺骨」引き渡しの条件として、「遺骨の件は公表しない」との約束を文書にするよう求めた。藪中は「家族の意向次第では公表する可能性がある」と念を押したうえ、文書に署名した。キムは特に反論しなかった。

協議と現地調査は６日間で計50時間近くに及んだ。貴重な物証を紛失しないよう、15日の平壌からの帰国には民間チャーター機を利用した。

藪中の気は重かった。「８人死亡、２人未入国」という再調査結果を拉致被害者の家族に伝える役目が残っていたからだ。藪中は帰国後、すぐに横田夫妻に電話した。

「遺骨が偽物と分かれば国交正常化どころではない。北朝鮮もそんなバカなことはしないでしょう」

藪中は「遺骨」が本物だと半ば信じていた。15日夕、内閣府で開かれた家族に対する説明会でも、同様の見解を示した。しかし、めぐみの弟、拓也は怒りに体を震わせた。

「きょう15日は27年前にめぐみが拉致された日。昨日は父の72歳の誕生日だった。今日は父の誕生日プレゼントとして良い情報をもたらせると思ったが、誠意のない回答で憤りを隠せない」

他の家族も、北朝鮮側の不十分な回答に「こんなことなら協議の席をけって帰ってくれば良かったのに」と不満を爆発させた。

「何度もテーブルをたたき、抗議に近い態度で交渉した。おざなりの交渉ではない」と、藪中が抗弁する場面もあった。

だが、藪中の「遺骨」に関する見通しは甘かった。

約3週間後の12月8日。新潟県警の委託による帝京大法医学教室のDNA鑑定の結論は、「骨は2人分あり、いずれもめぐみさんとは別人」というものだった。

再調査に幕引きを図ろうとした北朝鮮側の「虚構のシナリオ」は科学的に否定され、もろくも崩れた。

「北朝鮮がここまで残酷で、冷酷とは……」

めぐみの母の早紀江は怒りで声を震わせた。

「キム・チョルジュンは本当にめぐみさんの夫なのか」

ニセの骨を渡した男に疑惑が向けられた。実は、蓮池夫妻は日本政府に対し、「横田さんは夫婦仲が悪く、93年から別居していた」と証言していた。藪中らはこの情報に基づき、第3回実務協議でキムと面会した際に、キムの皮脂を極秘に採取し、警察庁が鑑定を行った。しかし、この結果は「判定不能」だったという。

細田官房長官は、「遺骨」が別人のものだったことについて、「日朝平壌宣言の精神に反することは明らかで、極めて遺憾だ」と表明した。北京の日本大使館を通じ、北朝鮮に厳重に抗議した。5月の日朝首脳会談で小泉が表明した25万トンの食糧支援のうち、未実施の12万5000トンの供与凍結を決めた。

だが、国民の怒りは収まらなかった。与党などからは、北朝鮮に対する経済制裁の即時発動を求める声が続出した。小泉は首相官邸の執務室で、じっと考え込んだ。隣で首相秘書官の1人がつぶやいた。

「仮に『国家的なウソだ』と北朝鮮を批判しても、『持っていたものを提出しただけだ』と言い訳するんでしょうねえ」

小泉は12月13日、河野洋平衆院議長らと夕食をともにした際、揺れる胸中を漏らした。

「北朝鮮の真意を見極める必要がある。もう少し慎重に、時間をかけて判断した方がいい。6か国協議もあるしな……」

これを境に、拉致問題をめぐる日本と北朝鮮との交渉は事実上、途絶えた。外務省の斎木らが北朝鮮外務省に何度電話しても、宋日昊《ソンイルホ》副局長は電話に出なくなった。居留守を使っているのは明らかだった。5月の小泉再訪朝後も細々と続いていた田中均、藪中とXとのルートも、ほとんど機能しなくなった。

Xは田中らに対し、恨めしそうに語ったという。

「5人の拉致被害者を帰国させ、家族8人も帰した。我々はすべて日本の言う通りにやってきた。それなのに、日朝関係は少しも良くならないじゃないか」

「ワイシャツなら北京で買え」

２００５年1月、第2期ブッシュ米政権が発足した。北朝鮮は2月10日、「核兵器の保有」を宣言し、核危機をエスカレートさせた。

ケリーの後を継いだクリストファー・ヒル米国務次官補は4月27日夜、藪中の後任の佐々江賢一郎外務省アジア大洋州局長と都内で会談した。2人は「6か国協議の再開の見通しは極めて厳しい。このまま進展がなければ、別の選択肢を考えなければならない」との考えで一致した。「別の選択肢」とは、核問題の協議の場を6か国協議から国連安全保障理事会に移すことだ。

ヒルは１９９０年代、ボスニア和平やコソボ紛争をめぐる外交交渉で実績を上げた職業外交官だ。駐ポーランド大使時代には、ポーランドを「テロとの戦い」の有志連合に参加させ、ブッシュから高い評価を得た。東アジアは専門分野ではないが、核問題を進展させようと、前任のケリーより積極かつ果敢に米朝協議に取り組んだ。その結果、２００５年7月26日、第4回6か国協議が約1年1か月ぶりに開催された。

ただ、日本の立場は明らかに過去3回よりも苦しくなっていた。拉致問題の解決を目指そうにも、北朝鮮は事前に「日本は相手にせず」と明言し、日朝協議にすら応じようとしなかった。中国、韓国、ロシアの3か国は「6か国協議の核心の議題は核問題だ」「日本はいたずらに北朝鮮を挑発している」などと、日本が拉致問題を提起するのに公然と反対した。特に、従来は日米両国と足並みをそろえていた韓国が北朝鮮寄りの姿勢を鮮明にした影響は小さくなかった。拉致問題については、「日米対中韓露朝」という2対4の構図となった。

6か国協議は従来、3、4日間の期限を定めていたが、今回は、期限を定めない方式を初めて採用した。核問題で一定の成果を出すまでは、何日でも協議を続けるというデスマッチ方式だ。事前に斎木が中国の崔天凱外務省アジア局長に「ワイシャツは何枚くらい持っていけばいいのか」と尋ねた。議長国が協議を何日くらい行う腹づもりかを探ったものだが、崔は平然と答えた。

「ワイシャツなら北京で買ってください」

今回は、従来のような議長声明ではなく、各国が合意し、一定の政治的な拘束力を持つ共同文書を作ろうという機運が高まった。議長国の中国は30日、共同文書の第１次草案を提示したうえ、徐々に各国の主張を盛り込み、８月２日には第４次草案を示し、こう宣言した。

「これが最終案だ。もう文言の修正はしない。受諾か拒否か、二つに一つだ」

焦点の「朝鮮半島の非核化」の対象は、第１次案では「すべての核兵器と、それに関連する核計画」とされていたが、第４次案は「すべての核兵器と、核計画」となった。北朝鮮は、放棄の対象を「核兵器関連計画」に限定し、原子力発電など平和利用目的の核開発計画を継続する余地を残すことを狙っていた。「それに関連する」を削除した第４次案は、平和利用目的の計画も放棄の対象と見なせる表現となっており、日米韓などは受け入れる方針を固めた。北朝鮮の金桂寛《キムケグアン》外務次官も一時は、前向きだったが、本国に１本の電話をした後、その態度はひょう変した。

「米国の核の脅威が存在する限り、核は放棄できない」

金はそう主張すると、核疑惑の発覚により２００３年末から中断している「軽水炉建設」の再開まで要求し、日米などと激しく対立した。核の平和利用をめぐる議論は平行線が続き、接点は見つからなかった。結局、８月７日まで13日間に及んだマラソン協議は、「８月29日に始まる週に再開する」ことを決め、休会となった。

最終日には、佐々江と金による会談がようやく実現した。佐々江は「北朝鮮に生存している拉致被害者の帰国」「拉致事件の真相究明」「拉致容疑者の引き渡し」の3項目を要求したが、金は「本国へ正確に報告する」と述べるにとどまった。約9か月ぶりの日朝協議はわずか約20分間で終わった。

切り札

第4回6か国協議が約束通りに再開できるかどうか、懐疑的な見方も少なくなかった。しかし、中国は、議長国のメンツにかけて、精力的に北朝鮮との事前調整を進めた。

その背景には、米国の水面下の圧力があった。9月上旬には胡錦濤国家主席の就任以来初めての訪米が控えていた。米政府は中国に対し、「胡主席の訪米の成功には、北朝鮮の核問題の進展が不可欠である」と猛烈に働きかけたのだ。6か国協議は予定より約半月遅れで、9月13日に北京で再開された。最大の焦点は、北朝鮮の核の平和利用の是非と軽水炉提供問題である。日本代表団筋は再開前、協議の見通しをこう語った。

「軽水炉をめぐる北朝鮮の出方がポイントだ。交渉戦術の一環で建設を要求しているだけなら、合意の可能性はあるが、本気で欲しがっているなら、合意はまず不可能だろう」

北朝鮮の金桂寛は14日の実質討議で、軽水炉の要求が「本気」であることを繰り返し強調した。しかも、中断されている軽水炉建設事業の再開ではなく、新規の建設を要求した。参加各国は唖然とした。ヒルは「米国だけでなく、どの参加国も資金提供の準備はない」と軽水炉提供を明確に拒否した。そして、同日夜、うんざりした表情で記者団に語った。

「北朝鮮は今日を軽水炉デーにしようとした。我々は軽水炉ウイークにならないことを望む」

米朝の対立は激しく、協議は行き詰まりの様相を見せた。それでも、議長の中国の武大偉外務次官は合意文書の作成に執念を見せた。16日、第５次草案を参加各国に提示した。

「これが我々の切り札だ」

前駐日大使の武は、佐々江との会談で、まさに切り札を切るかのように右手を大きく振り回しながら、日本語でこう強調した。

第５次案は、核の平和利用について「北朝鮮は平和利用の権利を有する旨発言した。他の参加者は、この発言を尊重する旨述べた」と表現した。軽水炉提供問題については、「適当な時期に、議論を行う」とした。いずれも「玉虫色」の表現にとどめ、問題を先送りする内容だったが、「軽水炉」という文言が盛り込まれていること自体、米国には受け入れは困難と見られた。

ヒルは17日、草案の修正を要求した。軽水炉問題を議論する時期について、「北朝鮮が核兵器・核計画の放棄、核拡散防止条約（ＮＰＴ）への復帰、国際原子力機関（ＩＡＥＡ）の査察を実施した後」と明確にするよう求めたのだ。佐々江も同調した。しかし、金は修正を拒否した。

協議は再び決裂の危機を迎えた。

その日夜、中国の戴秉国筆頭外務次官が釣魚台国賓館で、６か国の首席代表らを集めた「月見の宴」を催した。「中秋の名月」を鑑賞する名目で、最後の接点を探る試みだった。武は「何とか合意を作ろう」と各国に働きかけた。佐々江と武、佐々江とヒル、ヒルと武が個別に会談し、ぎりぎりの打開策を練った。ヒルは国際電話でライス国務長官と相談し、受け入れ可能な妥協点を探った。最後は、佐々江と武が２人がかりで金の説得を試みたが、金は譲歩しなかった。

そこで一つの妥協案が浮上した。「適当な時期に、軽水炉提供問題の議論を行う」という共同文書の表現は変更せず、代わりに米国などが閉会式で「適当な時期とは、北朝鮮が核兵器・核計画の放棄、ＮＰＴ復帰、査察などの実施後のこと」と発言し、文書の解釈を補足するという案だった。結局、米国がこの案に同意し、19日昼過ぎ、6か国協議として2年余りをかけ、初めて「共同声明」が発表された。6か国の代表団は合意の直後、全員が立ち上がり、拍手したほどだった。

共同声明は、北朝鮮が「すべての核兵器及び既存の核計画を放棄し、NPT及びIAEA保障措置に早期に復帰すると約束した」と明記した。一方で、米国は北朝鮮に対して「攻撃または侵略を行う意図は有しない」と確認した。米朝国交正常化を目指すとする項目とともに、日本と北朝鮮が「平壌宣言に従って、不幸な過去を清算し懸案事項を解決することを基礎として、国交を正常化するための措置をとる」という表現が盛り込まれた。

北朝鮮は最後まで、日朝関係に関する段落の盛り込みについて難色を示したが、中国が説得し、押し切った。「拉致問題」を間接的に意味する「懸案事項」という文言も残った。

「合意できるかと思えば決裂寸前に。その翌日には、合意の方向へと。まるでジェットコースターのような交渉だった」

日本外務省筋の述懐である。

一方、北朝鮮の日本に対する態度も好転した。金は佐々江と短時間の接触を含めれば14日から5日連続で会談に応じた。佐々江が14日、「このままでは、日本国内で、北朝鮮への厳しい対応を求める声が高まるのは確実ですよ」と日朝協議の再開を求めると、金は「最善を尽くしたい」と踏み込んだ。そして18日には、「日朝政府間対話」の再開に合意すると回答した。

北朝鮮が日朝協議に応じたのは、将来の軽水炉建設などのエネルギー支援をにらみ、支援の一端を担う可能性のある日本との一定程度の関係改善は欠かせないと判断した、との見方が有力だ。

日本政府が認定している拉致被害者と北朝鮮側の説明・提出資料

※敬称略、( )内数字は行方不明時の年齢。■は行方不明になった時期

横田めぐみ(13) ■1977年11月
精神状態を治療するため、94年3月10日に入院し、同年4月13日に自殺▽横田さんのものとする遺骨とカルテの写し、日本の生徒手帳、写真3枚など

田口八重子(22) ■78年6月
夫の原敕晁(ただあき)さんが死亡した後、86年7月30日に馬息(マシク)嶺で、軍部隊の車との衝突事故で死亡▽交通事故資料

市川修一(23) ■78年8月
79年7月20日に増元さんと結婚。同年9月4日、元山(ウォンサン)海水浴場で心臓まひのため死亡。病院で救急措置をしたが手遅れ▽天候資料

増元るみ子(24) ■78年8月
81年8月17日、麟山(リンサン)郡の招待所で生活していたところ、心臓まひで急死。接待員が見つけ、医者と指導員が駆けつけたが、すでに心臓が停止

有本恵子(23) ■83年7月
85年12月27日、石岡さんと結婚。88年11月4日、熙川(ヒチョン)市の招待所で就寝中、ガス中毒で死亡▽死亡した招待所の略図と天候資料

石岡亨(22) ■80年6月
死亡経緯は有本さんと同じ。部屋の床の細かい亀裂からガスが漏れた。招待所は89年秋に撤廃され、関係者は処罰されて除隊▽本人の写真1枚

松木薫(26) ■80年6月
96年8月23日、両江(リャンガン)道の革命史跡の調査に行く途中、車が転落し火災事故により死亡▽日本語教育教材の劇のシナリオと写真1枚、事故資料

原敕晁(43) ■80年6月
86年7月19日、肝硬変で死亡

久米裕(52) ■77年9月
領域内に入ったことがない

曽我ミヨシ (46) ■78年8月
領域内に入ったことがない

田中実(28) ■78年6月
入国は確認できない

1年ぶりの日朝政府間対話

10月31日、小泉第3次改造内閣が発足した。官房長官には、北朝鮮への強硬姿勢で知られる自民党の安倍晋三幹事長代理が起用された。安倍は早速、11月2日の記者会見で、拉致問題について「北朝鮮に誠意ある対応がなければ、いろいろなことを考える」と語り、経済制裁の発動に含みを見せた。

その翌日、約1年ぶりの日朝政府間対話が北京市内のホテルで始まった。日本側は外務省の斎木昭隆アジア大洋州局審議官ら、北朝鮮側は宋日昊《ソンイルホ》外務省副局長らが出席した。前年8、9月の第1、2回の日朝実務協議と同じ顔ぶれである。

「拉致問題の解決なくして、日朝の国交正常化はない」

斎木は、9月の6か国協議の共同声明に盛り込まれた「日朝国交正常化」というアメをちらつかせつつ、安否不明の拉致被害者に関する情報提供などを迫った。政府は4月に新たに田中実を拉致被害者に認定し、安否不明者は計11人になっていた。しかし、宋は「拉致問題は解決済み」との立場を変えなかった。一方で、共同声明が言及した「過去の清算」の具体化を求めた。

斎木は翌11月4日、協議の継続に向けて、一つの提案を行った。「拉致」「核、ミサイルなど安全保障」「国交正常化」の3分野の「協議の場」を設置するという内容だ。宋は「持ち帰って検討する」と語った。2日間の協議は計11時間以上に及んだが、何の進展もなかった。

自民党内では、「北朝鮮は単に、6か国協議で『日本とも拉致問題でちゃんと協議している』と言えるためのアリバイ作りや、時間稼ぎをしているだけではないか」との不満の声が上がった。

11月9～11日に北京で行われた第5回6か国協議も、実質的な前進はなかった。

北朝鮮の金桂寛《キムケグアン》外務次官は、①核活動の凍結②既存の核兵器の廃棄③検証に基づく核兵器生産の放棄④核拡散防止条約（ＮＰＴ）と国際原子力機関（ＩＡＥＡ）保障措置（核査察）への復帰――という４段階で核放棄を実行に移すことを提案した。一方で、米国に対し、韓国への「核の傘」の提供中止や検証などを要求した。

ヒル米国務次官補は「北朝鮮・寧辺の核施設は今も稼動し、プルトニウムの原料を生産し続けている」と批判した。北朝鮮による４段階の核放棄案の受け入れには否定的だった。

外務省の佐々江アジア大洋州局長や中国の武大偉外務次官は、「核放棄・検証」「経済・エネルギー支援問題」などの作業部会の設置を提案したが、合意には至らなかった。

武が11日の協議休会後に発表した「議長声明」は、９月の共同声明を「完全に履行していく」ことは確認したものの、作業部会には言及していない。協議の再開時期も明示できなかった。

歴史的な小泉訪朝は、戦後半世紀以上閉ざされていた日朝関係の重い扉を開いた。しかし、それは同時に、日本にとって、拉致と核という困難な問題に対する先の見えない取り組みの始まりでもあった。

第2章　日米外交　戦後最良のとき

田中真紀子外相

小泉内閣と第1期ブッシュ政権との日米関係は、「戦後最良」と呼ばれた。

関係者は「小泉首相とジョージ・ブッシュ大統領のケミストリー（相性）が絶妙に合った」と口をそろえる。計算されたユーモアと明るさで会談相手の首脳の心をつかむ小泉の外交術は確かに巧みだ。しかし、就任以来の対米外交を振り返ると、最初のころは経験・知識不足や無謀な人事に起因する「危うさ」ばかりが目立った。

第一は外相人事だった。2001年4月26日、第1次小泉内閣が発足した。

「外相に就任していただきたい」

小泉は、自民党総裁選で自らの勝利に大きく貢献した田中真紀子・元科学技術庁長官に打診した。田中角栄元首相の一人娘の田中は、父親譲りの豪快かつ庶民的な弁舌で、女性を中心に、高い国民的人気を博していた。その奔放すぎる言動を知る小泉周辺は強く反対したが、小泉は耳を貸さなかった。「米国のオルブライト前国務長官のようにパワフルにやって欲しい」と語り、国民の予想を超えた「サプライズ」で支持率を稼ぐ「小泉流」の目玉人事を断行した。

田中によると、外相就任時に小泉から受けた指示は「日米基軸、これだけです」の一言だったという。

田中は「それはもう当然。同感でございます」と即答した。26日の就任記者会見では、「外相が『内閣の外傷』にならないようにしたい」とユーモアを交えつつ、重要閣僚ポストにかける強い意気込みを述べた。

小泉も危かしかった。首相就任後の記者会見では、外交面の抱負について、こう語った。

「日米友好関係を基礎に、近隣諸国との関係改善や、友好関係の維持発展を図る」

日米関係を「友好関係」と表現する素人臭さに戸惑う関係者は少なくなかった。小泉は郵政相や厚相は務めたが、外交・安全保障関係の主要ポストに就いたことはなかった。外遊や、外国要人と会談した経験も少なかった。

その夜、ブッシュ大統領は小泉と電話会談し、「日米同盟」の強化へ協力を求めた。小泉は「日米友好関係により、日本は平和と安定を確保できた」と応じ、相変わらず「日米友好」という表現を使った。

数日後、国会での初の所信表明演説に向けた打ち合わせがあった。小泉は自らの「米国観」の一端を披露した。

「戦後、日本が苦しい時に助けてくれたのが米国だ。日本は軍事的に米国に守られているし、経済的にも日米貿易で発展してきた」

内田俊一内閣総務官が小泉の言葉をメモし、演説の草稿に書き加えた。

打ち合わせに同席した安倍晋三官房副長官は、「日米同盟」への言及がなかったことに不安を覚えた。後日、「同盟の重要性をきちんと踏まえるべきです」と小泉に進言した。

「日米同盟を基礎にして、中国、韓国、ロシア等の近隣諸国との友好関係を維持発展させていくことが大切であります」

小泉は５月７日の初の所信表明演説で、ようやく「日米同盟」の４文字を使った。関係者は安《あん》堵《ど》した。

小泉の所信表明演説当日の7日、早くも日米関係に波風を立てる事件が起きた。原因は田中だった。6日に来日した知日派のリチャード・アーミテージ米国務副長官との会談を、当日になって突然キャンセルしたのだ。

アーミテージは海軍将校を経て、1983年に発足したレーガン政権で国防次官補代理（アジア太平洋担当）や国防次官補（国際安全保障担当）を歴任した。80年代後半には、日本の次期支援戦闘機（FSX）開発問題など、日米の防衛摩擦の収拾に努めた。その後は、防衛コンサルタント会社を主宰し、政権外から日米両政府に助言する立場となった。2000年には日米関係の強化を提言した「アーミテージ報告」を発表した。長年、親友関係にあったコリン・パウエル元統合参謀本部議長の国務長官就任に伴い、副長官に就いた。

田中は会談キャンセルの理由について、「以前から私用が入っていた」「会談はセットされていないし、非常に心身が疲れ果てていた」などと説明を二転三転させた。実際は、国会図書館で本を読んでいただけだった。在京米大使館幹部は「ここまでおざなりな対応をする外相は初めてだ。見識を疑う。アーミテージ副長官も怒っている」と外務省幹部に伝えた。

田中の奔放な言動は止まらなかった。

「ミサイル防衛（MD）が本当に必要なのか。日本と欧州は声を合わせ、ブッシュ政権に『やりすぎるな』と言うべきだ」

2001年5月25日、北京で開かれたアジア欧州会議（ASEM）外相会議の昼食会。田中はイタリアのランベルト・ディーニ外相らに対し、米国のMD計画に公然と強い疑念を表明した。3日後の豪州のアレクサンダー・ダウナー外相との会談では、「MDが中国を刺激しないか」「米大統領選で民主党候補のゴア氏（前副大統領）が勝っていれば、こんな状況にならなかった」などとまくしたてた。ダウナーは「同盟国としての立場を考慮して発言すべきだ」「ゴア氏が勝っても同じだった」と、田中をたしなめた。

相次ぐ不用意な発言に、野党だけでなく与党からも更迭論が噴出した。一方で、秘密のはずの会談内容をリークし、田中を窮地に追い込もうとする外務官僚のこそくさにも、世論の批判が集まった。田中は、外交機密費流用事件で揺れていた外務省の改革に並々ならぬ意欲を見せていた。人事などをめぐり、川島裕次官ら幹部と再三、対立した。

小泉は田中をかばい続けた。周囲の反対を押し切って田中を起用した張本人だけに、ほかに選択肢はなかった。

６月５日、田中を首相官邸に呼ぶと、「心配するな。心穏やかに、おおらかに、自信を持って外交に専念してくれ」と激励した。安倍には「外相をしっかり支えるよう、君からも外務省に言ってくれ」と指示した。

小泉が作家、瀬戸内寂聴の随筆を田中に贈り、諭したこともあった。

「瀬戸内さんは『思い切ってぶつかって、初めて真の伴侶になる』と言っている。真紀子さん、あなたも川島次官に思い切りぶつかりなさい」

小泉は、事務方のトップと胸襟を開いて話し合うことの重要性を説いたつもりだった。ところが、田中の受け止めは正反対だった。

「純ちゃんは分かってるわ。川島のクビを切ってもいいって」

田中はうれしそうにつぶやいた。

田中の意向が反映された訳ではないが、川島と、斉藤邦彦国際協力事業団（ＪＩＣＡ）総裁、林貞行駐英大使、柳井俊二駐米大使の歴代外務次官の４人は８月にそろって更迭された。一連の外務省不祥事の監督責任が理由だった。

一触即発の外相会談

６月17日、田中が初訪米した。アーミテージとの会談キャンセル問題などのしこりから、米側は一時、難色を示したが、「発足直後の小泉政権に打撃を与えるべきではない」との大局的な判断が働いたという。

田中は学生時代、フィラデルフィアに留学した経験があった。まず母校を訪れ、当時の関係者と旧交を温めた。その翌18日、ワシントンで開かれた日米外相会談の冒頭、あえて米ロッキード社をめぐる疑獄事件で逮捕された父・角栄のことを持ち出し、自分と米国とのつながりを強調した。

「日本の繁栄の基礎は米国にある、と父から聞いている。米国は父をどう思っているか知らないが、父は米国に感謝している。そういう教育を私は受けており、第二のふるさとだと思っている」

事前の打ち合わせにはなかった田中のアドリブ発言に、同席した外務省幹部らは驚いた。田中は自信たっぷりに続けた。

「しかし、もう50年たって、いろいろな問題が出てきている。対等に意見を言わせて頂きます」

「一触即発」とも言えるような空気が漂った。田中はまず、ミサイル防衛（ＭＤ）構想への疑問をパウエル国務長官に次々とぶつけた。

「１００メートル先の蚊を撃つような技術ですよね。蚊の右目の次に、左目を撃つ技術の開発にはどれぐらい時間がかかりますか。おとりミサイルを400発飛ばしたら、どれが本物か見極められるのかしら」

在日米軍の基地問題では、「私は髪を洗っている時も『普天間、普天間』、お料理の時も『普天間、普天間』、洋服を選ぶ時も『普天間、普天間』と、いつも考えている」と速射砲のようにまくし立てた。

パウエルは「オー・マイ・ゴッド（おや、まあ）」と苦笑しつつ、「MDはまだ検討段階にある」「基地問題ではすべての選択肢を検討する」などと答え、その場を穏便に収めた。

ホワイトハウスでのコンドリーザ・ライス大統領補佐官（国家安全保障担当）との会談には、ブッシュ大統領が突然、様子を見に現れた。

ブッシュ「2人とも仲良くやってるかい」

田中「今のところはうまくいってるわよね」

ライス「ええ。今のところはね」

ブッシュ「そうか。じゃあ、これからも良い関係を続けてくれよ」

ブッシュは冗談を飛ばして笑いを誘い、その場を去った。

ライスは田中との会談後、すぐにブッシュに「品定め」の結果を報告したという。

「彼女は大丈夫です」

一方、田中は訪米日程を終え、上機嫌だった。記者会見では、「だれも私に不信感を持っていなかった。極めて友好的でスムーズな話し合いができた」と胸を張った。

小泉首相の初訪米が迫ってきた。首脳同士の初会談は、その後の関係を決定づけることも少なくない。ブッシュとの初会談を前に、米政権内の知日派が水面下で動いた。

話は、小泉の首相就任直後の2001年5月に戻る。

「小泉政権はどんな政権になるのか、また、どう扱うべきかについて、詳細に分析してちょうだい」

ライス大統領補佐官がひそかにマイケル・グリーン国家安全保障会議(NSC)アジア部長に指示した。

グリーンは、1980年代に日本で椎名素夫衆院議員の秘書を務めた。クリントン政権時代は、民間の外交問題評議会の研究員として、日米防衛協力の指針(ガイドライン)見直しや沖縄問題について国防総省に助言していた。流ちょうに日本語を話し、日本の政官界とのパイプも太い。

分析作業には、ジョン・ニューファー通商代表補代理や、ジョン・ヒル国防総省日本部長らも加わった。ニューファーは民間研究員だった1998年に小渕首相を「冷めたピザ」と評し、一躍、有名になった。ヒルは、1996年に始まったマンスフィールド研修計画の第1期生として、防衛庁、経団連、通産省などに勤務した経験を持つ。

グリーンら知日派の中堅幹部が作成した報告書は、「構造改革の断行」を掲げる小泉政権について、「我々が協力的枠組みを作るべき存在」と結論づけた。さらに、次のような2つの方針を提案し、いずれも採用された。
一、小泉首相が初訪米した際、ワシントン郊外の大統領保養地キャンプデービッドに招く。
一、米国から日本への外圧はやめる。
日本では中曽根、宮沢両首相がキャンプデービッドを訪問しているが、首相が初訪米で招かれた前例はなかった。

提案には伏線があった。

民主党のクリントン政権は90年代後半、アジア政策では米中関係の改善を最優先し、「中国重視」の姿勢を鮮明にした。アジア外交の主要ポストには中国専門家を配し、知日派はやや冷遇された。日本に対しては、所得税減税などデフレ対策の細部にまで注文した。日本側も反発し、日米関係は冷え込んだ。

共和党のブッシュは２０００年11月の大統領選で、「中国偏重」と民主党政権を批判し、「同盟国重視」を打ち出した。アーミテージら外交・安保顧問の助言を反映したものだ。

グリーンらの提案は、この経緯を踏まえ、「外圧を避け、日本の自主性を尊重する」政策を取ることで、クリントン政権との違いを明確にする狙いがあっ

第1期ブッシュ政権で対日政策に関与した主な顔ぶれ

【ホワイトハウス】
- ●ジョージ・ブッシュ大統領
- ●ディック・チェイニー副大統領
- ●コンドリーザ・ライス大統領補佐官（国家安全保障）
- ●ローレンス・リンゼー大統領補佐官（経済）→民間
- ●トーケル・パターソン国家安全保障会議（NSC）アジア上級部長 →駐日大使補佐官→国務次官補代理（南アジア）
- ●マイケル・グリーンNSCアジア部長 →アジア上級部長

【国務省】
- ●コリン・パウエル国務長官
- ●リチャード・アーミテージ副長官
- ●ジェームズ・ケリー次官補（東アジア太平洋）
- ●クリス・ラフルアー次官補代理（同）→マレーシア大使
- ●ドナルド・カイザー次官補代理 →民間
- ●エバンス・リビア日本部長 →次官補代理

【国防総省】
- ●ドナルド・ラムズフェルド国防長官
- ●ポール・ウォルフォウィッツ副長官
- ●ピーター・ブルックス次官補代理（アジア太平洋）→民間
- ●リチャード・ローレス次官補代理 →副次官
- ●ジョン・ヒル日本部長

【在日米大使館】
- ●ハワード・ベーカー大使
- ●リチャード・クリステンソン首席公使
- ●デビッド・シーア公使（政治）

た。小泉が高い支持率を誇り、構造改革を旗印に掲げていたことも、グリーンらの提案に追い風となった。また、ブッシュ政権が「日本重視」の外交方針を取ることは、自分たち知日派の米政権内での立場を強める、という思惑も働いていた。

「ブッシュ政権が日本を重視したのは、もちろん米国の国益に沿うからだ。それが我々（知日派）の利益でもある」と、米政権の知日派の1人は率直に語る。

小泉は、訪米に先立ち、島田晴雄慶大教授を首相特使として米国に派遣した。2001年6月25日、ローレンス・リンゼー大統領補佐官（経済担当）は島田との会談の冒頭、ずばりと言い切った。

「あっちのローレンスは日本に説教ばかりしていたが、こっちのローレンスは文句を言わず、日本を助けるつもりだ」

クリントン前大統領の右腕として、日本に様々な景気対策を露骨に要求したローレンス・サマーズ前財務長官と自分を対比させ、対日政策の転換を強調したものだ。

グリーンも、5日後の首脳会談について島田に予告した。

「大統領は首相に細かい注文を付けない。小泉改革を支持し、『負けるな、もっと頑張れ』とエールを送るだろう」

ブッシュ政権高官の足並みは完全にそろっていた。島田は帰国後、小泉に報告した。

「米国は、ホワイトハウスのような素早い意思決定と指導力を小泉官邸に求めています」

米側が重視する不良債権処理については、「外資をハゲタカ呼ばわりする人もいますが、腐った資本が積もって動かないなら、活力を導入すべきです。サッカーの日本代表の監督にフランス人のフィリップ・トルシエ氏が就任し、チームを蘇生させているのと同じです」と進言した。

小泉は威勢良く応じた。

「そうか。それなら（日産自動車社長の）カルロス・ゴーン氏くらい、さらに刺激的でもいいんじゃないか」

島田や同席者は、どっと笑った。小泉の初訪米に向けて、日米双方のムードは高まった。

「真昼の決闘」

２００１年6月30日、小泉首相はヘリコプターで大統領の保養地キャンプデービッドに降り立った。小泉は米国製の紺色のカジュアルシャツにカーキ色のズボン姿。すべて、弟で秘書の小泉正也が、テレビ写りを意識してコーディネートした。

「ようこそ、プライム・ミニスター（首相）」

ブッシュは初対面のこの時、小泉を「ジュンイチロウ」と名前では呼ばなかった。それでも、ゴルフカートの助手席に小泉を乗せて自らハンドルを握るなど、最大限の歓待ぶりを見せた。

首脳会談は小さな山小屋の中で行われた。米国の関心は主に、日本国内で遅々として進まない不良債権の処理にあった。当時、米政府内には、「小泉首相は郵政民営化にばかり熱心で、不良債権問題への取り組みが十分でない」との懸念があった。

だが、ブッシュは「これは友人としてのアドバイスだ」と前置きし、テキサス州知事時代の不良債権処理の経験を語るだけにとどめた。そして、「何でもお手伝いしたい」と申し出た。「外圧は避ける」というグリーンら知日派のシナリオ通りだった。

一方、小泉は改革断行の決意に熱弁をふるった。

「大統領、『真昼の決闘』をご存じですか」

小泉は自分の大好きな映画の話を持ち出した。「真昼の決闘」はゲーリー・クーパー扮する保安官が悪漢と戦う、米国でも人気の西部劇だ。ブッシュはその映画を見たことがなかった。

「保安官は1人で4人の悪漢と対決する。自分も、1人になっても自民党内の反対派と戦う」

小泉は興奮気味に映画のあらすじを紹介した。さらに、「私の父は日米安全保障条約改定時の防衛庁長官だった。『安保反対』で一色の中、1人でその重要性を説いて回った。私はずっとそれを見ていた。だから日米同盟の重要性は肌で感じている」と付け加えた。

ブッシュは笑みを浮かべて応じた。

「我々には共通点がある。1つ目は、最初の国政選で落選したにもかかわらず、首相や大統領になったこと。2つ目は、偉大な父に恵まれ、正しいことをするためリスクを取る必要を学んだことだ」

話は弾んだ。午前9時過ぎに始まった会談は1時間40分にも及んだ。

「さあ、そろそろ『真昼』になったね」

ブッシュはジョークで締めくくった。小泉は満足感でいっぱいだった。

小泉とブッシュは会談後の共同記者会見で、「揺るぎない同盟」関係をうたった共同声明「安全と繁栄のためのパートナーシップ」を発表した。共同声明は、安全保障面での連携を強化する次官級の「日米戦略対話」の開始や、在日米軍基地をめぐる沖縄の負担軽減、米国のミサイル防衛（MD）構想に関する緊密な協議などを明記した。経済分野では、貿易など4分野で新経済協議を始める方針を打ち出した。

小泉は記者会見で、隣のブッシュに視線を送りつつ、英語混じりで語った。

「ハート・ツー・ハート、トーク・フォー・エブリシング（心を通わせて何でも話せた）。こんなに素晴らしい会談はない。初めての訪問で、これほど強く信頼関係を築けるとは思わなかった。マッチ・ベター・ザン・エクスペクテッド（予想よりずっと良かった）」

会見後には、ブッシュから贈られた野球のグラブを記者団に見せ、その場でブッシュとキャッチボールを始めるパフォーマンスまで見せた。

「改革派のアウトサイダー（よそ者）である小泉首相が、米国人の期待を集めている」

米CNNテレビはトップ級のニュースで日米首脳会談の成功を報じた。ブッシュ自らが範を示した「外圧の自粛」は、政治、経済両面で第1期ブッシュ政権の対日政策の基本方針となった。

パウエル国務長官は後日、初訪米前後の小泉首相の第一印象を語った。

「コイズミは本当に面白い。私に会った途端、『日米関係はエルビス・プレスリーの歌にある。その答えは、I want you, I need you, I love you だ』と口ずさみ出したのだから」

小泉は、誕生日が同じ1月8日のプレスリーの大ファンで、この年8月には、自ら選曲したプレスリーのCDが発売されたほど。プレスリーが1958年に米陸軍に一時入隊した時の上官がパウエルだったことを意識したうえでの周到な発言だった。

「これは戦争だ」

2001年9月11日。

世界を震撼《しんかん》させた米同時テロで、日米同盟は、かつてない試練の時を迎えた。

午前8時45分、ニューヨークの世界貿易センタービルの北側タワーにアメリカン航空機が突っ込んだ。18分後、南側タワーにユナイテッド航空機が、その約40分後、ワシントン郊外の国防総省にアメリカン航空機がそれぞれ激突した。その後、ピッツバーグ郊外には別のユナイテッド航空機が墜落した。いずれも、ウサマ・ビンラーディン率いる国際テロ組織「アル・カーイダ」のテロリストに乗っ取られたもので、日本人24人を含む約3000人が死亡した。

小泉首相はこの日午後10時前、秘書官との食事を終えて首相公邸に戻った。テロ発生の直後だった。約40分後、自民党の麻生太郎政調会長が駆け込んできた。小泉はワイシャツ姿で、はだしに雪駄《せった》を履いていた。テレビをつけると、炎上する世界貿易センターが映っていた。

「これ、何だい」

小泉は未曽有の大事件が信じられない様子だった。麻生は、「米国が本土を攻撃された例はない。冷戦後はテロを覚悟しないといけない。一極となった米国といかに付き合うかが、日本の外交の基軸になります」と強調した。さらに、「日本は今後、結構しんどくなると思いますよ」とも付け加えた。小泉は黙って聞いていた。

このころ、石川亨海上幕僚長は防衛庁に登庁し、在日米海軍のロバート・チャプリン司令官（少将）に電話した。チャプリンは断言した。

「これは戦争だ」

石川はすかさず、「海上自衛隊は、できる限りの米国支援を行いたい」と応じた。

12日午前0時過ぎ、小泉は同じ敷地内の首相官邸危機管理センターに移った。様々な情報が飛び交い、騒然とし、誰もがあわてふためいていた。小泉は比較的冷静で、「みんな、ちゃんと落ち着くように」と大声で呼びかけた。

センターには、首相官邸、内閣官房職員のほか、関係閣僚、与党幹部ら計50人近くが詰めかけていた。あまりの混雑のため、情報を伝えようとした内閣官房幹部が小泉に近づけないこともあった。福田康夫官房長官は当日、「与党幹部が集まってくれたので、個別の連絡や警護の手間が省けた」と皮肉を交えて語ったが、小泉は後日、「あれはまずい。今後はやめよう」と、与党幹部の締め出しを指示したほどだった。

新聞の朝刊最終版の締め切りが迫っていた午前1時前、福田が記者会見した。政府の対応の経過を詳細に説明した後、「事件は卑劣かつ言語道断の暴挙だ」とする首相声明を読み上げた。

小泉が記者会見をしなかったのは、福田が「事件の概要が不明な段階で、首相をむやみに出すべきではない。記者会見は僕がやる」と主張したためだった。小泉は午前1時半過ぎ、公邸に戻る際、記者団に「今回の大惨事をどう受け止めるか」と質問され、「怖いね。予測不能だから」と、極めて素朴な感想を述べただけだった。

小泉自身が記者会見し、「同時多発テロ事件は、米国のみならず、民主主義社会に対する重大な挑戦であり、強い憤りを覚える」と表明したのは12日午前10時過ぎだった。

テロ発生から12時間以上が経過していた。「各国首脳の素早い対応と比べて、日本はあまりに鈍すぎる」との批判が出た。首相周辺も後日、「最初の記者会見を首相でなく、官房長官が行ったのは失敗だった」と振り返った。

福田は「日本人が多数死亡している可能性がある」との情報を受け、政府専用機を派遣する準備をさせた。東ティモールを訪問中の中谷元・防衛長官には帰国を指示した。また、日本経済へのテロの影響を警戒し、12日早朝には柳沢伯夫金融相と会談した。

福田「欧州で株が下落している。日本の株式市場に波及させてはいけない」

柳沢「大丈夫、大丈夫。市場に心配させないように、ちゃんと対応します」

政府は東京証券取引所の開会を30分遅らせ、株価急落を緩和する「制限値幅」を通常の半分にした。だが、日経平均株価はこの日、17年ぶりに1万円を割った。

米国では、ボストンにいた尾身幸次沖縄相が、福田の指示を受け、ニューヨーク総領事館を拠点に「陣頭指揮」を執ろうとした。尾身は車と電車を乗り継ぎ、5時間以上かけてニューヨークにたどり着いた。

「こういう時は現場に行かなきゃ駄目だ。おれについて来い」

尾身は11日夜、現場視察に出かけた。だが、廃墟となった世界貿易センターの10ブロックほど手前で、通行止めに阻まれた。尾身はあきらめなかった。翌12日朝、「日本の小泉首相から『現場を見てこい』と言われたので来たんだ」と地元警察に頼み込み、パトカーの先導で近くまで行った。その後、すぐに小泉に電話し、進言した。

「すぐブッシュ大統領に電話した方がいいです。これは、米国に対するテロじゃない。人類の平和と安全に対する挑戦であり、人類全体が協力して、断固テロと戦うという考え方でないと間違えますよ」

小泉は「そうだな。電話するよ」と応じた。

もっとも、邦人の安否確認に追われていたニューヨーク総領事館では、尾身の存在がかえって業務の支障になる面もあった。ある関係者は、「猫の手も借りたい時に、閣僚のお世話や出迎え、市当局との交渉などに人員を割かれた。『政治主導』という名目の官邸の国内向けパフォーマンスにすぎなかった」と語った。

「ショー・ザ・フラッグ」

テロ発生時、ちょうど来日していたカート・キャンベル前国防次官補代理は9月14日、旧知の防衛庁の守屋武昌官房長と都内で会談し、深刻な表情で指摘した。

「攻撃された世界貿易センタービルと国防総省は米国のシンボルだ。米国は今後50年から60年、内向きになり、閉鎖主義に陥る。米国の明るさや開放性は失われるだろう」

また、日本の対米支援について、「大事なのは、日本が主体的に、目に見える形の支援策を、適切なタイミングで決定することだ」と助言した。

翌15日の土曜日、ワシントンの人気の少ない国務省内で、柳井俊二駐米大使がアーミテージ国務副長官と会談した。アーミテージは静かに語りかけた。

「友人として申し上げる。日本は湾岸戦争の轍《てつ》を踏まないため、一刻も早く、日の丸や日本人の顔が見える具体的な協力を打ち出すことが必要だ」

１９９１年の湾岸戦争の時、日本は、約１３０億ドルという巨額の経済支援を行いながら、「血や汗を流さず、金しか出さない現金自動預け払い機（ＡＴＭ）だ」などと批判された。アーミテージは何としても、その二の舞いを避けさせたいと考えていたのである。

アーミテージ、キャンベルという知日派２人の助言には、共通点があった。すなわち、日本が「迅速に」「自主的な判断で」「目に見える形で」、米国への協力策を打ち出すことである。この３項目はその後、日本が対米支援策を検討する際のキーワードとなった。

柳井も、全く同じ思いだった。湾岸戦争前、外務省条約局長として策定に関与した国際平和協力法案が国会で廃案になったことは、長年にわたって心の重荷となっていた。柳井は「個人的な考えだが」と断った上で、「日本もいつテロの標的になるか分からない。この問題は日本の問題でもある。日本としても、目に見える形でテロとの戦いを支援すべきだと思う」と言い切った。

２００１年の流行語大賞の一つに選ばれた「ショー・ザ・フラッグ」は当時、この会談でのアーミテージの発言と報じられた。だが、実際は、この発言はなかった。9月12日ごろ、国防総省のジョン・ヒル日本部長が小松一郎駐米公使に電話した際に言及したのが最初だった。

「米国はいずれ行動を起こす。日本の支援も求められる。日の丸の旗を立ててほしい」

「ショー・ザ・フラッグ」は「旗幟《きし》を鮮明にする」という慣用句で、海軍用語でもあったが、文民であるヒルの趣旨は文字通り、「目に見える支援」を求めたものだった。


米国は「対テロ戦争」遂行のため、なりふり構わなかった。

アーミテージは同時テロ翌日の12日、たまたま訪米中だったパキスタン軍統合情報部（ISI）のマフムード長官と会談し、強い口調で迫った。

「歴史は今日から始まる。パキスタンは我々の敵か、それとも味方か。白黒をはっきりさせてくれ。灰色は許されない」

マフムードはパキスタンのムシャラフ政権とアフガニスタンのタリバン政権の親密な関係などを説明しようとした。アーミテージはこれを遮り、有無を言わせなかった。米国のタリバン攻撃には、隣国・パキスタンがタリバン支援を中止し、米国に情報提供などの協力をすることが不可欠だった。

パウエル国務長官もパキスタンに圧力をかけた。ペルベズ・ムシャラフ大統領は16日、米国の要求を全面的に受け入れ、米艦艇の寄港など軍事施設使用を認める方針を表明した。米国は見返りとして、１９９８年の核実験実施に伴う経済制裁を解除したうえ、新たな経済援助を約束した。

日本も、米国の動きに呼応し、パキスタンに対する経済制裁の解除を検討した。実は、外務省は２００１年春ごろから、制裁解除の時期を模索しており、「渡りに船」という面もあった。外務省は当初、9月19日に公表した7項目措置の中に、パキスタンとインドへの経済制裁解除を盛り込む方針を固め、政府・与党内に根回しをした。

ところが、当時、外務省に強い影響力を持っていた鈴木宗男・元北海道沖縄開発庁長官らが「核拡散防止条約（ＮＰＴ）に加盟しないパキスタンなどへの経済制裁の解除は時期尚早だ」と反対した。このため、印パ両国については「緊急の経済支援を行う」との表現にとどまった。7項目措置の公表も2日遅れた。

結局、印パ両国に対する経済制裁の解除を決定したのは、米同時テロの1か月半後の10月26日になった。鈴木も最終的に、外務省の谷内正太郎総合外交政策局長らの「制裁解除は米国もやっている。日米同盟の立場からもやらざるを得ない」との説得を受け入れると、逆に、なお制裁解除に反対する自民党の若手議員を抑える役目を担った。福田官房長官は談話で、「テロとの戦いで、パキスタンの安定と協力は極めて重要だ。国内的に大きな困難を抱えている同国を中長期的な観点から支援していくことが必要だ」と強調した。

印パ両国をめぐる日米両国の足並みはそろった。焦点は、日本の対米支援策に移り始めた。

不吉な予言

米同時テロ直後に米政府から非常に頼りにされた1人の日本人外交官がいた。アフガニスタンの各方面に張りめぐらした独自の情報網は米国の情報機関さえ舌を巻くものだった。

今も情報の最前線にいるため、外交官の名前を明かすことはできない。ここでは、彼をＡと呼ぶ。

同時テロ2日前の2001年9月9日昼。アフガンの「北部同盟」の最高指導者、アハマド・シャー・マスード司令官が同国北部で暗殺された。ジャーナリストを装ったアラブ人による自爆テロの標的にされたのだ。

マスードはほぼ即死だった。だが、死亡が明らかになれば、タリバン政権と内戦中の北部同盟にとって、致命的な打撃になる。北部同盟は翌10日になって、マスードは「重傷」と発表した。死亡を公表したのは5日後だった。

ところが、Aは事件当日の9日夜に、複数のルートからマスードの死亡を確認し、東京の外務省に打電した。「世界で最も早かった」と評価されている。

Aは同時に、不安を覚えた。ウズベキスタンのイスラム武装勢力指導者、ジュマバイ・ナマンガニ野戦司令官が前年11月、周囲に語った「不吉な予言」をまざまざと思い出したからだ。

「マスードは半年後にもタリバンに殺される。その後、大事件が起き、世の中に大変動が起きるだろう」

ナマンガニは1999年8月、キルギスで日本人鉱山技師らの拉致事件を起こした犯人グループのリーダーである。マスード暗殺が現実となった今、Aは「今後、とんでもない事件が起こるのではないか」と心配した。

予感は的中した。2日後、はるか遠く離れた米東海岸で。それも最悪の形となって。

暗殺と米同時テロは、ウサマ・ビンラーディンが率いるテロ組織アル・カーイダが数か月がかりで計画した一連の犯行だった可能性が濃厚となっている。

マスードのある腹心は後日、ナマンガニの予言をAから聞かされ、本気で嘆き、悔しがった。

「なぜ事前にマスードに話してくれなかったんだ。マスードも同様の情報を得ていたのに……」

実はAもマスードに会おうと試みていた。だが、別の側近たちに阻まれて面会が実現しなかった。マスードは暗殺される直前、そのことを知り、側近たちに「Aはおれの親友なのに、貴様ら何だ」と激怒したという。

Ａは、北部同盟だけでなく、タリバン内部にも豊富な人脈を築いていた。

それに目をつけたのが米政府だった。

「ぜひＡの情報が欲しい。直接会って話を聞きたい」

同時テロの直後、Ａを名指しし、ひそかに日本政府に協力要請した。米国の情報機関にはアフガン国内の人的情報（ＨＵＭＩＮＴ）が決定的に不足していた。

米国の情報機関はクリントン政権時代、相当有力なタリバン情報を持っていた。ところが、その後、予算削減などのあおりを受け、多くのＨＵＭＩＮＴの情報源を失っていたのだ。

Ａは第三国で米情報機関の関係者と会った。米側が最も知りたがったのは、タリバン幹部の所在や重要な軍事施設の場所、政権内部の構造、さらに、新たなテロの危険性などに関する機密情報だった。

それでも、米側の情報は不完全だった。

10月7日の米軍のタリバン攻撃開始後。Ａが接触したタリバン関係者は、米国をあざ笑った。

「米軍は何をやっているんだ。重要な場所を全然爆撃してこないじゃないか」

日米間の情報協力では、日本が米国に依存する割合が圧倒的に高い。偵察衛星を駆使し、全世界にネットワークを張る米国の情報収集・分析力は圧倒的で、他国の追随を許さない。このような日本側の情報提供は極めて異例だ。水面下での隠れた対米支援だった。

世界を駆けた電子メール

前にも触れたように、米同時テロ後、日本の最大の課題は、目に見える対米支援をいかに迅速かつ自主的に行うか、だった。それは、どう立案され、行動に移されたのか。

最も積極的に動いたのは海上自衛隊である。

「現行法でできそうなことは全部挙げてみろ」

テロ翌日の9月12日、海自幹部が部下に指示した。1991年の湾岸戦争で、日本の貢献策は「ツーリトル、ツーレイト」(少なすぎ、遅すぎる)と批判された。今回は、「仮にリトルであっても、レイトであってはならない」と考えたのだ。

〈日米共同訓練という名目にして、日本からインド洋に向かう米空母キティホークに海自艦船が伴走し、洋上給油を続ける〉

法の網をかいくぐるようなアイデアも真剣に検討され、海自の「対応案」に盛り込まれた。数日後、この案を手にした海自幹部は、衆参両院の議員会館を回り、対米支援の早期実施の必要性を与党議員らに直訴した。

「新法は成立までに2、3か月かかる。そんな悠長なことはできない。周辺事態法を活用すべきです」

だが、説明を聞いた石破茂自民党政調副会長らは、「インド洋を『周辺』と解釈するのは無理だろう」と受け入れなかった。防衛族議員でさえ説得できない理屈では、政府・与党全体の理解を得るのはほぼ不可能だ。海自は方針転換を迫られた。

このころ、外務省は新法の制定を目指していた。支援内容を具体化するため、外務省担当者は陸海空の各自衛隊に打診した。海自幹部は外務省北米局幹部に対し、こう主張した。

「新法成立までの『つなぎ』として、日本の旗を立てる必要がある」

外務省と海自の間で、こんなシナリオが浮上した。

〈まず防衛庁設置法に基づき、「情報収集の目的」で護衛艦をインド洋に派遣する。次に、新法が成立し次第、根拠法を新法に切り替える〉

当時、1通の電子メールが世界中の海軍関係者の間を駆け巡っていた。同時テロに強い衝撃を受け、退役することを考えていた洋上勤務中の米海軍少尉が父親に送ったメールだという。

「ドイツ軍艦が我々の船に接近してきた。全艦員が艦上で敬礼し、『私たちはあなたたちと共にいる（We Stand By You）』と書いた横断幕を掲げていた。我々の目に涙があふれた。私の生涯で最も力強い光景だった」

ある自衛隊幹部は「メールの真偽は不明だが、これこそ米国が求めているものだ、と確信した。日本も、素早く対米支援策を打ち出し、このメッセージを米国に送るべきだと考えた」と語った。

首相官邸も対米支援策の検討を急いでいた。

古川貞二郎官房副長官は13日から連日、少人数の秘密会議を招集した。出席者には、大森敬治官房副長官補、谷内正太郎外務省総合外交政策局長、首藤新悟防衛庁防衛局長らのほか、異例にも秋山收内閣法制次長が加わった。

古川が重視したのは議論のスピードである。会議に先立ち、津野修内閣法制局長官に「各省庁が法律を立案した後に法制局が審査する通常の方式では今回は間に合わない。最初から法制局も来なさい」と指示した。「（課長級の）参事官を出しましょう」という津野に対し、古川は「それでは、参事官の考えが法制局長官の考えと理解していいですね」と語気を強めた。津野は驚いて、次官級の秋山を出席させることにしたのだ。

古川は秘密会議の初会合で切り出した。

「周辺事態法や国連平和維持活動（ＰＫＯ）協力法など現行法でどこまで米国を支援できるか、

頭の体操をしていこう」

結論が出るのは早かった。

「現行法では限界があり、十分な対応はできない。特別措置法が必要だ」

15日午後の会議の後、新法制定の方針を古川が小泉に伝えた。

「自分は大統領と共にいる」

小泉は9月19日夜の記者会見で、7項目の「当面の措置」を発表した。外務省と海自のシナリオ通り、新法制定の方針とともに、「情報収集のための自衛艦派遣」が明記された。

小泉はこの7項目を携えて訪米し、25日のブッシュ大統領との首脳会談に臨んだ。

会談で小泉は、新法の早期成立に努力し、米国を全面的に支援する姿勢を強調した。

「日本は米国をテロリズムとの戦いで支援していく。テロと戦うには決意と忍耐が必要だ」

ブッシュは「目指す使命は、国際テロを撲滅することにある」と応じた。日本側同席者には、ブッシュはやや心細そうな表情に見えた。

「自分は大統領と共にいる（I stand by you）。テロとの戦いで大統領を助ける」

世界の海軍を駆け回った電子メールと同様の小泉の励ましに、ブッシュは何度も「ありがとう」と繰り返した。

対米支援を巡っては、政府内で混乱もあった。

9月21日朝、神奈川県の米海軍横須賀基地を空母キティホークが出港した。米同時テロに対する軍事行動の一環だった。海自の護衛艦2隻が随伴した。米軍は事前に防衛庁に懇請していた。

「民間機やボートによる自爆テロがあるかもしれない。浦賀水道の出口まででも、護衛してもらえないか」

空母は出港直後の単独航行時が最も危険とされる。米軍は、万一のテロ攻撃を真剣に心配していたのだ。日米軍事筋は「米国にとって、米軍の空母は力の象徴だ。空母を撃沈させられることは、ある意味では、世界貿易センターへの攻撃以上にダメージが大きい」と解説する。

外務省には、「米空母に伴走する海自艦は絵になる。CNNなどで放映されれば、日本の貢献を米国に大きくアピールできる」との思惑もあった。実際、米側は後日、熱烈な謝意を表した。

しかし、福田官房長官は「私は聞いていない」と激怒した。「この微妙な時期に刺激的なことをするな」と防衛庁幹部をしかりつけた。自衛隊の海外派遣に慎重論がある中、テロ対策特別措置法案の策定や国会審議への影響を懸念したのだ。

実は、防衛庁は福田の秘書官には報告していた。だが、「海自が警護活動」などとセンセーショナルに報道される可能性までは伝えなかったことが、行き違いを生んだ。

防衛庁全体が了解した護衛艦の随伴は、首相官邸に「海自の独走」と映った。この誤解が、後日のイージス艦派遣をめぐる論争にも微妙な影を落とす。

9月17日、小泉は田中外相、中谷防衛長官に対し、対米支援に自衛隊を活用するため、新法制定を含めた対応策の検討を指示した。

外務省では、大江博条約課長が「新法には周辺事態法の支援内容をそのまま援用できる」と考えた。パソコンが不得手な大江は部下に口述筆記させた。わずか40分ほどで原案を書き上げると、内閣官房に届けた。

この案を基に、政府内の検討が始まった。

新法づくりの過程での一つの焦点は、自衛隊員の武器使用基準の緩和である。

「自衛隊員の任務と武器使用基準はセットで検討すべきだ」

防衛庁の佐藤謙次官は首藤防衛局長に強く念押しした。「従来より危険な任務を、従来通りの武器使用基準で行う訳にはいかない」と考えたためだ。

陸上自衛隊幹部は当初、「物資輸送中に攻撃を受けたら、任務を中断せざるを得なくなる」と主張し、任務遂行のための武器使用を認めるよう求めた。しかし、内閣法制局は「憲法に抵触する恐れがある」と、頑として応じない。

防衛庁側は、やむなく「次善の策」を追求した。部隊の宿営地内などに一時的にいる外国軍兵士や被災民（難民）、スタッフ、外国軍の連絡要員など「職務に伴い自己の管理下に入った者」を防護するための武器使用だ。法制局との協議では、こう説得した。

「野戦病院で医療支援を行えば、当然、患者らを武器で守る必要が生じる」

今度は法制局も理解を示し、法案への盛り込みを認めた。

法案は、「平成十三年九月十一日のアメリカ合衆国において発生した」で始まる１１２文字の日本一長い名称になった。公明党の冬柴鉄三幹事長らが「今回は、米同時テロに限定した特別措置だと明確にすべきだ」と強くこだわったためである。古川官房副長官も同じ考えだった。自衛隊の海外活動が拡大し過ぎることへの懸念を解消する狙いもあった。

テロ対策特別措置法案は10月5日、閣議決定された。

小泉は「自分で極力答弁する」と、日曜日も官僚相手に法案を勉強した。田中真紀子らには任せられないという思いがあった。

自民党も法案の早期成立に動いた。久間章生政調会長代理は10月10日、ひそかに民主党の岡田克也政調会長を議員会館の事務所に訪ねた。2人の調整の結果、法案修正の焦点は早々と、自衛隊派遣に関する国会承認と武器弾薬の陸上輸送の2点に絞られた。

安倍官房副長官は民主党の前原誠司幹事長代理と連絡を取り合った。民主党側は、久間、安倍らとの接触を通じて、「自民党は最終的に我々の修正要求を受け入れるだろう」との感触を得ていた。

だが、民主党の主張する「国会の事前承認」に、公明党の冬柴は強硬に反対した。「特措法の成立自体が国会承認じゃないか。事後承認で十分だ」

15日午後、国会内の常任委員長室に冬柴の怒声が響いた。小泉がこの日夜の鳩山民主党代表との党首会談で譲歩しないよう、強くクギを刺したのだった。事前承認の受け入れに柔軟姿勢を示していた安倍は、一言も反論できなかった。

公明党側には、「自民、民主両党がこの問題で合意すれば、与党としての公明党の存在が埋没しかねない」という警戒感も働いていた。

一方、自民党の山崎拓幹事長はひそかに民主党の熊谷弘国会対策委員長と接触していた。「武器・弾薬の陸上輸送を除外する点では、我々が民主党の主張に応じる。だが、事前承認はのめない」

熊谷は「分かった」と答えた。山崎は、「民主党は最後は事前承認の要求を撤回し、法案に同意するつもりなのだろう」と受け止めた。小泉には「これでまとまる」と伝えた。

ところが、これは大きな誤解だった。鳩山はあくまで「事前承認」に固執していたのだ。複数のルートを通じて同時並行で行われた自民、民主の修正協議は、行き違いを残したまま最終局面に入ってしまった。

15日夜、首相官邸で行われた自民、民主両党の党首会談では、最大の焦点である国会の事前承認をめぐり、同席した山崎と、民主党の鳩山や菅直人幹事長が激しく論争した。

山崎「与党3党の合意では、国会承認は事後承認とし、武器弾薬の陸上輸送は行わないことになった」

鳩山「国会承認は事前承認でないと了解できない」

山崎は途中で、「熊谷さんの根回しができていないのか」と気づいたが、既に遅かった。

この日、日帰りの強行軍で韓国を訪問し、帰国したばかりの小泉は、疲れ切った表情で目を閉じる場面が目立った。鳩山が「首相は眠っているのか」と思ったほどである。与党合意に手足を縛られた小泉が1時間10分の会談で言葉を発したのは、わずか2回だった。

「清水の舞台から飛び降りるつもりで、民主党ものめる案として与党3党で工夫したものなので、お願いします」

「最後にもう1度お願いします」

党首会談は、ついに決裂した。

民主党が反対したまま、テロ特措法は10月29日に成立した。法案提出の24日後という異例のスピード成立だった。

だが、対米支援の実施までには、まだまだ難関が待ち構えていた。

1枚40億円の公電

テロ特措法の成立で自衛隊による対米支援の法的基礎は固まった。次の課題は、どこで、どんな具体的な支援を行うのか、だった。

11月6、7の両日、ホノルルの米太平洋軍司令部で、外務省、防衛庁と陸海空3自衛隊の担当課長らが米軍幹部とひそかに会談した。防衛庁の新保雅俊防衛政策課長は米側にこう打診した。

「海自が無償で燃料を米艦船に補給することはしない。米軍の用意した燃料の輸送なら可能だ」

「日本の活動地域はインド洋のディエゴガルシア島まで」

米側は驚き、あきれた。

日本側の主張は、艦船用燃料の無償提供を強く希望していた米側とあまりにかけ離れていた。給油場所についても、「米艦船が活動しているアラビア海から3000キロ以上も離れたディエゴガルシア島にわざわざ行くなんて、冗談じゃない」というのが本音だった。

日米の認識の落差はまだあった。

日本側は「米艦船が巡航ミサイルを撃つと戦闘地域になる。海自艦船は、その地域を離れる必要がある」と憲法上の制約を説明した。米側は皮肉たっぷりに答えた。

「ミサイルを撃っている時は危険だから、もともと給油なんてできないよ」

新保の発言には事情があった。事前に、防衛庁の予算担当幹部に「活動経費は調整中だから、安易な約束をするな」とクギを刺されていたのだ。給油場所については、テロ特措法上の制約から、戦闘地域に近づくことを極度に警戒していた。ただ、発言は、政府全体で事前調整したものではなかった。

ホノルル協議の直後、在米日本大使館員は突然、米国防総省に呼び出されている。ヒル日本部長や統合参謀本部の日本担当官から、「日本は何をバカなことを言ってるんだ」と罵倒《ばとう》された。

ピーター・ブルックス国防次官補代理も、「小泉首相が9月19日に発表した7項目の『当面の措置』の内容とだいぶ違うのではないか」と皮肉った。小泉が記者会見で約束した「最大限の支援と協力」を揶揄《やゆ》したものだ。

協議内容を知らされていない大使館員には寝耳に水の話だった。ヒルらは協議内容を説明し、「我々の考えを必ず日本政府に伝えてくれ」と念を押した。

日本大使館は直ちに、米側の〝怒り〟を公電2枚にしたため、東京に打電した。

「『日本側のハワイでの説明は、小泉首相の発言と軌を一にしているとは思えない。米軍の作戦にもほとんど役立たない』と国防総省は主張している」

公電を受け取った外務省幹部は、あわてて古川官房副長官の元に駆け込む。米側の要請を基に、政府としての支援内容の詰めを急いだ。

古川と関係省庁幹部の協議の場で、ある防衛庁幹部は「自衛隊と米軍は使う油の種類が違うし、パイプの太さも異なるので、給油はできません」と、給油に慎重姿勢を見せた。しかし、外務省幹部がすかさず、「日米の共同訓練でいつも給油しているはずだ。できないわけがない」と指摘した。防衛庁側の主張はあっさり退けられた。

対米支援策の策定を急ぐ外務省と海自の幹部は奔走した。東京・銀座で妻と買い物中だった米第7艦隊の作戦参謀に事前の約束なしで面会を求め、近くのホテルのロビーに連れ込んで、米軍が希望する給油の量などの軍事情報を聞き出したこともあった。

米海軍は当時、インド洋上の軍事拠点のディエゴガルシア島までの補給路として、シンガポール経由と豪ダーウィン経由の2本のルートを持っていた。海自は一時、このルートに沿って物資輸送を行うことも検討したが、断念した。

「海自の輸送艦を派遣しても、米軍の巨大な『宅配便』システムのごく一部に組み込まれるだけで、目立たないうえ、逆に足手まといになる恐れもある。その点、燃料の補給活動なら、日本だけで自己完結するため、やりやすいし、活動を国際社会に宣伝できる」

海自幹部の解説である。

政府・与党内で一時は、陸上自衛隊がアフガニスタンで地雷を処理する案も浮上した。陸自幹部はあわてて止めに入った。

「陸自の地雷処理能力は、戦時に地雷原を突破するために車両や人が通行可能な通路を確保する程度の技術しかありません。アフガンで求められているのは、広範囲に渡る完全な地雷処理で、陸自にはとてもできない」

在日米軍から「日本の自衛隊はすごい技術を持っているな」と皮肉られ、陸自幹部が「それは誤解だ」と否定したこともあった。

自衛隊派遣の基本計画は11月16日に決定された。基本計画は「国際的なテロリズムの防止、根絶のため憲法の範囲内でできる限りの支援、協力を行う」と明記した。

米軍などへの支援活動としては、最大で海自の補給艦2隻、護衛艦3隻と空自の輸送機6機、多用途支援機2機が当たると定めた。派遣規模は海自1200人、空自180人以内で、派遣期間は半年間とし、延長も可能と定めた。活動内容としては、米側の希望通り、米艦船への燃料の無償提供ができるようにした。活動地域には「インド洋（ペルシャ湾を含む）」と明記し、アラビア海での活動が可能となった。

基本計画の決定後、在米日本大使館が発した2枚の公電は、関係者の間で「1枚40億円の公電」と呼ばれた。米軍などに提供する燃料購入費として、2001年度予算の予備費80億円が拠出されたためだ。

法律や予算に制約される日本側。作戦の効率性を追求する米側。両者の間には、常に大きな落差があった。

イージス艦派遣は「鶴の恩返し」

米同時テロ発生後、米国は、防空能力の高い日本のイージス艦の派遣に対する期待を高めていた。ハイジャックされた航空機による自爆テロの再発を強く警戒していたためだ。

ギリシャ神話の神ゼウスが娘に送った盾の名に由来するイージス艦の強力なレーダーは、半径500キロの広さをカバーする。通常艦の5倍である。一度に200以上の飛行物体を識別し、10以上の方角から飛来するミサイルを迎撃する能力を持つ。米海軍は約60隻のイージス艦を保有していたが、「日本がインド洋にイージス艦を派遣すれば、現地に展開する米軍のイージス艦を米本土防衛用に回せる」という思惑が米国にはあったという。米国以外でイージス艦を保有する国は、日本とスペインだけだ。

米国の打診を受けた外務省は、「危険が少ないうえ、国際的なアピール度は高い。コストパフォーマンス（費用対効果）がいい」とイージス艦派遣に前向きだった。防衛庁も、海自佐世保基地所属の護衛艦「こんごう」（7250トン）を念頭に、「派遣は可能だ」と外務省に回答した。政府は、イージス艦派遣を前提に、支援策の検討を進めた。

ところが、国内から強い反発が起きた。

9月27日の自民党臨時総務会で、野中広務・元幹事長が声を張り上げた。

「危険な感じがする。情報収集でイージス艦を出す必要はないのではないか」

野中は、イージス艦による米軍への情報提供について「憲法が禁じる『武力行使の一体化』につながりかねない」とも主張し、強く反対した。党内の非主流派には、小泉内閣を揺さぶる狙いもあった。公明党内にも慎重論が強かった。

与党内の否定的な空気を感じた山崎幹事長は、中谷防衛長官に電話で伝えた。

「イージス艦は政治的に微妙な問題になっている。派遣はだめだ」

山崎は小泉にも、「構造改革が正念場の今、イージス艦派遣はプラスにならない」と助言した。福田も慎重論を唱えた。福田には、海自の護衛艦が米空母キティホークに伴走した時の〝騒ぎ〟が苦い思い出となっていた。小泉は黙ってうなずいた。

11月16日に自衛隊派遣の基本計画が決定された際、イージス艦派遣の見送りが正式に決まった。米側は失望を隠さなかった。クリス・ラフルアー国務次官補代理は、訪米した外務省の原田親仁北米局審議官に「純粋に軍事上の観点から判断すべき問題を、なぜ政治が決めるのか」と不満をぶちまけた。知日派の国防総省幹部はこう皮肉っている。

「せっかくワールドカップに初出場するのに、どうしてエースのナカタ（中田英寿）を連れて行かない。自らの安全を確保するため、最も性能の良い艦船を使うのは当然じゃないか」

海自はイージス艦の代わりに通常の護衛艦と補給艦をインド洋に派遣した。派遣部隊が3～5か月で交代する中、転機は1年後に訪れた。

2002年11月中旬。防衛庁の高見沢将林《のぶしげ》防衛政策課長、河村延樹運用課長らは、イージス艦派遣に消極的な公明党の冬柴幹事長に対し、再び説得を試みた。

「海自の洋上給油は長い場合、10時間にも及びます。補給艦はこの間、ずっと低速で航行し、外部からの攻撃に弱い状態が続きます。イージス艦による広範囲の警戒が必要なんです」

河村はさらに、「新たな論理」を持ち出した。

「冷房完備で、乗員の居住性が改善します。現地は気温40度、甲板上は80度ですよ。これを見て下さい」

河村が取り出した「切り札」は、甲板上に敷いたサランラップの上で焼き上がった目玉焼きの写真だった。海自幹部が「現地がいかに暑いか、一目で分かる事例を探してくれ」と派遣部隊に注文し、撮影させたものだった。冬柴はあっけにとられた。

「なぜ早くそれを言わなかったんだ」

12月4日、政府はイージス艦の派遣を決定した。石破防衛長官は、記者会見で「補給作業の安全を確保し、厳しい勤務環境にある隊員の負担軽減を図る観点から総合的に検討した結果だ」と説明した。支持者との関係で、積極的に賛成した格好にはしたくない公明党に配慮し、小泉が自ら決断した体裁を取った。

4日後に来日したアーミテージ国務副長官は「首相の指導力を示す模範例だ」と絶賛した。約15年前のレーガン政権の国防次官補時代、連邦議会の反対を押し切り、イージス艦の日本売却に尽力しただけに、感慨はひとしおだった。

「日本が対米支援にイージス艦を派遣することは、アーミテージ副長官に対する『鶴の恩返し』でもあった」と、防衛庁幹部は語る。

イージス艦の派遣は、「目に見える対米支援」の象徴となった。国内政治の思惑が絡んで、世論の耳目を集めたことが、かえって米国の評価を実態以上に高めた。

小泉政権下の日米経済関係はおおむね良好に推移した。それを支えたのは、小泉に対するブッシュの心配りだった。

ブッシュの初来日を翌月に控えた2002年1月中旬。日本では、デフレ不況が長期化してい

のしかかっていた。大手スーパー・ダイエーの経営悪化が報じられ、金融機関の不良債権問題が小泉政権に重くのしかかっていた。

ブッシュは、パウエル国務長官、オニール財務長官らによる緊急閣僚会議を招集した。会議では、「さらなるデフレ対策を講じるよう、明確に日本に求めるべきだ」などと、小泉に経済政策の転換を要求する意見が相次いだ。

しかし、ブッシュは採用しなかった。代わりに、小泉あてに1通の親書を書いた。

「構造改革にしっかり取り組んでほしい」

親書は、小泉改革を強く支持する内容だった。東京でのアフガニスタン復興支援会議に出席するため来日したパウエルが1月21日、都内のホテルで小泉に手渡した。

約1か月後の2月17日、ブッシュが初めて来日した。

翌18日の日米首脳会談で、小泉は「自分は改革の手綱を緩めないし、今後加速させる」と述べ、不良債権処理とデフレ対策に全力を挙げる考えを表明した。

ブッシュは「首相は政策を変更すべきではない。コイズミは偉大な改革者だ。全幅の信頼を置いている」と語り、具体的な要求はしなかった。アフガン復興支援会議への民間活動団体（NGO）参加問題をめぐる混乱を受け、1月末に小泉が田中外相を更迭した後、小泉内閣の支持率が急落していたことへの配慮もあった。

「個別の経済問題は、政治問題にしない」

これが第1期ブッシュ政権の基本方針だった。日米関係の歴史上、異例のことである。

経済摩擦が激しかった１９８０年代、米国は牛肉・オレンジの輸入自由化などで圧力を強めた。90年代のクリントン政権は、自動車・同部品交渉で数値目標を要求したり、日本のデフレ対策として、所得税減税に言及するなど、の注文を付けたりした。

もっとも、80年代の米国による「外圧」の中には、日本側との「あうんの呼吸」によるものもあった。防衛摩擦である。

「日本の防衛費を増額するため、日米双方が『歌舞伎』ダンスを踊った。ワインバーガー国防長官が日本の防衛長官に、私が西広整輝防衛次官らにそれぞれ電話し、『圧力』をかけた」とは、最近のアーミテージの証言だ。

ブッシュはそうした手法を取らなかった。露骨な外圧は、一時的には一定の効果があっても、日本人のナショナリズムを刺激し、嫌米感情を高める。同盟国の自主性を尊重する形をとった方が中長期的には効果的だ、と判断したのだ。

ベーカー駐日大使も同じ考えだった。

２００１年７月の着任早々、「日本に不良債権問題の早期解決を主張せよ」という公電を本国から何通も受け取った。だが、「日本は自分のやり方で問題を処理する」と押し返し、日本側に圧力はかけなかった。１９６７年から３期18年、上院議員を務め、共和党の上院院内総務、レーガン大統領の首席補佐官などを歴任した「大物大使」ならではの対応だった。

「経済の政治問題化を避ける」という日米の暗黙の了解は、日本などの鉄鋼製品を対象とする米国の緊急輸入制限措置（セーフガード）の際にも貫かれた。

２００２年３月20日、米側がセーフガードを発動すると、日本政府は即日、「世界貿易機関（ＷＴＯ）のルール違反だ」としてＷＴＯに提訴した。日米貿易摩擦に発展することが懸念された。

しかし、実は、日本のＷＴＯ提訴は日米間の「暗黙の了解」だった。

米国内では、この年11月の中間選挙を控え、連邦議会などは国内産業保護に走っていた。日本でも、対米報復関税の実施を求める声が上がっていた。

「WTOのルールにのっとってやるのが、両国間で政治問題化しない手っ取り早い解決方法だ」

日本外務省や米通商代表部（USTR）の担当者はともに、こう意識していた。日本側は、政府の動きを米側に事前に説明することを怠らなかった。USTR側も、80年代の貿易摩擦の全盛時のように、居丈高に自らの主張を押しつけることはなかった。セーフガード交渉を担当した外務省幹部は「ブッシュ大統領の意向がUSTRの態度にも反映されていた。小泉・ブッシュ関係の良好さをひしひしと感じた」と振り返る。

2003年11月、WTOは、日本、韓国など対米鉄鋼輸出国側の主張をほぼ認めた。米国は翌12月、セーフガードの即時撤廃を発表し、問題は決着した。

「軍人以外は入れない」

米軍のアフガニスタン攻撃などを支援する自衛隊派遣から半年を経た2002年5月の連休。額賀福志郎・元防衛長官は米フロリダ州タンパの米中央軍司令部を訪れた際、不思議そうな表情で、同行した自衛官に尋ねた。

「あれ、なぜ日の丸がないいんだ」

対テロ戦争の「有志連合村」では、「協力国」の旗約30本が翻っていたが、日本の国旗は見当たらなかった。

理由は単純だった。自衛隊が連絡官（リエゾン・オフィサー）を派遣していなかったのだ。米国防総省がこの年2月に対テロ戦争の協力国として26か国のリストを公表した際、日本の名前がなく、日本国内で大騒ぎになったのも、やはりタンパの連絡官不在が原因だった。

政府は2001年秋に海上自衛隊の艦船を派遣した当初から、自衛官の派遣を検討していた。だが、外務省が「外交官もセットで送りたい」と主張し、米側に「軍人以外は入れない」と拒否されたことで、自衛官派遣の話は棚上げとなっていた。外務省は、防衛庁側が米軍の独自情報を入手することを警戒していた。日本政府内の〝縦割り意識〟が障害となったのである。

日本と関係の深い米太平洋軍司令部（ハワイ）からも「我々が日本に情報を伝えるから、中央軍には派遣しなくていいじゃないか。それとも、我々の頭越しにやるのか」と露骨に嫌みを言われた。米軍内の〝縄張り争い〟とも絡み、調整は全く進んでいなかった。

額賀は帰国後、政府に「タンパには、テロ戦争の最新情報が即時に集まる。米艦船などに燃料補給している以上、日本も早く連絡官を出すべきだ」と働きかけた。外務省は渋々、外交官の派遣を断念した。2002年8月、自衛隊の堂下哲郎1等海佐と小笠原卓人3等空佐がようやくタンパの地を踏んだ。自衛艦のインド洋派遣から既に約9か月が経過していた。

有志連合村では当時、三十数か国、300人以上の連絡官が活動していた。堂下ら日本の連絡官2人は、海辺のトレーラーハウスを改造した事務所を拠点とし、毎日、中央軍司令部の作戦会議に出席した。入手できる米軍情報は飛躍的に増えた。事務所の使用料、水道、電話代などはすべて米軍持ちだった。

有志連合村では、どんな活動が行われていたのか。

各国の首席連絡官は毎朝一番に、中央軍のトミー・フランクス司令官ら幕僚が主催する定例の全体会議に出席した。アフガンや周辺国などで展開中の日々の作戦が報告され、アフガン内外の危険情報や、各国軍の動きなどの最新情報がつかめた。全体会議の後は、月曜から金曜まで、人道、医療支援などテーマ別の会議がびっしり組まれていた。日本もこうした場で、必要に応じて自衛隊や日本の民間活動団体（NGO）の活動状況などを報告した。「針小棒大になろうとも、とにかく日本の活動をPRした」と、ある連絡官は振り返る。

全体会議では、米軍が、個別の物資輸送などの任務を示し、「担当できる国はあるか」と打診した。各連絡官は、本国と調整したうえ、可能と判断すれば、手を挙げた。全体会議の内容はインターネット上にすぐに掲載され、各国の事務所に貸与されたパソコンでも閲覧できた。秘密保持は厳重で、パソコン情報の保存はできなかった。有志連合村の出入り口では、パソコンを持ち出していないかどうか入念にチェックされたほどだ。

ただ、アフガンでの戦闘に直結する軍事情報は、英仏独など作戦の参加国にしか供与されなかった。その点は明確な一線が引かれていた。もっとも、米軍の艦船や部隊の動きなどから、イラク戦争の準備状況の雰囲気は何となく感じ取れたという。

米国以外の参加国同士の情報交換も活発だった。海自の給油に関心を持った豪州などは、「我が国の艦船へも給油をしてもらえないか」と日本に打診してきた。

連絡官たちは、タンパ市民から熱烈な歓迎を受けた。地元の米大リーグチームであるタンパベイ・デビルレイズの試合に招待され、各国の連絡官が球場で旗を持って並んだこともあった。米同時テロ1周年の2002年9月11日には、米軍と一緒にパレードした。

「米国は横綱相撲を」

アフガン問題の次に焦点となったのはイラク問題だった。

「一体、何事か」

ブッシュは目を丸くした。２００2年9月12日夕、ブッシュがニューヨークでの定宿とするウォルドルフ・アストリアホテルのスイートルームで行われた日米首脳会談のことである。

イラク問題に議題が移ると、小泉が突然、イスから立ち上がった。二、三歩前に進み出ると、両手と両足を左右に開いて身構えた。

「日本には、『横綱』という大相撲のチャンピオンがいる。横綱は自分からは決して仕掛けない。相手が仕掛けてきた時に、初めて受けて立つ。米国は横綱相撲を取るべきだ」

米国は当時、大量破壊兵器開発疑惑を抱えるイラクに対し、武力行使を辞さない姿勢を強めていた。小泉は、超大国・米国を横綱にたとえることで、イラクへの先制攻撃を自制し、国際協調体制を築くよう促したのだった。

ブッシュは小泉の主張に真剣に耳を傾け、「国際協調の重要性は十分認識している」と語った。ただ、「問題は、イラクとあと何回約束すればいいのかだ。我慢にも限界がある」と、国連決議違反を続けるイラクを批判した。

「横綱相撲」発言は、外務省が用意した発言要領にはなく、小泉が自ら考え出した言葉だった。会談後も一切公表されていない。

同様の光景は約7か月前、2月18日の東京での首脳会談でも見られた。ブッシュが1月29日の一般教書演説でイラク、イラン、北朝鮮の3か国を「悪の枢軸」と名指ししたことについて、小泉は「テロに対する強い決意と受け止めている。大統領は冷静に対処している」と指摘した。さらに、イラク情勢に関して、格調高く力説した。

「大義なき力は『暴力』だ。力なき大義は『無力』だ。米国には今、力も大義もある。だからこそ、米国は国際協調を追求すべきだ」

日本側同席者は、「ブッシュの心に響き、かつプライドを傷つけないよう、首相が自ら考え抜いた哲学的なフレーズだった」と解説する。

2001年9月の米同時テロ以降、米国は自国の安全保障を最優先し、単独行動主義を強めていた。日本では、イラクへの軍事行動に否定的な世論が少なくなかった。小泉は、何とか米国に国際社会と協調する道を歩ませることによって、米政府の方針と日本の国内世論との落差を埋めることができないか、と必死に模索していたのだ。

小泉の米国への説得は、イラク戦争後も続いた。

2003年5月23日、米テキサス州クロフォードのブッシュの私邸での首脳会談では、こんなたとえ話を持ち出した。

「日本には昔、将軍と天皇がいた。将軍は権力を持ち、天皇には権威があった。米国は今、極めて強大な力を持っているが、イラクの戦後問題は米国だけでは解決できない。国際協調のため、国連という権威を使うことが必要だ」

この年11月、米政権内でも保守派で知られるドナルド・ラムズフェルド米国防長官が来日した時にも、小泉は、国連の重要性を天皇にたとえた。

「物事には大義が必要だ。日本では幕末のころ、倒幕派が天皇を『錦の御旗』とすることで民衆の支持を得ようとした。米国も国際協調を尊重し、国連を大義にすべきだ」

小泉は「大義」という言葉をことのほか気に入っていた。会談前、通訳に「大義」の英語訳を尋ね、「そうか。グレート・コーズ（great cause）と言うのか」とつぶやき、深くうなずいた。

「横綱」「大皇」「将軍」――。日本の文化・伝統に根ざした一連のたとえ話は、ブッシュやラムズフェルドの関心を引きつつ、「国際協調」「国連重視」というメッセージを際立たせるのが目的だった。小泉はイラク問題で、野党から終始、「対米追従」などと批判されてきた。だが、日米首脳会談などの未公表部分を追うと、ブッシュに対し、何度も注文や助言を行っている。

「米国には、きちんと言うべきことを言わないといけない。君たちもそうだぞ」

外務省幹部は再三、こうした小泉の指示を受けたという。

米国が国連不信を強める中、日本外交の基本である「日米同盟」と「国際協調」の両立をいかに実現するか。小泉は懸命にもがいていたのである。


話を前に戻す。2002年8月27、28の両日、東京・麻布台の外務省飯倉公館で第1回日米戦略対話が開かれた。戦略対話は、2001年6月の小泉とブッシュの初の首脳会談で合意した次官級の協議である。双方の出席者のトップは、日本側が竹内行夫外務次官、米側がアーミテージ国務副長官だ。

竹内は1980年代前半、在米日本大使館で日米安保担当を務めたほか、外務省の条約課長、宮沢首相秘書官、駐米筆頭公使、条約局長、北米局長、総合外交政策局長などの重要ポストを歴任した。日米関係と国際法の専門家である。駐インドネシア大使だった2002年2月、田中真紀子・前外相と「相打ち」で更迭された野上外務次官の後任となった。

竹内はアーミテージに対し、イラク問題に関する「3原則」を提起した。
一、まず外交的な解決を目指し、全力を尽くすことを忘れてはならない。
一、「米国対イラク」でなく、「国際社会対イラク」の構図にする。大量破壊兵器開発の問題を国連安全保障理事会に付託し、国際社会と連携すべきだ。
一、仮に米国がイラクを攻撃してフセイン政権が崩壊した場合、中東が不安定化しかねない。

稳健で民主的な国家を作る「ザ・デイ・アフター」（戦後）の青写真を考えるべきだ。米国にとって、耳障りな注文とも受け取れる内容だった。しかし、知日派の代表格であるアーミテージは、むしろ我が意を得たりとばかり、歓迎した。

「日本のメッセージはよく分かった。まさに我々も国際社会との協調に努力しているところだ」

アーミテージらの国務省は当時、イラク問題で新たな国連安保理決議の採択を目指していた。単独攻撃も排除しない構えのラムズフェルドら国防総省側とは、激しい路線闘争を展開していた。ディック・チェイニー副大統領は「国連決議を要求すれば、見込みのない泥沼にはまる」と国防総省側を支持していた。アーミテージは会談後、直ちに竹内の発言内容をホワイトハウスに伝えた。同盟国の助言として、ブッシュ大統領を説得する材料に活用するためだ。

この時、ブッシュは国務省側に軍配を上げた。当面は、国際協調路線を取り、国連決議の採択を目指すことを決断したのだ。

戦略対話の約2週間後。9月12日のブッシュの国連演説の前日、ニューヨーク入りしたパウエル国務長官は、ワシントンで国務省の留守を預かるアーミテージに弾んだ声で電話した。

「今、大統領と一緒だ。大統領は演説で新決議に言及することを了承した」

ところが、当日、ブッシュが演説時に見るプロンプター（透明板に原稿を映す機器）の文章には、なぜか決議部分が欠落していた。ブッシュは、とっさのアドリブで、「我々は安保理とともに必要な決議を用意する」と述べた。パウエルらは「心臓が止まる思いがした」という。

約2か月後の11月8日には、大量破壊兵器の査察の全面的な受け入れをイラクに迫る米英提案の国連決議1441が採択された。

アーミテージは12月9日、東京で開かれた第2回戦略対話で、竹内を最大限持ち上げた。

「新決議の採択は、8月の戦略対話が大きな転機となった。米国はあなたの試験に合格したでしょ」

さらに、「(一連の不祥事によって打撃を受けた)外務省は復活を果たした」とも励ました。

一方、日米戦略対話への竹内の入れ込みようは、並々ならぬものがあった。対話の直前には毎回、イラク、北朝鮮、中国、東南アジア諸国連合(ASEAN)などテーマ別に、関係幹部を次官室に集めて計十数時間も準備に費やした。竹内は、部下への厳しい指導ぶりから「千本ノック」のあだ名を持つ。竹内主催の会議は、省内で「御前会議」と呼ばれた。

もっとも、日本の一連の働きかけが米国に実際に与えた影響は限定的だった、との見方も少なくない。

イラク戦争前には、英国も米国に国連決議の採択を求めていた。英国内でも、戦争に反対する世論が強かったためだ。ともにイラク戦争を戦うことになる英国の主張を米国がより重視していたのは、言うまでもない。

実際、9月12日の国連演説で「ブッシュが新決議に言及する」との第一報を外務省が入手したのは、米国ではなく、英国経由だった。9月7日の米英首脳会談の内容を在英日本大使館員がブレア首相周辺から聞き出したのだ。

憲法上の制約を持つ日本が、米国にとって英国並みの同盟国となるのは決して簡単ではない。

「戦争中、日本は無理するな」

2003年3月のイラク戦争に先立ち、政府は実は、前年末までに復興支援新法の骨格を極秘に固めていた。

２００２年10月下旬、来日したリチャード・ローレス国防次官補代理は防衛庁幹部との非公式の朝食会で、「対テロ戦争の支援に感謝する」と前置きしつつ、探りを入れてきた。

「戦争後のイラク国内の治安維持活動を日本にも担ってほしいのだが、恐らく無理なんでしょうね」

日本側は「遠回しの支援要請」と受け止めた。

古川官房副長官は11月中旬、新法を含めた対米支援や復興支援策の検討を大森敬治官房副長官補らに命じた。

「頭の体操、研究をしておいてくれ。くれぐれも外には漏らさないように」

古川は、阪神大震災の直後の１９９５年３月、村山内閣の官房副長官に就任した。旧厚生省出身で、内閣首席参事官や、旧厚生省児童家庭局長、官房長、事務次官などを歴任した。官房副長官を７年４か月務めた石原信雄の後を継ぎ、過去最長の８年７か月、中央官僚のトップの座を占めた。

古川は「政治家から指示があれば、いつでも進言できる用意をしておくことが、行政の要諦《ようてい》である」を信条としていた。イラクの大量破壊兵器問題の平和的解決を目指す一方で、ひそかに戦争を前提とした新法の研究作業を進めておくことは、その信条に基づく判断だった。

内閣官房のプレハブの一室で、防衛庁出身の増田好平内閣審議官ら数人だけによる検討が始まった。外務省や防衛庁も外した極秘の作業だった。年内にまとまった復興支援新法の骨格は３本柱で構成されていた。

一、イラク国民向け復興人道支援

一、米軍への後方支援
一、大量破壊兵器の処理支援

政府が翌2003年6月に与党に示したイラク復興支援特別措置法案の最終案と全く同じだった。3本柱のうち、「イラク国民向け復興支援」を重視する方針もほぼ固まっていた。

米軍などによるアフガニスタン攻撃の時と同様、戦争中に自衛隊を派遣する選択肢も検討された。イラクへの武器輸送を阻止する海上封鎖活動への参加、ペルシャ湾へのP3C哨戒機の派遣などだった。

〈開戦直後に新法案を国会に提出し、テロ対策特別措置法の洋上給油と同じ支援をイラク戦争でも行う〉

そんな案も浮上したが、具体化には至らなかった。

年が明けると、イラク情勢は一段と緊迫した。

2003年1月上旬、外務省や防衛庁から「米国は既に臨戦態勢に入った」との機密情報が次々と首相官邸に届いた。ブッシュ米大統領は1月28日の一般教書演説で、「サダム・フセインが完全に武装解除しないなら、我々が連合を率いて武装解除させる」と語気を強めた。

2月5日には、パウエル国務長官が国連安保理の外相会議で、「イラクの隠ぺい工作を裏付ける」とする証拠を提示した。軍事偵察衛星による空撮写真や交信の傍受録など、極秘扱いの軍事情報だった。米国の並々ならぬ決意が表れていた。

「そろそろ自衛隊派遣の時期を示してはいただけませんか」

大森は福田官房長官に打診した。内閣法制局と水面下の協議に入り、法案内容を詰めるためだ。だが、福田は、戦争前に自衛隊の活動の方向性を示すことには反対だった。大森の再三の要請に対しても、応じなかった。大森は首相官邸から自室に戻る度に、「また駄目だったよ」と部下にこぼした。

米国も、福田と同じ考えだった。アーミテージは2月9日のワシントンでの日米戦略対話で明言した。

「湾岸戦争のようなことは繰り返したくない。日本は戦争中は無理をする必要はない。戦費負担も求めない」

竹内外務次官は、ほっとした。ただ、アーミテージはこう付け加えた。

「復興支援では、自衛隊の派遣を考えてほしい」

政府はイラク戦争が終結するまで、新法制定の動きを見合わせる方針を固めた。

2月14日、イラクの大量破壊兵器疑惑を調査している国連査察団が、「化学兵器1000トンの説明がついていない。イラクはこれを100％廃棄し、証拠を示さねばならない」との国連安保理への追加報告を行った。

国連監視検証査察委員会（UNMOVIC）のハンス・ブリクス委員長は、査察に対するイラクの協力が不十分だと指摘した。一方で、「大量破壊兵器は見つかっていない」として、査察継続の必要性を強調した。

国連安保理の5常任理事国の中で、早期開戦を主張する米英両国と、武力行使に批判的な仏独露各国などとの対立はさらに激しくなった。「国際協調」を重視する日本はその挟間で、様々な外交努力を重ねた。

川口外相は2月下旬、国連安保理の15か国の外相らに次々と電話した。新たな安保理決議の採択に向けて、協力を求めるためだ。米国と激しく対立するドミニク・ドビルパン仏外相には、

「国際協調が大事だ。世界が二分されれば、イラクに間違ったメッセージを与える」と訴え、激しい論争となった。

小泉は2月22日に来日したパウエルと会談し、「国際協調のためギリギリまで努力すべきだ。そのことをブッシュ大統領にも伝えてほしい」と要請した。また、橋本竜太郎ら首相・外相経験者らを特使に任命し、関係国への働きかけを強めた。

高村正彦・元外相は3月2日からイラク周辺国のエジプトとサウジアラビアを訪問し、「米国の決意は固い。イラクを説得する以外に戦争回避の道はない」と協力を求めた。

最後はイラクへの直談判だった。3月3日、茂木敏充外務副大臣がバグダッドを訪問した。タリク・アジズ副首相との会談では、「バビロニア時代も、中世時代も、イラクが軍事力で栄えたことはない」と力説した。さらに、「戦後の日本も軍事力ではなく経済力で発展してきた。イラクは資源もある。大量破壊兵器など持たなくても、十分やっていけるではないか」と語り、国連査察への全面協力を求めた。

茂木の説得は2時間に及んだ。何度も同じ言葉を繰り返した。

「事態は大変切迫している。イラクは、平和的解決のために大きな政治的決断をすべきだ」

だが、アジズは「イラクは大量破壊兵器の査察に完全に協力した」と述べるだけで、一切の譲歩を拒否した。

米国の軍事行動を回避する道は、徐々に閉ざされていった。

支持表明

米国などによるイラク攻撃は、もはや不可避の情勢となった。開戦時に、日本はどういう態度を表明するのか。政府は重い決断を迫られた。

米国の軍事行動を支持するか、それとも否か。あるいは、「理解」程度にとどめるか。各国の対応も、日本の世論も割れていた。外務省は2002年秋から、「支持しかありません」と小泉に働きかけた。ある幹部は「外交の世界では、『貸し』と『借り』の二つしか存在しない。各国の立場が割れている今こそ、米国支持を明確に打ち出し、米国に大きな『貸し』を作る好機だ」と語った。竹内次官は小泉を口説いた。

「この問題を乗り切れば、イラク問題への対応の8割方は成功、と言われています」

小泉はなかなか胸の内を明かさなかった。2003年2月中旬、西田恒夫総合外交政策局長が、大量破壊兵器の脅威の問題を中心にすえた支持表明の文案を示すと、ようやく「それでいい」とだけ語った。

Xデーが迫ってきた。

3月17日、加藤良三駐米大使は国防総省でポール・ウォルフォウィッツ国防副長官と会談し、「イラク戦争が始まっても、北朝鮮に対する警戒は怠らないでほしい」と要請した。その席にラムズフェルド国防長官が突然現れ、加藤に声をかけた。

「米国のテロとの戦いに対する日本の支援に、私はとても感謝している。今後も日本と一緒にやっていきたい」

態度表明の時期をめぐり、外務省内の意見が割れた。西田らは開戦前の支持表明を主張する。「米国は最後の刀を抜こうとしている。今支持しなければ、いつするのか」という理屈だ。

「武力行使の後がいい」と慎重だった竹内は、「両論併記で首相官邸に上げよう」と引き取り、福田官房長官に報告した。福田も「表明は開戦時でいいだろう」と、やはり慎重だった。

しかし、小泉は自らの判断で動いた。

日本時間3月18日午前。ブッシュ大統領がイラクに48時間の最後通告を突きつけた。小泉はこの日昼、記者団のインタビューを受け、こう明言した。

「ブッシュ大統領の演説は、大変、苦渋に満ちた決断だったのではないか。米国が武力行使に踏み切った場合、この決断を支持する」

小泉は、「大量破壊兵器が独裁者やテロリストの手に渡れば、何十万人の生命が脅かされる」「戦後50年以上、我々の先輩たち、国民が培ってきた日米関係の信頼性を損なうことは国益に反する」とも語った。米国支持の根拠としては、前年11月にイラクに武装解除を求めた国連安保理決議1441などを挙げた。手には、自ら走り書きしたメモがあった。「官僚の作文では国民の心に響かない」と考え、自分の言葉で語ろうとしたのである。

小泉は後日、「仮に内閣支持率が急落しようが、関係ない。最初から『支持』と決めていた。『理解』なんて表現は、冗談じゃない。戦争がいけないのは当然だが、現実は甘くない」と周辺に胸の内を明かしている。

小泉発言は米政府高官の心を打った。竹内は19日朝、自宅でアーミテージから「首相は自らの判断で発言した。素晴らしい」との国際電話を受けた。ベーカー駐日大使は読売新聞のインタビューで、こう強調した。

「日米関係は過去50年で、今が最良の時だ。米国にとって、英国を除けば、世界で日本ほどの友人はいない」

米東部時間の19日午後9時（日本時間20日午前11時）過ぎ。パウエル国務長官から「間もなく攻撃だ」と知らされたアーミテージは、即座に答えた。

「我々は、日本と豪州に連絡しなければならない。フィリピンにもだ」

パウエルはすぐに川口外相に電話する。川口は国会審議中だった。アーミテージは外務省の次官室に電話したが、竹内は小泉への報告のため、首相官邸5階の首相執務室にいた。次官室の女性職員が機転をきかせ、官邸に連絡した。竹内は、急いで秘書官の携帯電話でアーミテージに電話を掛け直した。電話はつながった。結果的に、小泉は、竹内が開戦の事前通報を受けるのを目撃した。

米軍がイラクの首都バグダッドにあるフセイン政権の重要施設などの空爆に踏み切ったのは、その直後だった。ブッシュは19日午後10時（日本時間20日正午）過ぎ、ホワイトハウスで演説し、「米国と同盟国の部隊は、イラクを武装解除し、その国民を解放し、世界を重大な危険から守るための軍事作戦の初期段階にある」と訴えた。

小泉も20日午後1時過ぎ、首相官邸で記者会見した。「イラクは（大量破壊兵器廃棄を求める）国連の決議を無視、軽視、愚ろうしてきた。米国の武力行使開始を理解し、支持する」と改めて米国支持を表明した。さらに、日米同盟と北朝鮮の核・ミサイル問題を踏まえ、国民に理解を求めた。

「米国は『日本への攻撃は自国への攻撃とみなす』と言っているただ1つの国だ。日本を攻撃しようと思ういかなる国に対しても、大きな抑止力になっていることを忘れてはならない」

ブッシュは20日、米フロリダ州タンパの米中央軍司令部の有志連合村を訪問した。日本を含む各国の連絡官を前に演説し、国連の非効率性を批判する一方、「有志連合」の意義を高く評価した。

「国連は決議を繰り返そうとするばかりだ。本当に役に立つのは、自由と市場経済に価値観を見いだす国による有志連合だ」

ただ、日本は、米国のこうした「国連軽視」姿勢が目立たぬよう水面下で根回しした。ジョン・ネグロポンテ米国連大使による国連事務局への20日付の開戦報告が国連決議に基づく論理構成になるよう働きかけたのだ。そこには、「万一、米国が『自衛目的で先制攻撃した』などと表明したら、米国の軍事行動を支持した日本政府の立場がなくなる」という事情もあった。

「米国の武力行使は、国連安保理決議に基づき、合法的である。国連決議678、687は、湾岸戦争の停戦条件として、イラクに大量破壊兵器の廃棄や国際的な査察の受け入れなどを義務付けた。イラクがその停戦条件を破棄した」

この報告の原案は実は、日本外務省条約局の法規課が起草した。事前に英国とも調整し、米国に示した内容が、英語の表現の一部手直しを除き、ほぼそのまま採用されたという。

日本として、日米同盟と国際協調の接点を探る試みの一環だった。

2日間の逆転劇

イラク戦争の開戦前、日本は必死に米国の軍事情報の収集に努めた。

実は、米統合参謀本部のある幹部は2002年の早い段階から、こう予言していた。

「我々の方針は、ストレート、ジャブ、ストレートだ」

2001年の米同時テロを受けたアフガンに対する軍事行動の後は、世界各地でのテロ掃討作戦に重点を置き、米軍としては一息つく。その間に、巡航ミサイルなどを蓄積し、イラク周辺に中央軍の部隊を集積する。その次に来るのが、「本命」のイラク攻撃という意味だった。

イラク情勢が緊迫した２００３年1月初め。米タンパの中央軍指令部に派遣されていた自衛官が有志連合村内の〝異変〟に気づいた。村内に「イラク村」という独自グループが組織されたのだ。参加が許されたのは、三十数か国のうち、イラク攻撃への具体的な支援を表明するという「踏み絵」に合格した英国など数か国だけだった。

日本も懸命にイラク村入りを目指した。米軍から1月中旬、極秘に参加条件が示された。①アフガニスタンでの対テロ作戦と同程度の支援②イラク戦争後の復興支援③戦後の治安回復に当たる人員の派遣④イラクでの部隊の警護⑤対テロ戦争に従事してきた米軍部隊をイラク戦争に投入させることに伴う対テロ掃討活動の「空白」の補完活動（バックフィル）――の5項目である。

この条件について、日本政府は約2か月間、慎重に検討を重ねた。その結果、加藤駐米大使は3月13日、「戦後復興支援」「テロ対策特別措置法に基づく対米支援の拡大」「在日米軍施設の警備」「周辺国支援」「難民支援」など計6項目を検討している、と米側に回答した。現行法の枠内で示すことができる、ぎりぎりの内容だった。

ところが、日本のイラク村入りに関する米軍の回答は「ノー」。「検討中の支援策では、現実の作戦にとって、何の役にも立たない」という、軍隊らしい冷徹な反応だった。

加藤は「奥の手」を使った。長年の友人であるアーミテージに仲介を頼んだのだ。

アーミテージはすぐに国防総省の担当者に電話した。担当者が日本をイラク村に入れられない理由をくどくどと説明し始めると、海軍なまりのだみ声で一喝した。

「何だって。一体、何をやってるんだ。我々は日本の支援を頼りにしているんだ。いいか、彼らを入れろ！」

急転直下、日本のイラク村入りが決まった。開戦4日前の3月15日のことである。このエピソードは、加藤が米側に回答した後の「2日間の逆転劇」と関係者の間で語られた。

イラク村での初日。大塚海夫1等海佐がコンピューターの電源を入れると、画面に「Shock and Awe（衝撃と恐怖）」の文字が躍った。イラク戦争の第1段階の作戦計画名だった。米軍が想定する作戦内容や部隊配置なども入手可能となった。

もっとも、日本側が最も重視していたイラク開戦の日時は入手できなかった。大塚らは19日の開戦当日も、必死に情報収集に努めたが、「現地はすごい砂嵐で、それが収まるまでは開戦はない」という否定的な情報ばかりだった。大塚は午後7時半ごろ、東京に「今日の開戦は絶対ありません」と電話で報告した。CNNテレビが開戦を報じたのは、その後間もなくのことだった。

協力する国だけが情報を共有できる。有志連合村は、厳しい「ギブ・アンド・テーク」の世界そのものだった。


イラク戦争直前の3月初旬、井ノ上正盛3等書記官ら日本外交官4人がバグダッド周辺を駆け回った。米軍の空爆からイラクの重要施設を守る「人間の盾」に志願した邦人十数人に、国外に避難するよう説得するためだ。

「湾岸戦争の際、フセインは戦略拠点に人々を閉じ込めて弾よけに利用した。あなたたちも浄水場や発電所に突如閉じ込められるかもしれませんよ」

井ノ上らは、自分の位置を米軍に伝える全地球測位システム（GPS）付き携帯電話を持参していた。「間違っても、ここは爆撃しないでくれよ」と、祈るような気持ちだった。

開戦が迫ると、3月8日には外交官全員がヨルダンに退避した。

イラク戦争は現地時間3月20日に開戦した。米英軍はクウェートからイラク南部に侵攻し、4

月7日にはバグダッド中心部を制圧した。14日にはイラク中部のティクリートが陥落し、米英軍がイラク全土をほぼ掌握した。

23日、最初にバグダッド勤務に戻った日本外交官は、長期出張中の奥克彦駐英参事官だった。奥は、フセイン宮殿内の米復興人道支援庁（ORHA）に寝泊まりし、連絡要員を務めた。奥が持ち込んだ冷蔵庫には、イラクでは貴重なスコッチウイスキーのシーバス・リーガルやビールが常備されていた。

「奥さんは米軍幹部らに酒を振る舞って人脈を築き、地道に情報を取っていた」と同僚は証言する。こうした奥の努力が、自衛隊派遣の事前調査を下支えした。

このころ、アーミテージは「ブーツ・オン・ザ・グラウンド」（地上部隊）という表現で、陸上自衛隊の派遣に期待を示した。米同時テロ後の「ショー・ザ・フラッグ」と並んで有名になった、このフレーズを最初に発したのは実は、国防総省で日本を担当するチェスター・ハンター陸軍中佐だった。

日本の事情に詳しいアーミテージは当時、加藤駐米大使に語った。

「日本の若者は、危険、汚い、きついの3K仕事を嫌っているが、現代社会には多くの3Kがある。日本が、金銭ではなく、身をもって存在感を示すことが大事なんだ」

この言葉に応えようと、日本は支援策を模索した。

ブッシュがイラク戦争終結を宣言した5月1日。自民党の山崎拓、公明党の冬柴鉄三、保守党の二階俊博の3幹事長はイラク南部のウンムカスルを訪問していた。

病院のベッドでは、足に重傷を負った子供が痛みを訴え、苦しんでいた。医師は「麻酔薬もなく、麻酔医もいないため、手術ができない」と説明した。山崎の目に涙が浮かんだ。山崎らは

「3人が割り勘で費用を負担し、子供をクウェートの病院に運ぼう」と相談した。それを聞きつけた英軍が「日本の代議士にそんなことをしてもらう訳にはいかない。我々が搬送します」と言い出した。子供は後日、英軍ヘリコプターで搬送され、手術を受けて歩けるようになったという。

3人が車で移動すると、多数の子供たちが「水をちょうだい」と叫びながら、はだしで追いかけてきた。イラクで医薬品や飲み水が極度に不足しているのは明らかだった。

山崎らは翌日、カタールを訪れた。私服姿の米空軍幹部がドーハ市内のホテルでひそかに3人と会談し、要請した。

「日本の空輸業務に期待する。ぜひ輸送機C130を投入してほしい」

陸自によるイラク国民向けの医療や給水活動、そして航空自衛隊による対米輸送支援――。支援策のメニューは出そろい始めた。山崎は「自衛隊のニーズは多い」と考えた。

だが、政府は、陸自派遣に不可欠な新法制定に公然と動くことはできなかった。国会では、有事関連法案を審議中だったからだ。

新法成立までの「つなぎ」の活動として浮上したのが、現行法に基づく空輸支援だった。

「C130の派遣を首脳会談で表明していいか」

5月の日米首脳会談を前に、外務省が防衛庁にひそかに打診した。現行の国連平和維持活動（PKO）協力法の場合は、国際機関の要請が前提となる。外務、防衛両省庁の担当課長は「積み荷」を探し、米国や、ヨルダンなどイラク周辺国を回った。辛うじて見つけ出したのが、世界食糧計画（WFP）の物資輸送だった。

小泉は5月23日、テキサス州クロフォードでの首脳会談で、ブッシュに対し、「自衛隊については、まず現行法のもとでイラク周辺国に人道物資の空輸のため、C130輸送機を派遣する」

と明言した。

新法制定に向けた動きも水面下で進んでいた。4月初旬、福田官房長官は古川官房副長官に指示した。

「復興支援は行う。そのための新法は必要だろう。どんなものになるか考えてほしい」

内々に法案の本格的な検討が始まった。古川の指示で、内閣官房が前年末に既に新法の骨格を固めていたため、作業は比較的スムーズだった。

5月30日、ロシア・サンクトペテルブルクを訪問中の小泉は、福田を通じてイラク復興支援特別措置法案の準備を正式に指示した。6月上旬に有事関連法案が成立する見通しが立ったためだ。

ただ、イラク特措法案の策定の最終段階では、政府・与党内で対立が起きた。

内閣官房が起草した特措法案の原案にあった「文民派遣本部」の設置に、外務省経済協力局がかみついたのだ。内閣官房側は、「イラクへの物資供与をスムーズに行い、政府開発援助（ODA）の枠外でも資金供与を可能にする必要がある」として、文民派遣本部の設置を目指したが、経済協力局はODAの権限を侵されることを嫌った。

また、「大量破壊兵器の処理」については、防衛庁が「その能力はない」と反対した。自民党内でも、野中・元幹事長らが「大量破壊兵器が発見されない段階で、法案に盛り込む必要はない」と異論を唱えた。

結局、2つの項目は削除された。

イラク国民に対する「人道・復興支援活動」と、米英軍などの後方支援活動を行う「安全確保支援活動」の2分野を柱にした特措法案は6月13日に国会に提出され、7月26日に成立した。

法的根拠は整った。だが、陸自派遣の実現までにはまだ曲折が続いた。

揺れた日本の「主体性」

小泉政権にとって、日米関係の最大の試練は、陸自のイラク派遣だった。

小泉は5月23日の日米首脳会談で、こう強調した。

「積極的に貢献する。日本が主体的に何をするか考えたい。日本の国力にふさわしい貢献をしたい」

実は外務省幹部は事前に、首脳会談で新法制定の検討を表明してはどうか、と小泉に提案した。だが、小泉は「その部分は自分で考える」と退けた。

「国力にふさわしい貢献」は、小泉が自ら考え出した言葉だった。日米同盟の観点から、小泉も陸自を派遣せざるを得ないと覚悟していた。会談であえて陸自に言及しなかったのは、イラクの治安が悪い中、そう簡単に米国に約束するべきではない、と判断したからだ。「米国の圧力で日本が譲歩する」という従来型の日本外交のパターンから脱却したいという思いもあった。

ブッシュはうなずき、「目に見える協力が役立つ」とだけ注文した。

だが、日本が具体的な支援策で「主体性」を発揮するのは容易ではなかった。

6月9日、陸自は「イラク問題プロジェクトチーム」を設置した。宗像久男防衛部長ら総勢約60人。東京・市谷の陸上幕僚監部会議室に陣取ったチームは、直ちに派遣地域の絞り込み作業に着手した。イラクの地域ごとに、テロの発生頻度、支援ニーズなど4項目について、それぞれ○△×の3段階で評価し、地図に書き込んだ。その後、有力となった派遣先候補の都市別についても同様の作業を行った。

陸自内には「イラク特措法が成立したら、3か月後には派遣となる可能性がある」との見方が強く、陸自幹部たちは焦っていた。

日本側が最も腐心したのは陸自の安全確保だった。

防衛庁は当初、陸自がバグダッド空港周辺の米軍管轄地内で給水支援を行う案を検討した。米軍に守られていれば、安全が確保できるうえ、日本の支援を米側に直接アピールできる、という思惑があった。

6月22日には、自民、公明、保守の与党3党のイラク現地調査団がイラクに入った。

調査団の派遣に先立ち、中山太郎、高村正彦両元外相ら自民党外交調査会、外交部会の主要メンバーは自衛隊の派遣について内々に協議した。「北朝鮮の核やミサイルの脅威に対応する際には、最終的に米国に頼らざるを得ない。そうである以上、日本が自衛隊をイラクに派遣しないという選択肢はない」が結論だった。

調査団はバグダッドとバスラを視察し、現地の米軍司令官などから話を聞いた。帰国後、杉浦正健団長は「問題は水だ。みな口々に水がほしいと言っていた」と現地のニーズを報告した。防衛庁が検討していた給水支援案と合致した。政府は外務省と防衛庁の担当課長を米国に派遣し、米軍との調整に入った。ところが、米側の反応は予想以上に厳しかった。

「給水だって？　そんなニーズがあるのか」

米フロリダ州タンパの米中央軍司令部の幹部は7月上旬、訪米した日本側の担当課長らに対し、冷ややかに言い放った。バグダッドでの給水案は一蹴《いっしゅう》された。

ワシントンでは、ローレス国防次官補代理が小泉発言を逆手に取るように、「『国力にふさわしい貢献』を期待しているよ」と語り、陸自の活動の拡充を求めた。

陸自の支援策の検討は振り出しに戻った。その後、米側は水面下で、陸自の治安維持活動への参加や、輸送ヘリCH47チヌークの派遣などを打診してきた。バグダッドでの給水支援案の代替案としては、「あくまで給水活動をしたいのならば、バグダッド北方のバラドはどうか」と提案してきた。

「治安が最も不安定なスンニ派の支配地域にあるバラドは論外だ。クウェートに近く、補給ルートが短い場所の方がいい」

陸自は、英国軍が治安を維持するイラク南部での活動を希望した。背景には、先崎《まつさき》一陸上幕僚長が7月7日、トルコ陸軍のヤルマン司令官から「米軍と一緒に活動すれば、旧フセイン政権の残党の標的になる」と助言されていたこともあった。

陸自は、ヘリ空輸についても、「砂漠での飛行経験がなく、装備も不十分。訓練など準備に1年以上もかかる」と否定的な分厚い説明資料をまとめた。陸自の消極姿勢には、防衛庁内からも批判が出た。「陸自は、イラクに行かないための理論武装をしている」との陰口さえ出た。防衛局幹部は「米軍の意向に沿った場所がいい。イラク南部では米国が納得しない」と迫った。陸自幹部は語気を強めて反論した。

「我々は米軍支援に行くんじゃない。イラク国民の支援に行くんだ」

陸自は、イラク派遣の意義を4項目に整理し、優先順位をつけた。①イラク国民への人道支援②国際社会の平和や繁栄への義務③日米同盟への責任④中東地域の安定への貢献——。「日米同盟」は3番目だった。ただ、ある陸自幹部は「イラク国民支援は、きれいごとで、表の目的。真の目的は、やっぱり日米同盟を維持することで、イラク国民支援はその手段だ」と解説した。

イラク復興支援特別措置法が成立する4日前の7月22日。古川官房副長官が守屋武昌防衛庁防衛局長、西田外務省総合外交政策局長らを首相官邸に呼んだ。混乱した議論の整理が目的だった。

派遣地域などの結論は出なかったが、「他国の軍隊、特に米軍に依存して陸自が出る形にはしない」と確認した。出席者の1人は「陸自が働きやすいことが一番重要だ」と語った。

小泉首相が「国力に応じた貢献」や日本の「主体性」を掲げたことが、陸自への大きな追い風となった。対米関係を重視する外務省内にも、「陸自が米軍に給水し、米兵のシャワーが週2回から3回に増えるだけでは寂しい。イラク国民への支援を中心にした方がいい」と語る幹部がいた。

米側は日本の陸自派遣の遅さにいらだちを募らせた。7月末の日米協議では、国防総省幹部が怒りを爆発させた。

「一体、何人死んだら、日本は駄目だと言うんだ。主要な戦闘は終わったが、イラクには全く危険のない地域なんてないんだ」

しかし、日本側は「派遣の時期や活動内容は慎重に検討したい」と繰り返すばかりだった。

石破メッセージ

7月下旬、福田官房長官が、防衛庁出身の大森官房副長官補をしかりつけた。

「秋に選挙があるのに、指示なんてできるはずがない。語学の勉強とか、予防注射とか、防衛庁の独自の判断で内々にできることはいくらでもあるはずだ」

福田が怒ったのは、防衛庁が「自衛隊のイラク派遣の準備を進めるには、予算の確保や部隊の訓練のため、首相による正式の準備指示を出してほしい」と求めてきたからだった。

福田は当時、「自衛隊派遣を政局や選挙の争点にしてはならない」と考え、こんな政治日程を描いていた。

〈9月の自民党総裁選で小泉首相の再選を果たす。その後、衆院を解散し、11月の総選挙で勝利した後、年内に自衛隊を派遣する〉

そのためには、自衛隊派遣の事前準備などが報じられ、イラク問題に世間の関心が集中することは極力避けたかったのだ。

小泉も了承していた。小泉は、福田の手堅い判断と官僚操縦の手腕を買っていた。この年10月に勇退する古川官房副長官を除けば首相官邸内で最古参の福田の発言力は一段と増していた。

政府は当時、8月中の調査団の派遣を検討していた。しかし、福田は8月1日、防衛庁にこう指示した。

「イラクへの調査団の派遣は、自民党総裁選などへの影響を考慮せよ」

事実上の延期通告だった。万一、調査団が事件・事故に巻き込まれれば、再選を目指す小泉にとって逆風になるからだ。

イラク国内の治安も一段と悪化していた。8月19日、バグダッドの国連本部事務所の爆弾テロでセルジオ・デメロ事務総長特別代表ら多数が死傷した。政府・与党内では慎重論が高まり、年内の自衛隊派遣に黄信号が点灯した。

石破防衛長官は一計を案じた。テロの3日後、防衛庁幹部を訪米させ、ホワイトハウスや国防総省の高官に接触させた。幹部の手には、英文2枚の「石破メッセージ」があった。

「9月には自民党総裁選、その後は衆院選がある。仮に小泉政権が倒れれば、自衛隊は派遣できなくなる。自衛隊は必ず年内に派遣するので、今は派遣を求める声を上げないでほしい」

首相官邸とは調整しておらず、石破独自の政治判断だった。米側は後日、「メッセージはチェイニー副大統領、ラムズフェルド国防長官らに確かに伝えられ、了解された」と回答してきた。

9月に入った。懸案の自民党総裁選は8日に告示された。「参院のドン」と呼ばれる青木幹雄参院幹事長が「小泉支持」を表明し、情勢は小泉が圧倒的に優勢だった。

陸自の派遣先にはイラク南部のサマワが浮上した。最初に提案したのは、奥駐英参事官らだった。陸自と同様、奥も現地情勢からイラク南部での活動が適当と分析していた。福田は「小さな町での活動が評価されるかな」と思いつつ、サマワなどへの政府調査団の派遣にゴーサインを出した。

ただ、イラクに駐留する米軍は、日本からの調査団派遣に冷ややかだった。

「日本の調査団は、これで12回目だぞ。本当にやる気があるのか」

「自衛隊の本隊は何人来るんだ。まさか調査団より少ないことはないだろうな」

不満を唱える米軍に、日本側は「これが本当に最後だから」と頼み込んだ。

9月14日、内閣官房の増田好平審議官を団長とし、外務省、防衛庁、自衛隊など約10人で構成する政府調査団がイラクに出発した。福田はここでも、「衆院選を控えているので、自衛隊の調査団がイラクへ行ったという形はまずい。各省の混成部隊にしよう」と慎重に配慮した。

調査団は車に分乗し、バグダッド、バラド、バスラ、ナシリヤ、サマワ、モスルの順に回った。各地の治安、通信、衛生の状況などを視察し、行政府や軍関係者らから実情を聞いた。サマワでは、市民が日常的に飲んでいる汚れた川の水のサンプルを持ち帰った。

その間に、小泉は首尾良く総裁選で再選を果たした。

10月15日、増田が小泉に調査結果を報告した。

「治安が安定し、他国の軍が復興支援をしていないのはサマワだけです。市民も歓迎してくれました」

小泉は黙ってうなずいた。


ブッシュの来日が10月17日に迫っていた。日本にとっては、資金面での支援策を米国にアピールする絶好の機会である一方で、自衛隊派遣について何らかの方針を示す必要があった。福田は10月初旬、外務省の西田総合外交政策局長に、イラク復興の支援額について政府内の調整を急ぐよう指示した。福田と西田の考えは、次の点で同じだった。

「ブッシュに言われてカネを出す形は絶対に避けたい。衆院選を控えており、支援額の積算根拠も明確にしなければいけない」

10月2日にマドリードで開かれたイラク復興支援の次官級準備会合で、世界銀行と国連は「イラク復興に必要な費用は2007年までに550億ドルに上る」との見通しを示していた。西田は、日本の国連予算分担率が約2割であることなどを根拠に、「総額50億ドル」の表明を目指し、財務省に掛け合った。

しかし、財務省は、厳しい財政事情を理由に、「20億ドルを超えると補正予算の編成が必要になる」と難色を示した。財務省が当初、非公式に示した案は「総額5億ドル」だった。西田の想定していた額とは10倍もの開きがあった。西田は財務省にこんな妥協案を示した。

「2004年度に拠出する無償資金協力は15億ドルに抑える。その代わりに、2005年度以降に拠出する有償資金協力を35億ドルとする」

財務省も歩み寄った。「総額50億ドル」は、米国に次ぐ世界2位の金額だった。福田も最初は、「50億ドルはちょっと多すぎるんじゃないか」と思ったが、西田が「からくり」を説明すると、納得した。

10月15日、福田は50億ドルの復興支援策を発表した。ブッシュ来日の2日前だった。

また、福田は、小泉に対し、自衛隊の年内派遣をブッシュとの会談で表明するよう勧めた。

「陸上自衛隊の部隊を年内にイラク南部に派遣する準備に着手した。また、航空自衛隊のC130輸送機部隊をイラク及びその周辺国に派遣し……」

福田は外務、防衛両省庁と相談し、こんな応答要領まで作成していた。石破には、自衛隊のイラク派遣を正式決定した場合に備え、必要な準備を始めるよう指示した。

しかし、小泉は断った。

「大丈夫だ。ブッシュとは信頼関係がある。それよりも、しっかりと筋道を踏み、全体状況をよく見極めたうえで、判断した方がいい」

小泉は10月17日の日米首脳会談で、自衛隊派遣の日程への言及を避けた。自衛隊の活動内容についても、「任せてくれ」との発言で済ませた。

「日本は必ずやるべきことはやる。細かいことは言うな」

そんな小泉の姿勢を、カラオケ好きのある政府高官は若干の皮肉を込めて、「兄弟仁義外交」と呼んだ。「おれの目を見ろ。何も言うな」と歌う演歌の世界を連想させたからだ。

11月になると、イラクの治安はさらに悪化した。日本の衆院選で与党が絶対安定多数を確保した3日後の12日、イラク南部のナシリヤで自爆テロが発生した。イタリア軍警察官ら20人以上が死亡した。5月の戦闘終結宣言後、米国以外の軍を標的としたテロとしては最大の犠牲者だった。ナシリヤは、自衛隊を派遣する予定のサマワにも近かった。

福田は翌13日の記者会見で、自衛隊派遣について「状況の変化も考えないといけない」と語り、迷いをにじませた。発言は波紋を呼んだ。「年内派遣は見送りか」との観測が日米双方を駆けめぐった。心配したベーカー駐日大使は福田を訪ねた。普段は仲の良い2人が激しく論争した。

福田「自衛隊については引き続き派遣の検討を行う」

ベーカー「米国は今、苦しい時だ。こんな時こそ日本には協力してほしい」

福田「できるだけ早く行くようにはする。ただ、憲法の制約もいろいろある。何か事が起きれば、撤退することもある」

ベーカー「それはおかしいじゃないか。あなたたちは、そんなに変わった憲法を持っているのか」

福田「もともと米国が作った憲法じゃないか」

2人の顔は真っ赤になった。

福田が迷いを払しょくしたきっかけは、実は一通の脅迫状だった。11月16日、国際テロ組織の幹部を名乗る人物が「日本がイラクに来るなら、我々の攻撃は東京の心臓部に達する」との電子メールを報道機関に送りつけたのだ。この報道を見て、福田は逆に腹をくくった。

「これは自衛のための戦いだ。こんな脅迫に絶対、負けるもんか」

29日には、イラク北西部のティクリート周辺で、奥克彦駐英参事官（45）と井ノ上正盛駐イラク3等書記官（30）の外交官2人が軽防弾車で走行中に襲撃され、殺害されるという悲劇が起きた。しかし、小泉や福田の決意は揺らがなかった。

福田は隊員の安全確保に一段と慎重になった。派遣計画の一部が事前に報じられると、「先走った報道は誤報にしないといけない」と防衛庁に計画変更を指示した。小泉も12月3日に石破や川口外相を呼び、「情報が漏れすぎる。ペラペラしゃべればいいものではない。気を付けろ」と叱責した。

一方、派遣に慎重な公明党は、福田が直接説得した。特に陸自の派遣については、「首相は現地の治安状況を十分に見極め、改めて適切な指示を行う」との政党間の覚書を交わした。

ついに自衛隊派遣を正式決定する日がやって来た。

2003年12月9日。日本は国際協力の新たなスタート台に立った。閣議決定の後、小泉は首相官邸で記者会見し、こう強調した。

「日本の理念、意思が問われている。危険だからと言って『人的貢献はしない。カネだけ出せばいい』という状況にはない」

小泉は率直に、「イラクは必ずしも安全とは言えないと十分認識しているが、一般国民でできない仕事が自衛隊だからこそできる」とも語った。

福田の胸中には、ここまで来たという安堵《あんど》と今後への不安が交錯していた。

その後、イラクに派遣された陸自隊員は、2005年12月末現在で約4400人に上る。当初心配されていた自爆テロなどによる死傷者は1人もいない。

サマワでの陸自の活動が軌道に乗った後、一時は「復興支援より米軍支援を優先すべきだ」と主張していた防衛庁幹部が、陸自幹部にしみじみと語った。

「サマワを選んだ陸自の慎重な判断が一番正しかった。砂漠のオアシスを見つけてくれた」

綱渡りの人質解放

2004年3月、イラク南部サマワで自衛隊は予定通り給水活動などを開始した。

その直後、小泉政権は最大の試練に見舞われる。日本人3人の人質事件である。

4月6日夜、高遠菜穂子（34）、郡山総一郎（32）、今井紀明（18）の3人はバグダッドを目指し、タクシーでヨルダンを出発した。翌7日、給油のため立ち寄ったイラク中部ファルージャのガソリンスタンドで突然、武装グループに襲われた。

黒覆面の男たちは高遠らに、手投げ弾と小銃を突きつけた。

「お前たちはスパイか？」

高遠は泣きながら必死に「ノー」と答えた。だが、3人は目隠しされ、2台の車で連れ去られた。8日夕、中東の衛星テレビ局アル・ジャジーラから外務省に連絡が入った。

「イラクで日本人3人が武装勢力の人質になった。撮影したビデオが届いている」

外務省地下1階のオペレーションルームに駆けつけた高島肇久外務報道官は、アル・ジャジーラの知人に電話し、ビデオに映っているというパスポートの名前や登録番号を急いで書き取った。パソコンで検索すると、高遠ら3人の情報とすべて一致した。

「犯行は本当だ」

部屋中が騒然となった。間もなく、アル・ジャジーラが問題のビデオ映像を放映した。薄暗いコンクリートの建物内でおびえる3人の姿があった。「サラヤ・ムジャヒディン（戦士隊）」を名乗る武装グループは、日本政府にこう通告した。

「2つの選択肢がある。イラクから自衛隊を撤退させるか、我々が3人を生きたまま焼き殺すかだ」

首相官邸に関係閣僚が緊急招集された。石破防衛長官は「ここで自衛隊を引いたら、国家じゃなくなる」と主張した。誰も異論を唱えなかった。外務省は、記者会見用に作成した発言要領を福田官房長官に示した。「自衛隊は撤退しない」と書かれていた。

「この表現は、ちょっと人質に冷たくないか」

福田は、語尾を「撤退する理由はない」と書き換えた。いたずらに犯人を刺激しないための配慮だった。福田は、東京・東五反田の仮公邸にいた小泉に、発言内容の了承を求めた。小泉は「それでいい。人質の救出に全力を尽くして欲しい」と短く指示した。

政府は一斉に情報収集を始めた。事件の概要を把握するまでに、さほどの時間はかからなかった。在イラク日本大使館に連合国暫定当局（CPA）から極秘情報が飛び込んできたからだ。

〈3人は、ファルージャ北方のガソリンスタンドで小銃で脅され、拘束された。砂利道を通って、近くの民家に連行された〉

3人が雇ったタクシー運転手がCPAに駆け込んだのだ。政府は当時、「運転手の所在は不明」としていたが、水面下で情報は着々と集まっていた。上村司イラク臨時代理大使らが開拓した5本前後の「イラク人ルート」も機能した。外務省のオペレーションルーム内で、情報源は「N」「Y」などと頭文字で呼ばれた。

〈犯人は、地元の若者らの素人集団。人質は、米軍のファルージャ掃討作戦を防ぐための「お守り」代わりにするのが目的で、3人に危害を加える可能性は低い〉

こんな情報も早い段階で寄せられた。

数日後、米軍が「3人の拘束されている地区」を絞り込んだ。その地区の地図も日本側に届いた。衛星写真を基に作成した特別版だった。ベーカー駐日大使が「展開次第で、部隊を突入させていいか」と、ひそかに打診してきた。

「人命を最大限尊重する立場で臨んでほしい。突入前には、もう1度相談してもらいたい」

日本側はベーカーに強く頼んだ。だが、ファルージャ周辺での反米武装勢力の掃討を重視する米軍は、「突入しない」という確約はしなかった。

人質の解放は突然だった。

事件発生から8日後の4月15日。武装グループは3人をバグダッドのモスクまで連れて行き、人質解放を呼びかけていた「イラク・イスラム聖職者協会」に引き渡した。上村らが、聖職者協会や地元の部族長と接触し、地道に働きかけた成果だった。

綱渡りの交渉の末、「テロに屈しない」との政府の方針はぎりぎり守られた。

ただ、危うい場面もあった。3人の拘束場所が何度も移った際、凶悪な「プロのテロ集団」の手に身柄が渡り、解放交渉ができなくなる恐れがあったのだ。イラクでは、人質が金で〝取引〟されるのは日常茶飯事だった。政府関係者は後日、こう明かした。

「半年後の10月にバグダッドで拘束・殺害された日本人男性は実は、事件発覚時、既に2回も取引され、外国のテロ集団の手に落ちていた。取引の仲介者の電話番号も判明していたが、その時点で、もう交渉の余地がなくなっていた。取引の相手が人質の生死を分けたんだ」

自衛隊の多国籍軍参加

イラク戦争の終結から1年余を経た2004年6月。自衛隊のイラク派遣は新たな段階に入った。国連安全保障理事会の決議に基づく多国籍軍に初めて参加したのだ。

２００３年11月、イラク統治評議会とＣＰＡは、翌２００４年６月末までにイラク暫定政府を発足させることで合意した。暫定政府の発足に伴い、イラク国内での自衛隊員の法的地位を保証していたＣＰＡは消滅する。同じ保証を得るには、新たな国連決議に基づく多国籍軍に参加することが不可欠だった。

日本政府内の事前調整は簡単ではなかった。内閣法制局は、過去の国会答弁との整合性から、参加に難色を示した。湾岸戦争時に「武力行使を目的とした多国籍軍には参加できない」という政府見解をまとめていたからだ。

外務省の西田総合外交政策局長は、内閣法制局との協議に臨む部下に指示した。

「自衛隊の任務は何も変わらないのだから、多国籍軍に参加して何が悪い。この論理で突っ張り通せ」

６月１日、秋山收内閣法制局長官は参院外交防衛委員会で、自衛隊の多国籍軍参加について「武力行使を伴わない業務に限り、参加することを否定しない」と答弁した。外務省の粘り勝ちだった。

外務省はさらに水面下で米英両国に猛烈に働きかけた。多国籍軍の役割を定める新たな国連安保理決議１５４６に「人道復興支援」という言葉を潜り込ませた。

西田は小泉にささやいた。

「多国籍軍の役割として、人道復興支援が初めて明記されました。自衛隊が参加しても、法律上、大丈夫です」

６月上旬の日米首脳会談に向けての焦点は、小泉が自衛隊の多国籍軍参加に言及するか否かだった。事前に外務省内では意見が分かれた。竹内次官は、「訪米中に言及すれば、『なぜ先に国民に説明しないのか。対米追従ではないのか』などと批判される」と主張した。田中均外務審議官らも同調した。西田は「言及すべきだ」と反論した。激論の末、竹内は「やはり、やめておこう」と引き取った。

竹内の報告を受けた小泉は、「言及しない」との方針をいったん了承する。しかし、米国に向かう政府専用機内で突然、「やっぱり言うことにしよう」と方針変更した。

6月8日、小泉は米ジョージア州シーアイランドでブッシュと会談した。

「日本はイラク暫定政府に歓迎される形で、自衛隊派遣を継続する」

小泉は慎重に言葉を選んだつもりだった。しかし、新聞やテレビは一斉に「多国籍軍参加を事実上表明」と報道した。竹内らが懸念した通りの批判が巻き起こった。6月下旬の読売新聞社の臨時世論調査では、内閣支持率が40・7%と5月の緊急調査比で13・8ポイントも下落した。自衛隊の多国籍軍参加をめぐる説明不足がその一因と指摘された。7月の参院選を前に、野党に絶好の攻撃材料を与えた形となった。

小泉にとって、「イラク」は常に、細心の注意を要する問題だった。

政治問題化したBSE

2004年秋、小泉・ブッシュの蜜月関係に亀裂が入った。BSE（牛海綿状脳症）問題が深刻化したのだ。「経済問題は政治問題にしない」という第1期ブッシュ政権の対日政策にとって、唯一の例外となった。

2003年12月に米ワシントン州でBSE感染牛が発見され、日本は米国産牛肉の輸入を停止した。翌2004年4月の日米局長級協議では、「夏をめどに牛肉の輸入再開に結論を出すべく努力する」と合意した。ところが、9月になっても輸入再開のめどは立っていなかった。内閣府の食品安全委員会が、ゴーサインを出すそぶりさえ見せなかったためである。

２００３年7月に設置されたばかりの食品安全委は、委員7人で構成され、科学的観点から客観的かつ中立公正に食品が健康に及ぼす影響を評価する役目を持つ。ＢＳＥに感染した国産牛が発見された際、農林水産省と厚生労働省の連携が悪く、強い行政不信を招いたことが設置のきっかけだった。このため、食品安全委は、米国産牛の輸入再開について、行政機関の事情に左右されず、あくまで「消費者重視」の立場で判断することにこだわっていた。

9月21日、ニューヨークで行われた日米首脳会談で、小泉は、輸入再開について「あくまで科学的に判断する問題だ」との持論を強く主張した。

しかし、ブッシュは、小泉が問題の早期解決に指導力を発揮するよう厳しい口調で迫った。「専門家が既に十分議論した。この問題が良好な日米関係に影を落としてはならない。これは政治問題だ」

ブッシュが珍しく声を張り上げたのは、11月の大統領選に向けて、民主党のジョン・ケリー上院議員との接戦が続いていたからだ。日本に米国産牛肉の輸入再開時期を明らかにさせることで、全米の畜産業者や食肉加工業者の票を確保したい、という選挙対策上の事情があった。外務省は、「ブッシュがそもそも日米首脳会談に応じた最大の理由は、ＢＳＥ問題を自ら取り上げることだ」と見ていた。

首脳会談は平行線に終わった。ＢＳＥ問題をめぐる両首脳の激しい応酬を公表するのは日米関係にマイナスになるとの判断から、会談後の記者発表で伏せられたほどだった。

農水省と米農務省などは10月23日、都内で局長級協議を開き、生後20か月以下の米国産牛肉の輸入を再開する方向で一応、どうにか基本合意にこぎ着けた。ブッシュも11月2日の大統領選で、大接戦の末、再選を果たした。ところが、食品安全委は牛の全頭検査制度を緩和するかどうかの結論さえも出していなかった。BSE問題をめぐる日米摩擦は、改善どころか、一段と深刻化した。

翌2005年1月に発足した第2期ブッシュ政権では、知日派の大物であるパウエル国務長官、アーミテージ国務副長官、ベーカー駐日大使の3人がそろって退任した。対日外交の陣容はがらりと変わった。

小泉と町村外相は1月26日夜、東京・銀座の日本料理店「吉兆」で、離任するベーカー夫妻の送別会を開いた。ベーカーは最後までBSE問題を気にかけていた。

「小泉首相は『科学的知見』と言いますが、2億人以上の米国民が、日本の消費量の何倍もの牛肉をバクバク食べているのに、誰一人おかしくなった人はいない。これ以上の『知見』はありませんよ」

日本国内でも、食品安全委の慎重姿勢に対する疑問の声が出始めた。島村農相は2月25日の衆院予算委員会で、牛の全頭検査について「国際社会で生きていくための常識がある。全頭検査は世界の非常識だ」と訴えた。日米関係の悪化を懸念する外務省内では、「食品安全委は昨年10月以降、月1回しか審議していない。理解に苦しむスローペースだ。このペースが米国の不信感を招いている」との不満が募っていた。

外務省は、第2期ブッシュ政権でも「外圧自粛」の方針が継続されるかどうか注目していた。そのテストケースは早々と訪れた。

「日本の慎重姿勢は分かるが、私も国内で圧力を受けており、協力をお願いしたい。輸入再開の期限を示してほしい」

ブッシュは3月9日、小泉に電話し、輸入再開を改めて強く迫った。小泉は「自分も輸入を早期に再開する気持ちはあるが、いつ再開できるとは言えない」と突っぱねた。

米側の攻勢は続いた。10日後、初めて来日したライス国務長官は、小泉や町村との会談で、「1980年代の貿易摩擦」にまで言及し、牛肉輸入の早期再開の必要性を訴えた。

しかし、小泉はこの時も、「輸入再開の期日は言えない。食の安全の視点から、しっかりと国内手続きを踏み、進めていく問題だ」との基本姿勢を崩さなかった。

小泉の胸中について、首相周辺は、食品安全委を担当する棚橋泰文食品安全相にこう解説した。「仮に米国が経済制裁を決めても、議会手続きに時間がかかる。制裁発動の前には問題は解決する。泰然自若としていればいい」

食品安全委もようやく動いた。5月6日、BSE対策として2001年10月から実施している国産牛の全頭検査を緩和し、「生後20か月以下の牛を除外する」との新たな国内対策基準を農水、厚労両省に答申したのだ。両省は24日、米国産牛肉などの輸入再開に向け、「米国産牛肉などの危険度は国産牛と同等かどうか」と食品安全委に諮問した。米国産牛肉輸入再開に向けた検討作業がようやく始まった。

6月に入ると、米国で2頭目のBSE感染牛が見つかった。それでも、米国からの圧力は弱まらなかった。

島村は15日夜、マイク・ジョハンズ米農務長官と初めて電話会談を行った。ジョハンズは1月に就任した当初から、BSE問題の解決に向け、島村との早期の会談を希望していたが、問題がこじれることを恐れた島村が会談を先延ばしにしていた。

ジョハンズは電話で早速、「牛肉の輸入停止は米国内で大きな問題になっている」と輸入の早期再開を求めた。２頭目の感染牛については「もともと高齢で、日本向けに輸出される牛肉とは異質だ」と釈明した。島村は「食品安全委がやっているので、農水省は手を出さない。日本は誠心誠意やっている」と理解を求めた。

米議会内ではいよいよ、１９８０年代の貿易摩擦を想起させるような対日強硬論が強まり始めた。米上院は9月20日、日本が米国産牛肉の輸入を再開するまで、米国も日本産牛肉の輸入を禁じる法案を可決した。10月には、超党派の米上院議員21人が、米国産牛肉の輸入停止を続ける日本に対し、経済制裁を発動する趣旨の法案を提出した。

食品安全委のプリオン専門委員会はようやく動いた。10月24日、政府が諮問している米国産牛肉などの輸入について「生後20か月以下の牛に限って再開を容認する」との答申原案を示した。これにより、年内にも米国産牛肉の輸入再開が実現する道筋がついた。ブッシュが11月15日に来日することが決まっていただけに、関係者は胸をなでおろした。

小泉は10月25日夜、東京・虎ノ門のホテルオークラの宴会場で、日本経団連の奥田碩会長、経済同友会の北城恪太郎代表幹事ら財界首脳と会食した際、こう語った。

「米軍再編とＢＳＥ問題もあるが、日米関係からいっても、大統領が来る時には、首脳同士で握手できるようにしなきゃいけないんだ」

迷走した米軍再編協議

小泉が言及した在日米軍再編問題の日米協議も、ＢＳＥ問題に劣らず難航した。最初の数か月間は、双方が完全にボタンを掛け違い、迷走を重ねた。

再編問題が初めて本格的に議論されたのは、２００３年11月下旬、ハワイで開かれた日米審議官級協議だった。日本から外務省の長嶺安政北米局参事官、防衛庁の山内千里防衛局次長ら、米国からはローレス国防次官補代理らがそれぞれ出席した。

ローレスらは、「陸軍第１軍団司令部（米ワシントン州フォートワース）のキャンプ座間（神奈川県）への移転」「横田基地（東京都）の第５空軍と、グアムのアンダーセン基地の第13空軍との司令部機能の統合」などの再編案を説明した。スクリーンには、関連する米軍基地の地図や資料が映し出され、説明は詳細を極めた。米側の基地再編への意気込みは強かった。だが、長嶺の予想外の発言にローレスらの出鼻はくじかれた。

「日米共通戦略目標や基地再編の議論は一時、棚上げにしたい」

日本側の消極姿勢に、白けた空気が漂った。

長嶺は、基地再編の前提となる「戦略目標」について、「中国に言及するのは困る」と漏らした。中国を刺激することは避けるという外交的配慮である。第１軍団司令部の移転にも、「日米安保条約の極東条項との関係で、簡単には応じられない」との立場だった。第１軍団司令部の指揮が「フィリピン以北並びに、韓国、台湾地域を含む日本周辺地域」という政府見解の「極東の範囲」を超える場合、日米安保条約に反する恐れがあるというのが、当時の外務省の見解だった。長嶺の発言は、外務省の方針を忠実に反映していた。

一方、防衛庁は、戦略目標では、軍備増強を続ける中国に焦点を当てたい考えだった。基地再編にも積極的に対応し、「沖縄などにある米軍基地の周辺自治体の負担軽減を実現したい」と考えていた。また、将来的には、１９９７年に策定した「日米防衛協力の指針」（ガイドライン）を見直すことも視野に入れていた。

外務省と防衛庁の足並みは、最初から乱れていたのだ。

ローレスら米側が再編協議に熱心なのは、ラムズフェルド国防長官の意向によるものだった。ラムズフェルドはハワイ協議の直前の11月中旬、初めて来日した。横須賀、横田、厚木、嘉手納、普天間など日本各地の米軍基地を駆け足で視察し、沖縄では、稲嶺恵一県知事と会談した。稲嶺は、米軍基地の整理・縮小など7項目の要望書を示したが、最後は、双方が声を荒らげ、激論になった。

稲嶺「米軍の訓練や騒音が増えていることには耐えられない。我々にも我慢の限界がある」

ラムズフェルド「我々も、地元の負担軽減に努力してきた。大事なのは、日米安保条約がある間、アジア地域が平和だったことだ」

ラムズフェルドは「歓迎されない場所に米軍が駐留する必要はない」を持論にしていた。実際、韓国国民の反発が強い在韓米軍約3万7000人については、1万2500人もの大幅削減案を一方的にまとめ、韓国側に突きつけた。日本からの帰国後、ローレスらに対し、「関東に横田、厚木、横須賀、座間と大きな米軍基地が本当に四つも必要なのか」と問題提起した。住宅地に囲まれた沖縄の普天間飛行場についても「こんな市街地に近い場所で事故が起きたら大変だ。何とかしろ」と強く指示した。

しかし、米側の意欲とは裏腹に、11月のハワイ協議後、米軍再編問題には、さらにブレーキがかかった。福田官房長官が「米軍再編を急ぐ必要はない。しばらく先の話だ」と外務、防衛両省庁に指示したのだ。

福田にとっては当時、自衛隊のイラク派遣が最大の懸案だった。さらに、翌2004年には、国民保護関連法案の国会審議や7月の参院選、年末の「防衛計画の大綱」の9年ぶり見直しなどが控えていた。米軍基地問題に取り組む余裕はない、と判断したのだ。

２００４年2月、東京で行われた日米審議官級協議で、長嶺、山内ら日本側は要請した。

「米側の提案に対する回答は、夏の参院選後まで待ってほしい。提案は『アイデア』との位置付けにしてもらいたい。正式な提案と位置づけられると、国会での説明が難しくなる」

ローレスら国防総省側は本音では、協議を加速したいと考えていた。しかし、ブッシュのひと言が決め手となった。

「国防総省の考え方は支持するが、コイズミを困らせることはするな」

日本の希望通り、協議は一時先送りされた。

7月11日の参院選で、自民党は改選議席の50を下回る49人の当選にとどまったが、与党全体では非改選者を含めて絶対安定多数を確保した。その直後の7月15〜17日、サンフランシスコで審議官級協議が再び開かれた。半年以上も待たされた米側の期待は高かった。

ところが、長嶺、山内らの手に回答はなかった。政府内の調整がつかず、またもや「議論を進めるな」と指示されていたのだ。ローレスらは「失望した」と強い不快感を表明した。

防衛施設庁の担当者が、米軍普天間飛行場の代替施設の工法や進捗状況を説明すると、米側は異論を唱えた。

「日本の技術者の努力は分かるが、これは実現不可能だ」

発言したのは、米ゼネコン大手のベクテル社の社員だった。正式な政府間協議に民間人が出席するのは異例のことである。この社員は、代替施設の完成を早めるため、建設場所や工法などの変更を提案したが、日本側はすべて拒否した。「代替施設の完成は9年半後」という日本側の説明に対し、米側は「まるで蜃気楼《しんきろう》だな」と皮肉った。普天間飛行場の返還に合意した１９９６年

12月の沖縄施設・区域特別行動委員会（SACO）最終報告から既に7年半が経過していた。近づけば遠ざかり、結局は到達できない目標という意味である。

日本側は「米国は、普天間飛行場の辺野古沖移設案を本気でつぶしにかかっており、新たな代替施設案を我々に求めている」と感じた。

この審議官級協議の前後、沖縄の米海兵隊の国内移転案など、未確定のアイデアも含め、「玉石混交」の様々な基地再編案が日本で次々に報道された。キャンプ座間など、移転先に名前が上がった全国各地の米軍基地の関係自治体からは、一斉に反対論が噴き出した。外務省側は「リークしているのは防衛庁。彼らは再編案をつぶそうとしているのか」と防衛庁への不信感を強めた。

さらに、8月13日、最悪の事態が起きた。普天間飛行場に隣接する沖縄県宜野湾市の沖縄国際大学内に、米海兵隊の輸送へリコプターCH53Dが墜落したのだ。負傷者はいなかったが、米軍が日本側の現場検証を大幅に制限したことなどから、地元からは強い反発の声が上がった。普天間飛行場の扱いが米軍再編の焦点として改めて浮上した。

普天間飛行場の早期返還を求める声が強まる一方、辺野古沖移設案に代わる妙案を見つけるのは簡単ではなかった。政府は一段と身動きが取れなくなった。

8月27日、訪米した外務省の海老原紳北米局長と防衛庁の飯原一樹防衛局長は「時期尚早だ。もうしばらく待ってほしい」と再編問題の先送りを求めた。

ついに、ローレスらの堪忍袋の緒が切れた。

「こんな重要な問題を引き延ばすのか」

もっとも、米政府もこの間、一枚岩だったわけではない。ローレスら国防総省幹部が議論を主導し、国務省や国家安全保障会議（NSC）を排除しようとした。複数の外務省幹部は「国防総省と米軍の説明が食い違うなど、米側提案の熟度は低かった」と指摘する。「逃げ」に終始した日本側。強気一辺倒で、地元自治体にも受け入れ可能な現実的なアプローチを取らなかった米側。再編協議は、抜本的な立て直しが必要となった。

「外圧」の復活

米軍再編をめぐり対立した８月の日米局長級協議の内容は、与党幹部にこう報告された。

「米軍の抑止力の維持と地元負担の軽減を念頭に置き、協議を継続することを確認した。今後、日本側の考え方を改めて整理し、提示すると説明した」

報告自体にウソはなかった。ただ、米側が日本の消極姿勢に激怒した、という肝心な部分が伏せられていた。逆に、沖縄のヘリ墜落事故について「事故原因の早期徹底究明と再発防止を強く要求」などと、日本側が沖縄の地元自治体の意向をきちんと代弁したことが強調されていた。

国防次官補代理から昇格したばかりのローレス国防副次官は、何とか再編協議を前進させようと、猛烈に巻き返しに動いた。

その手段は、昔ながらの「外圧」だった。

ローレスは９月上旬に来日すると、自民党の山崎拓・前副総裁、額賀福志郎政調会長ら国防族議員のほか、民主党の前原誠司衆院議員まで訪ね歩き、激しい不満をぶつけた。

「８月の協議は殴り合いにこそならなかったが、我々にはフラストレーションが充満している。我々は、日本と一緒に前に進みたいのに、政府は反応しない。今の日本は外から押さないと動かない。日米首脳会談でこの問題を話し合ってもらう」

再編協議に慎重な官僚に見切りをつけ、政治家をテコに日本政府を動かそうという作戦だった。

ローレスは「7月の参院選まで待ってくれというので我々は待った」「日本側が『提案でなく、アイデアにしてくれ』という要望も受け入れたじゃないか」とも訴えた。山崎や額賀は、ローレスの主張に理解を示した。

この前後、防衛庁も、再編協議を動かすため、水面下で仕掛けていた。

首相の私的諮問機関「安全保障と防衛力に関する懇談会」（座長・荒木浩東京電力会長）の報告書に、米軍再編問題の重要性を盛り込むため、懇談会のメンバーを個別に説得したのだ。

守屋武昌次官は古川貞二郎・前官房副長官の元に走った。防衛局の山内次長や高見沢将林《のぶしげ》防衛政策課長は佐藤謙・元防衛次官、田中明彦東大教授らに説明に回った。いずれも前向きな回答が得られた。

懸念されたのは、再編問題に慎重な外務省のOBである柳井俊二・前駐米大使の反応だった。だが、柳井は、内閣府の一室で防衛庁出身の柳沢協二官房副長官補らの話を聞くと、あっさり賛成した。

「それは当然です」

2001年9月11日の米同時テロ当時、駐米大使だった柳井は、国際テロなど「新たな脅威」への対応を重視した米軍再編の重要性を実感していた。

8月下旬に完成した報告書原案には、米軍再編について「積極的に協議すべきである」と明記された。さらに、協議の成果を反映し、新たな日米安保共同宣言と日米防衛協力の指針（ガイドライン）を策定することまで提言した。

防衛庁の次のターゲットは小泉首相だった。

守屋は9月上旬、都内で小泉とひそかに会い、米軍再編協議に積極的に対応する必要があると直訴した。山崎も9月9日、小泉に進言した。

「再編協議には前向きに取り組んだ方がいい。それには首相の指示が必要だ」

小泉は大きくうなずいた。翌10日の閣議後、細田官房長官、川口外相、石破防衛長官の3人を呼び止め、「よく話し合い、再編問題を進めてくれ」と指示した。

政府はようやく、再編協議に積極的に臨む方向に大きくカジを切った。ただ、方針転換は十分ではなかった。

9月14日朝、東京・紀尾井町のホテルニューオータニに、細田、川口、石破の3閣僚と二橋正弘官房副長官がひそかに集まった。細田は1枚の紙を示した。

〈米国提案のうち、横田基地の米空軍司令部のグアム移転だけを受け入れる。米陸軍第1軍団司令部のキャンプ座間移転などは拒否する〉

基地再編による日本国内の自治体への影響を最小限に抑える通称「スモールパッケージ案」だった。11月の米大統領選の行方を見極めようという発想もあった。ブッシュが再選せず、ラムズフェルド長官ら国防総省幹部が交代した場合、再編協議が仕切り直しになる可能性があると考えたからだ。

「こんな案は駄目だ。米側が了解するはずがない。今の段階で具体的な基地名に触れるべきではない」

石破は強く反対した。積極的に再編協議に臨もうとしていた防衛庁が飲める案ではなかった。だが、細田は応じなかった。

9月20日、再びワシントンを訪れた海老原北米局長と飯原防衛局長は米側にこの案を示した。

さらに、在沖縄海兵隊の定員1万8000人のうち約3000人がイラクに派遣されたまま、補充されていない点を指摘し、海兵隊の戦闘部隊削減の可能性を探った。しかし、ローレスらの反応は、石破の懸念通り、極めて冷淡だった。

「日本の回答は、これだけなのか」

翌21日、小泉とブッシュはニューヨークで会談した。

小泉「抑止力を維持しつつ、沖縄をはじめとする地元の負担軽減を考慮すべきだ」

ブッシュ「より効率的な抑止力を達成し、地元負担の軽減にもつながるよう努力したい」

両首脳は、「抑止力の維持」と「地元負担の軽減」の両立を図り、再編協議を加速するという大枠では一致した。だが、合意を具体化するには、もう一押しが必要だった。

「一体、なぜもめている」

9月27日に発足した第2次小泉改造内閣では、米軍再編の担当閣僚が一新される。外相は、非議員の川口から外交通の町村信孝に、防衛長官も石破から大野功統に、それぞれ交代した。内閣改造を機に、再編協議に対する外務省の消極姿勢は、大きく転換した。

「一体、今まで何をやってきたんだ。もっと自由な発想で検討してはどうか」

町村は就任早々、計10時間近くも再編問題を勉強し、海老原らに指示した。

町村は自ら積極的に動く決意だった。「いつまでも頭の体操ばかりしていても仕方がない。必要なら2プラス2（日米安保協議委員会）を行うかもしれない」と記者団に語った。

外務省が従来、否定的だったキャンプ座間への米陸軍第1軍団司令部の移転についても、町村は受け入れに柔軟な考えを示した。

「最初から条約局長的な発想のアプローチをするのが良いのか。日米安保条約の極東条項という枠をはめずに、現実の脅威にどう対応するかを考えたい」

小泉首相も前向きな姿勢を示し始めた。10月1日の都内の講演で、「沖縄の基地負担の軽減は小泉内閣の重要な課題だ」と強調した。従来にない踏み込んだ発言だった。

5日には、「折に触れて閣僚レベルで話し合わなければいけないな」と町村に語った。実務責任者の海老原や飯原防衛局長にも、直接指示した。

「米側と正々堂々と議論すべきだ。しっかり日本の考えを示せ」

変化は米側にもあった。

「一体なぜ、こんなにもめているんだ」

再編協議に距離を置いていたアーミテージ国務副長官は、日本政府関係者との会談を前に資料に目を通し、協議の停滞ぶりを知った。アーミテージは語気を強め、関係者に宣言した。

「今後は、私がこの問題に関与する。米政府内をしっかりと調整する」

米政府内では従来、ローレス国防副次官が再編問題を仕切ってきた。中央情報局（ＣＩＡ）出身のローレスは、世界規模の米軍再編を推進するラムズフェルドの側近の1人である。週末にも出勤し、懸案を直接相談するほど親しい間柄だった。ラムズフェルドの意を体し、ローレスは、11月の大統領選前にも、基地問題で何らかの成果を上げたいと焦っていた。

だが、アーミテージは「再編協議は仕切り直しが必要だ」と感じていた。10月13日の町村との会談前、都内で記者会見し、こう強調した。

「個別の基地の話から始めたのは、順番が間違っていた。理念部分から始めた方が良かった」

基地再編の前提となる日米両国の「共通戦略目標」を先にまとめ、基地の各論は最後に回すという発想だ。基地の負担増を警戒する周辺自治体に対する根回しに着手できないでいた日本側も、同じ考えにたどり着いていた。

同じ時期にワシントンで開かれた日米審議官級協議では、この発想に基づき、協議の進め方を見直すことで合意した。今後は、①共通戦略目標の設定②自衛隊と米軍の役割・任務の見直し③在日米軍基地・部隊の再配置——の順に、3段階で協議を進めることが決まった。

9月に海老原らが米側に提示したスモールパッケージ案には、あえて双方とも触れなかった。防衛庁幹部は「暗黙のうちに、あの案はなかったことになった」と解説する。

1年近く迷走した協議がようやく振り出しに戻り、軌道に乗った。

そもそも1996年4月の日米安保共同宣言は、「日本における米軍の兵力構成を含む軍事態勢について緊密に協議する」とうたっている。日本側にとって、在日米軍の態勢に発言権を確保することは長年の念願であり、当時、宣言に盛り込むように米側に懸命に働きかけたことの重要な成果だった。ところが、念願の日米協議が実現した途端、日本側は「逃げの姿勢」に陥った。日米安保問題に詳しい外務省幹部は「実に情けない対応だった」と語る。

2004年11月2日の大統領選で、ブッシュは再選を果たし、ラムズフェルド国防長官も留任が決まった。米軍再編協議は、10月に合意した順序で進めることになった。

11月中旬の審議官級協議に、外務省は体制を強化して臨んだ。従来の北米局幹部に総合外交政策局の鶴岡公二審議官らが加わった。米側も国家安全保障会議（NSC）の担当者らが出席した。協議では、第1段階の「日米共通戦略目標」が議題になった。中国原子力潜水艦の領海侵犯の直後だったことが、論議を活発化させた。日本側も、中国の軍事力を正面から議論することをためらわなかった。

米側からは、「素晴らしい『日中防衛協力』だな」というジョークも出た。「これまでは日米安保条約の解釈に終始していたが、初めて国家レベルの戦略対話ができた」とも評価した。

政府は12月10日、防衛力整備の基本方針となる新たな「防衛計画の大綱」を閣議決定した。９年ぶりに見直された防衛大綱では、中国の軍事力強化を指摘し、「動向には今後も注目していく必要がある」と初めて言及した。「日米の役割分担や在日米軍の兵力構成」については、「米国との戦略的な対話に主体的に取り組む」と明記した。国際社会で積極的な役割を果たす方針も盛り込んだ。

12月26日、インドネシア・スマトラ島沖で地震と津波が発生した。政府は２００５年の年明け早々、被災民救援のため自衛隊を派遣した。１月の審議官級協議では、米側が「スマトラ島への自衛隊派遣は素晴らしい。防衛大綱の内容を早くも実現した」と絶賛した。

良好な雰囲気の中で、外務・防衛担当閣僚による日米安保協議委員会（２プラス２）が２月19日、ワシントンで開かれた。２プラス２の開催はほぼ2年ぶりだった。

町村外相、大野防衛長官、ライス国務長官、ラムズフェルド国防長官の日米4閣僚は共同声明で、共通戦略目標を発表した。焦点の中国については、次のように言及した。
一、中国が地域及び世界において責任ある建設的な役割を果たすことを歓迎し、中国との協力関係を発展させる。
一、中国が軍事分野における透明性を高めるよう促す。
一、台湾海峡を巡る問題の対話を通じた平和的解決を目指す。
４人の表情は晴れ晴れとしていた。

普天間の移設先

日米両政府が共通戦略目標に合意したことにより、協議の中心は、在日米軍基地の具体的な再編案に移った。中でも、最大の焦点は、米海兵隊の普天間飛行場の移設先だった。

普天間飛行場の移設先は、1996年12月の沖縄施設・区域特別行動委員会（SACO）最終報告を踏まえ、1999年12月、沖縄県名護市東部にある辺野古地区の沖合とすることが閣議決定された。2004年11月には、埋め立てにより代替施設を建設するためのボーリング地質調査作業が始まった。だが、移設反対派の市民や、ジュゴンやサンゴ礁の保護を訴える環境団体のメンバーが連日、現地の海域に船を出し、調査の足場設置を妨害した。2005年春に終了する予定だった調査はほとんど進まず、完全に行き詰まった。

最初に打開に動いたのは、日本の国防族議員だった。

「今のSACOの枠組みでは全く動かない。一度ご破算にしてやり直そう」

2005年2月23日、訪米した額賀・元防衛長官、石破・前防衛長官らは、ローレス国防副次官に対し、普天間の移設先を見直すことを提案した。当時、辺野古沖の代替施設の完成には12年以上を要するとされていた。移設の促進には、移設先の変更しかないとの判断だった。ローレスも、「移設が進まないことへのいらだちがあるが、必ず解決策を見つける。適切な移設先を確保することが必要だ」と語り、額賀らの提案を歓迎した。

4日後、町村外相もテレビ番組で、「沖縄の基地全体を見直す中で、辺野古沖以外とする可能性を排除しない」と発言し、移設先見直しに理解を示した。ただ、閣議決定した内容を変更するのは簡単ではない。日米両政府は様々な案を極秘に検討した結果、一つの結論に達した。

「辺野古沖以外に移設する場合は、普天間の機能をまるごと1か所移転するのは不可能で、複数の場所に機能を分散して移転する必要がある」

普天間飛行場には、①全長1500メートル級のヘリポート②KC130空中給油機12機の拠点基地③周辺事態など有事における人員・物資の航空輸送を中継する全長2500メートル級の大型滑走路――の三つの機能がある。このうち、空中給油機はSACO最終報告で、米海兵隊岩国基地に移転することになっていた。しかし、岩国基地には今回の米軍再編で、新たに海軍厚木基地の空母艦載機部隊を移転させる方向となり、過重な負担となる恐れが生じていた。

このため、普天間の空中給油機の移転先は海上自衛隊鹿屋基地（鹿児島）に変更した。有事の大型滑走路機能は、航空自衛隊の新田原《にゅうたばる》（宮崎）、築城《ついき》（福岡）両基地で代替することにした。いずれも自衛隊が管理する基地を米軍が共同使用する方式で、新たな米軍施設を建設しない利点がある。

残る最大の難題はヘリポートの移設先だ。9月14日の読売新聞朝刊1面トップにスクープ記事が掲載された。

「『普天間』移設先、キャンプ・シュワブで調整　工期を大幅に短縮」「海上案白紙に　近く地元に打診」

日米両政府は、移設先として米空軍嘉手納基地（沖縄県嘉手納町など）も検討したが、現在も騒音問題が深刻な嘉手納基地に新たな負担を課すのは困難と判断していた。

キャンプ・シュワブ（沖縄県名護市など）は、付近に人口密集地はない。陸上に建設するため、海洋環境への影響はなく、市民団体などの海上阻止行動も防げる。そして、埋め立てによる海上施設の場合は12年以上かかる工期を、数年程度に短縮できる点が大きかった。

しかし、米側は猛烈に巻き返しを図った。

「ヘリポート移転に伴い、キャンプ・シュワブの射撃訓練の移転が必要になれば、新たな地元調整が必要となる」

米国防総省当局者はスクープ記事の当日、ワシントンで読売新聞の取材に応じ、日本政府が支持する「シュワブ陸上案」に難色を示した。さらに、「一部とは言え、地元が容認している意義は大きい。陸上案より現実的だ」として、現行の辺野古沖案よりも陸上に近いリーフ内の「浅瀬案」を推す考えを表明した。浅瀬案はもともと、地元経済人らが作る沖縄県防衛協会北部支部が作成した案だった。

「日本の陸上案」対「米国の浅瀬案」の論争の始まりである。大野防衛長官は9月18日、来日したローレスとひそかに会談した。

「日本が陸上案にこだわるのなら、普天間が現状のままになるぞ」

ローレスは脅し文句まで口にした。大野も負けじと反論した。

「そんなことは絶対に言ってはいけない。沖縄県民の感情を害するだけだ」

9月26～28日にワシントンで行われた日米審議官級協議でも、激しい応酬が展開された。

日本側「浅瀬案では、市民団体の海上阻止行動が防げない。挫折した現行の辺野古沖案の二の舞いになる」

米側「現時点で日本政府の陸上案は容認できない。浅瀬案の方が、より高い軍事的能力の提供になる」

海上施設の浅瀬案ならヘリコプターは自由に発着できるが、住宅地に近い山間部の陸上案の場合、騒音被害への配慮や地形上、飛行ルートが制限される。陸上案は、緊急展開能力を持つ海兵隊に不可欠な実弾射撃・揚上陸訓練に影響するとの懸念もあった。

日米の対立が続く中、ラムズフェルド国防長官は10月中下旬の日本訪問を見送った。米国の国防長官が中国、韓国を訪れながら、同盟国の日本に立ち寄らないのは異例のことである。

外務省内では、11月中旬のブッシュ大統領の来日を前に、早期の日米合意を優先し、米国の浅瀬案に歩み寄るべきだとの意見が強まった。だが、代替施設の建設に責任を負う防衛庁の守屋次官らは「過去10年、海を埋め立てる方式が動かなかった経緯を踏まえれば、その場しのぎの合意をすることは許されない」と主張し、陸上案を譲らなかった。

額賀は10月13日午前、都内のホテルでローレスと会談し、キャンプ・シュワブの沿岸部の兵舎地区と、一部は北側の大浦湾に突き出る桟橋上にヘリポートを建設する「私案」を示した。日本の陸上案と米国の浅瀬案の事実上の折衷案で、ローレスも「検討したい」と応じた。

大浦湾側は水深が深く、浅瀬案の建設地のような藻場やサンゴ礁がないため、海洋環境への影響が少ない利点がある。防衛庁も、額賀の提案と歩調を合わせて陸上案を断念し、桟橋の代わりに一部を埋め立てとする「沿岸案」に方針転換した。

ローレスは、ラムズフェルドの訪中などに同行した後、10月23日に再来日した。日米両政府は、内閣改造前の10月末に閣僚級の日米安保協議委員会（２プラス２）を開き、在日米軍再編に関する中間報告を発表する方向で調整していた。今回のローレス来日に伴う日米協議で合意することが、２プラス２の開催を可能にする最後の機会だった。

だが、米側は事前に「日本の沿岸案では、大規模な兵舎の移転が必要になるうえ、飛行ルートに問題があり、応じられない」と日本側に伝えた。さらに、「普天間の移設先を明記しない中間報告なんて不要だ」として、一歩も譲らぬ構えを見せた。日本側も「浅瀬案は絶対に受け入れられない」と主張した。大野防衛長官は、米側が沿岸案を受け入れない場合、２プラス２の開催にはこだわらないとまで言明した。

2プラス2の開催と中間報告をめぐり、先に譲歩するのは日米のどちらなのか。普天間の移設先をめぐる日米の対立は、「日米安保の問題では異例のチキンゲーム」の様相を見せ始めた。

200メートルの譲歩

10月24日に東京・広尾の在日米軍施設「ホテルニュー山王」で行われた日米審議官級協議で、ローレスは大きな歩み寄りを見せた。現行の辺野古沖案のやや陸地寄りだった浅瀬案の修正案として、キャンプ・シュワブの辺野古崎に接する地点まで陸地に近づけた案を示したのだ。日米合意を優先する外務省が、「この案なら日本側も受け入れ可能だ」と、防衛庁には内緒で米側に助言したことを踏まえた案である。日本側の沿岸案との差はわずか200メートルとなった。

日本側も、垂直離着陸機「MV22オスプレイ」の導入を視野に入れ、ヘリポートの全長を1500メートルから1800メートルに延伸するという米側の要望を受け入れ、歩み寄った。

しかし、日本側は、米側の修正案の受け入れは拒否した。いくら陸地に近づけようと、全長1500メートルのヘリポート全体を埋め立てるのでは、海洋環境に影響し、海上阻止行動の恐れがある点では浅瀬案と同じで、「実現は困難」という防衛庁の判断に基づく回答だった。大野は「日米の差は、揚子江から隅田川程度にまで縮まった」と語ったが、最終的に合意できるかどうかは予断を許さなかった。

24日深夜、細田官房長官、町村外相、大野防衛長官の3人が都内で開いた秘密会談は、米側の修正案の受け入れをめぐり、激論となった。

「移設場所なんて、どこだっていい。ここで合意しないと日米安保にひびが入る」

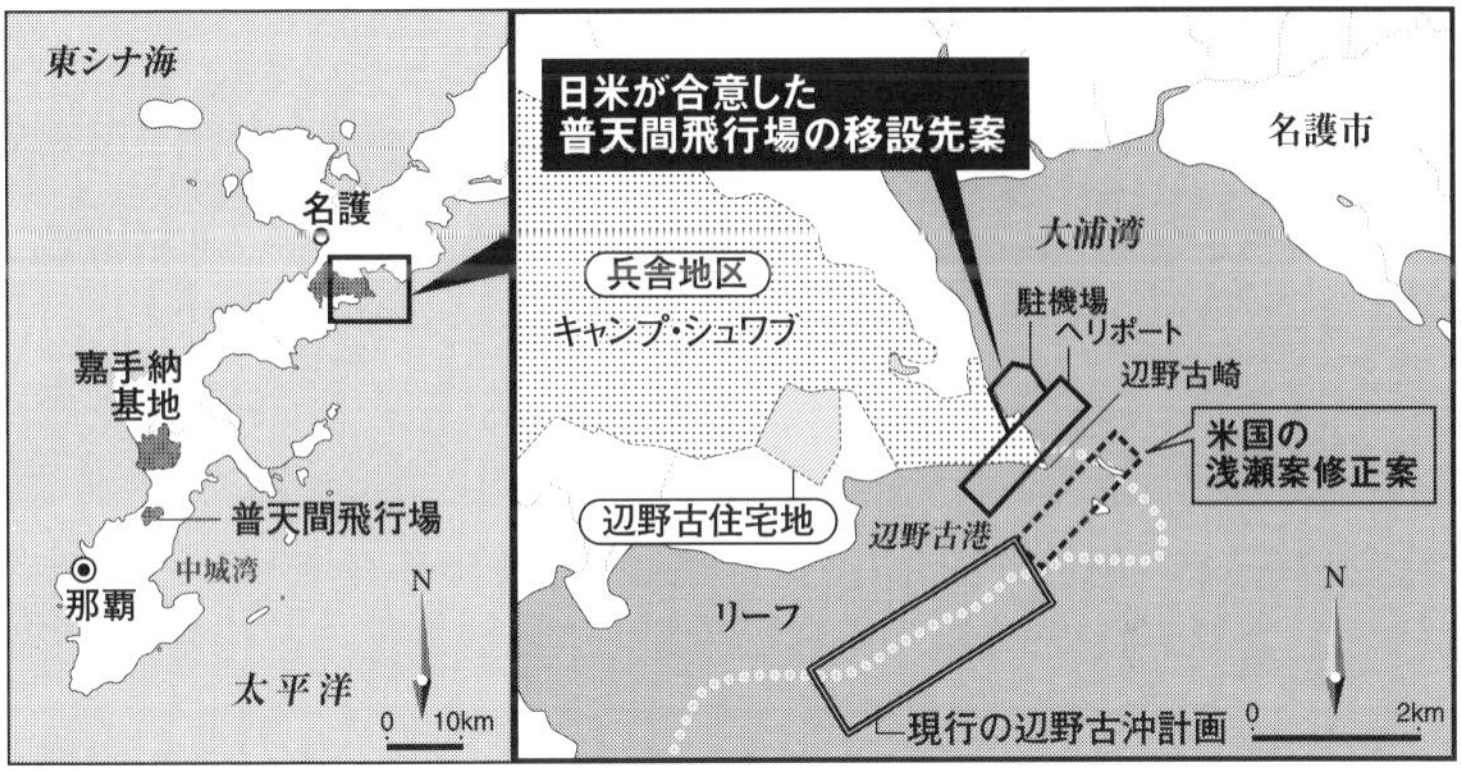

町村は修正案の受け入れを主張した。細田も同調した。だが、代替施設を建設する防衛施設庁を所管する大野は最後まで、頑として首を縦に振らなかった。

「10年後になっても、実現できないかも知れないような合意はできない」

細田は３閣僚会談後の25日未明、記者団に対し、「防衛庁がリスクを取り、全責任を持つと言う以上、防衛庁に任せるしかない」と、さじを投げたように漏らした。防衛庁の強気の姿勢に対し、外務省では「防衛庁にはジュゴンの神様が取りついているようだ」との陰口が出るほどだった。

小泉はこの間、外務省と防衛庁に対し、「米国と合意するまでは、お前たちの仕事だ。よく調整しろ」と語るばかりで、具体的な指示は出さなかった。ただ、地元選挙区に近い神奈川県逗子市の米軍池子住宅地区の森林保護問題を通じて得た教訓として、「環境問題や反対運動は軽視できない」を持論としていた。大規模な埋め立てによるサンゴ礁などへの影響が懸念される浅瀬案に難色を示したもので、防衛庁寄りの立場だった。

大野は25日深夜、ひそかにローレスと東京・赤坂の全日空ホテルで会談した。別室では細田と町村が待機した。ロ

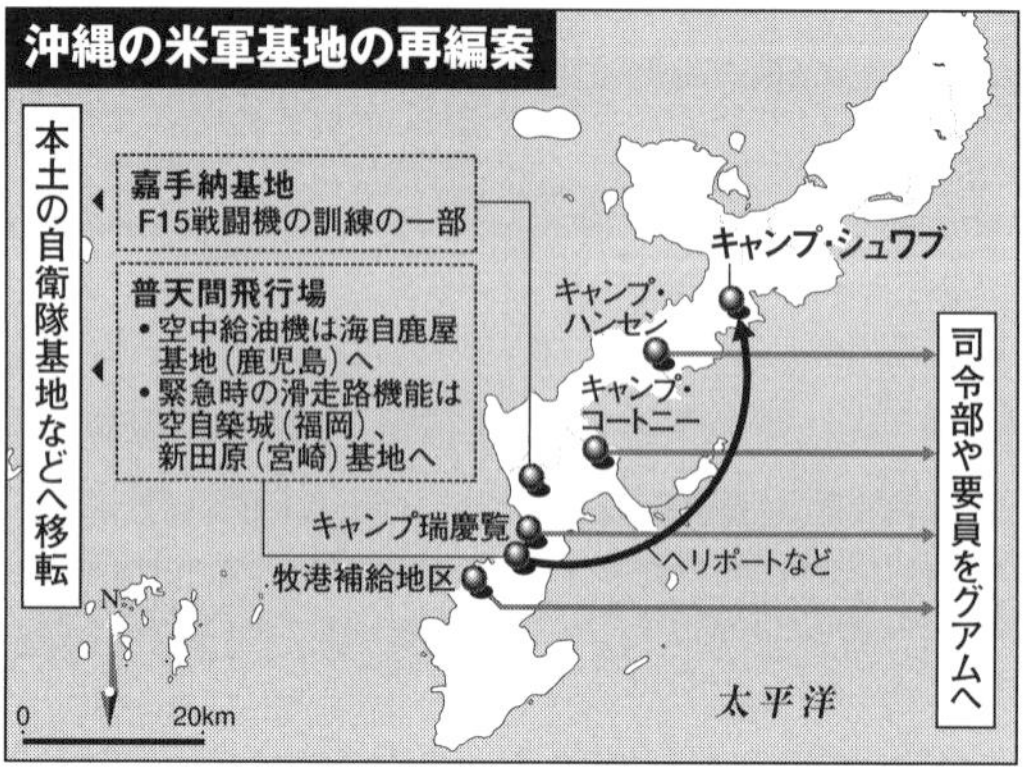

ーレスは26日午前に離日し、帰国する予定だった。大野は「これが最後のチャンス」と覚悟を決め、沿岸案の受け入れを迫った。

「あと２００メートル、何とか日本側にヘリポートをずらせないか」

　ローレスは、「沿岸案では米軍のパイロットの安全性に問題が生じる。米軍の基準では本来、シュワブの山から３０００メートル離す必要があるのに、沿岸案では１７００メートルしかない」と主張した。大野は「自衛隊のヘリコプターは１０００メートル以下で離着陸している」と反論した。ローレスは激しくかみついた。

「日本は環境問題ばかりを強調するが、パイロットの命とジュゴンの命とどっちが大事なんだ」

　会談は2時間に及んだが、ローレスは同意しなかった。ただ、26日午前の成田発の帰国便を同日夕発に変更し、26日も日米協議を続ける意向を示した。

　ローレスの頭にあったのは、11月中旬のブッシュ来日だった。ローレスは実は、25日朝の額賀との会談で「私は今回、普天間問題をまとめるつもりだ」と打ち明けていた。額賀は「ブッシュ大統領の来日を控えて、手ぶらでは米国に帰れないのだな」と直感した。

　小泉は26日午前10時過ぎ、ひそかに守屋防衛次官を首相官邸に呼び、明確な指示を打ち出した。

「防衛庁が支持する沿岸案以外では絶対に合意するな。普天間の移設先の合意なしで、2プラス2を行うのは絶対に認めない」

日米協議の決裂を恐れた外務省側が、普天間の移設先を棚上げにしたまま中間報告をまとめる妥協策を画策し始めたのに対し、完全に退路を断った交渉を求めたものだった。

ほぼ同じころ、防衛庁の長官室で大野の電話が鳴った。相手はローレスだった。

「日本案に合意します。日本側が責任を持って代替施設を建設してほしい。素晴らしい日米関係、小泉首相とブッシュ大統領の信頼関係をぜひとも続けていきたい」

ローレスがついに、沿岸案の受け入れを表明した。ブッシュ来日を成功させるには、もはや合意する潮時だ、との政治的判断だった。

「随分長い道のりだったが、讃岐うどんの粘り腰で、何とか今日、双方快く合意点に達した」

香川県出身の大野は26日午後、満面の笑顔で記者団に日米合意を発表した。普天間飛行場の代替施設をキャンプ・シュワブ沿岸部の辺野古崎をL字型に横断する形で建設することが正式に決定した瞬間だった。

大野と町村は3日後、ラムズフェルドとライス国務長官とともに、ワシントン郊外の米国防総省で2プラス2を開催し、米軍再編に関する中間報告「日

米同盟　未来のための変革と再編」を発表した。

中間報告には、沖縄の負担軽減策として、普天間飛行場の移設・返還のほか、キャンプ・コートニーの第3海兵遠征軍司令部のグアム移転、在沖縄海兵隊約1万8000人の4割近くに相当する約7000人の削減が盛り込まれた。米軍キャンプ座間への陸軍新司令部（UEX）の移転、米軍横田基地への空自航空総隊司令部の移転と日米共同統合運用調整所の設置なども明記された。テロ対策、平和維持活動、民間空港・港湾の使用などに関する日米防衛協力の強化や、自衛隊と米軍による情報協力、施設の共同使用、共同訓練の拡大も打ち出された。

ラムズフェルドは共同記者会見で強調した。

「日米同盟は、アジア太平洋地域の平和と安定、繁栄のために、50年以上も存在してきた。どのような同盟関係であれ、絶えず進展し、妥当性のある形で管理しなければならない。そして、我々は、日米同盟を、より持続可能で、バランスが取れたものにすることで合意した」

4人は堅い握手を交わした。まるで普天間をめぐる1か月以上の日米対立がなかったかのような、和やかな光景だった。

同盟の象徴、ミサイル防衛

ミサイル防衛（MD）システムの導入決定は、小泉内閣における強固な日米同盟の象徴でもあった。

「ブッシュ大統領が明日、ミサイル防衛の配備を発表する。一番先に日本に伝えたい」

2002年12月16日夕。ロナルド・ケディッシュ米ミサイル防衛庁長官が訪米中の石破防衛長官に語った。海上配備型MDであるスタンダード・ミサイル3（SM3）の迎撃実験の成功が続き、実用化のメドが立ちつつあるとも説明した。ワシントンで、外務・防衛担当閣僚による日米安保協議委員会（２プラス２）を終えた後の会談でのことだった。

冷戦終結で欧州には事実上、弾道ミサイルの脅威は消滅した。一方、日本には北朝鮮、中国の弾道ミサイルの脅威が現実の脅威として存在していた。米国がＭＤ計画を進める上で、日本は貴重なパートナーである。

米政府の日本担当者の頭には、１９８０年代後半の防衛摩擦の苦い記憶があった。米国機の購入か、国産開発かをめぐり、日米間で政治問題に発展したＦＳＸ（次期支援戦闘機）導入問題である。

「ミサイル防衛をＦＳＸの二の舞にしてはならない」

米側のアプローチは慎重だった。「一番先に日本に」というささやきには、米側の配慮と計算があった。

日米両政府は、北朝鮮がテポドン・ミサイルを発射した翌年の１９９９年、次世代型のＭＤの共同技術研究に着手した。米側が配備を決めたのは、米国が一足早く単独で開発を進めていた別のシステムだった。

外務、防衛両省庁は実は、ケディッシュの正式な通告の前に、米国が近く配備を決めるという情報を入手していた。石破ら防衛庁側は事前に内々に腹を固めていた。

「共同技術研究をしている次世代型システムより早期に配備できるなら、米側が開発したシステムを購入し、導入すべきだ」

16日午後の２プラス２の共同声明は、ＭＤについて「日米共同研究を進め、協議、協力を強化する必要性を認識する」との表現にとどまっていた。石破は16日夜、ラムズフェルド米国防長官との会談を翌日に控え、同行していた防衛庁幹部に指示した。

「もっと前向きな表現を考えてくれ」

ブッシュは17日、ケディッシュの予告通り、米軍にMD配備を命令したと正式に発表した。この日午前、石破は米国防総省でラムズフェルドと会談した。

ラムズフェルド「ハワイでの実験は命中率が良かった。まだ完全ではないが、第1段階としては十分だ」

石破「日本としては、開発・配備を視野に、どんなシステムが望ましく、費用対効果はどうなのかなどを検討したい」

石破の「開発・配備を視野に」という発言は、政府内で事前に意思統一しておらず、従来の日本政府の立場より大きく踏み込んでいた。

福田官房長官はすぐに、「政府の姿勢は何も変わっていない」と火消しに努めた。自民党の国防族議員からも「環境整備が全く行われていないのに、わざわざ問題を大きくするだけの発言は理解できない」との批判が出た。

しかし、いったん動き出した防衛庁の方針は、変わらなかった。MDの導入を機に、長年の懸案である「武器輸出3原則」の見直しや、情報協力の緊密化など、日米安保体制の強化につなげたいという思惑もあった。

翌2003年初め、防衛庁は、MD導入に向けて、与党内の根回しを始めた。この年8月の概算要求に盛り込み、2004年度予算に導入経費を計上することを目指していた。

防衛庁幹部が北朝鮮の弾道ミサイルの脅威を説明すると、与党幹部の大方の反応は前向きだった。ハト派で知られる宮沢喜一・元首相は、逆に鋭い質問を発した。

「北朝鮮向けだけでいいんですか」

宮沢の指摘通り、MDを導入する背景には、中国への警戒感もあった。北朝鮮が日本のほぼ全域を射程に収める中距離弾道ミサイル・ノドン約200基を実戦配備していることは広く知られているが、中国も北東部などに、中距離弾道ミサイル約110基を保有している。

防衛庁防衛政策課と米側の担当者は、東京とワシントンを往復し、月1回のペースで協議を重ねた。協議にはイージス艦を運用する海上自衛隊、地上配備型のパトリオット3（PAC3）を受け持つ航空自衛隊の担当者らも加わった。

日本側が求めたのは、詳細なデータの提供だった。イージス艦からSM3で弾道ミサイルを迎撃できる範囲、レーダーとの連動性のほか、イージス艦改修、SM3導入などに要する費用などである。米側は、一部のデータについては「極秘だ」と提供を渋った。

だが、守屋武昌防衛局長は担当者らにげきを飛ばした。

「MDの有効性を示すデータがなければ、国民に説明できない。導入は不可能だ」

4月7日、石破は、防衛庁を訪れたジャック・クラウチ米国防次官補に直接問いかけた。

「米政府が今検討しているシステムの費用は一体いくらなのか。導入・改善にどれだけの時間がかかるのか」

クラウチは「弾道ミサイルの脅威への対処は、費用対効果だけで論じることはできない」と明確な回答を避けた。ただ、こう本音を漏らした。

「米政府は既にMDの研究・開発に何十億ドルもつぎ込んできた。今後もつぎ込んでいくだろう。だが、同盟国が一緒にやることで、コストは下がる」

米国にとって、日本のMDへの参加は極めて優先度が高かった。米側は最終的に、必要な極秘データを日本に提供する方針を決定した。

防衛庁は、MDの予算化を実現するには、5月の日米首脳会談で小泉首相が積極的な発言を行うことが望ましいと考え、作業を進めていた。防衛庁の担当者は、米国家安全保障会議（NSC）の担当者らと頻繁に協議を重ねた。

小泉もMD導入に前向きな姿勢を示し始めた。5月23日の米テキサス州クロフォードでの日米首脳会談では、「ミサイル防衛は、日本の防衛に極めて重要な課題であり、検討を加速させる」と明言した。

日本政府内でMD導入への反対論は少なかった。外務省内には、「導入すれば、米国に一つの貸しが作れる。予算面で腹を痛めるのは防衛庁だ」との見方もあった。

一方で、防衛庁の足元から異論が上がっていた。自衛隊の制服組である。MD導入には総額1兆円以上の経費を要するとされる。防衛費全体が抑制傾向にある中、戦車、護衛艦など通常の装備にしわ寄せが出るのは避けられない。その点を警戒したのだ。

「MD経費は従来の防衛予算の別枠にしてほしい」

防衛庁内の検討会議で、津曲義光航空幕僚長らは強く主張した。だが、政府全体が予算削減を進める中で、受け入れられるはずがなかった。

福田官房長官は7月22日、「MDは防衛庁予算の枠内で行う」と防衛庁の守屋に言い渡した。また、「MD導入に伴い、日本の防衛構想がどう変わるかについて、国民に分かりやすく説明するように」と注文した。

防衛庁は8月末、2004年度予算にイージス艦改修などのMD経費1423億円（契約ベース）を要求した。

さらに、予算獲得に向け、ひそかに「MDの導入」「防衛力の見直し」「新たな大綱、中期防（中期防衛力整備計画）の策定」という3種類の閣議決定案を用意した。MD導入について、政府の正式な方針としてお墨付きを得ることで、その後の予算獲得や法整備を円滑に進めるのが目的だった。だが、2003年の後半は9月の自民党総裁選、11月の衆院選という政治日程が続いたうえ、イラクへの自衛隊派遣も大詰めを迎えていた。政府全体としてはMD導入の優先度は高くなかった。防衛庁の閣議決定案は宙に浮いた。

防衛予算の削減を目指す財務省が巻き返しに出た。年末になって、「安全保障会議と閣議の決定を経ていない要求は査定できない」と主張したのだ。さらに、MD導入経費を認めることと引き換えに、陸海空3自衛隊の主要装備の具体的な削減案を示すよう要求した。福田も財務省の主張を支持した。

財務省や福田の後ろには、構造改革・財政再建路線を推し進める小泉の存在があった。小泉は10月26日の観艦式で、こう訓辞していた。

「自衛隊の現在の組織や装備を思い切って見直し、効率化を図らなければならない」

12月中旬、防衛庁の防衛局幹部は「首相官邸の意向であり、調整の余地はない。これで了承してほしい」として、ある極秘文書を陸海空の制服組幹部に渡した。文書は衝撃的な内容だった。

「陸自の戦車と火砲は2割を削減。海自の護衛艦と空自の作戦用航空機は1割を削減」

通常装備を大幅に削減する数字を突然示され、制服組は「こんな重要な話を何の議論もなく、どさくさで決めるのか」と一斉に不満を唱えた。だが、防衛庁には、受け入れる以外の選択肢はなかった。

政府は12月19日の安保会議と閣議で、「弾道ミサイル防衛システムの整備等について」と題する文書を決定した。防衛庁が事前に準備していた3種類の文書を一本化したものだった。MD導入と引き替えに、主要装備の「適切な規模の縮小」が盛り込まれていた。極秘文書に記された削減の具体的な数字は伏せられていた。

翌20日、2004年度予算の財務省原案が内示された。MD関連予算は1068億円が認められた。内訳は、海上配備型のSM3の導入とイージス艦の改修に340億円、陸上配備型のPAC3ミサイル取得とパトリオット改修に582億円。このほか、従来からの次世代型迎撃ミサイルの日米共同技術研究に77億円、敵のミサイルなどを監視する自動警戒管制組織(バッジ)システムの改修に69億円だった。

翌2004年12月に決定された、新しい「防衛計画の大綱」は、国際テロや弾道ミサイルなど新たな脅威に対応するため、MDの導入を含め、「多機能で弾力的な実効性のある」防衛力を整備する方針を打ち出した。さらに、日米安保体制を強化するための柱の一つとして、「弾道ミサイル防衛における協力」を位置づけた。一方、通常装備については、戦車と火砲は各33%、護衛艦と作戦用航空機は各13%の削減となった。1年前に防衛庁が丸飲みさせられた極秘文書の数字以上に大幅な削減幅で最終決着した。防衛庁内には、「1000円の新装備(MD)が欲しくて1万円(通常装備の削減)を払ったようなものだ」との不満もくすぶった。

防衛庁は2004年度からMD用の迎撃ミサイルを搭載するためのイージス艦改修に着手した。2007年度に1隻目の改修が終わり、2010年度には計4隻の配備が完了する。同年度までに、PAC3も空自の16個高射群に配備される。並行して、MDに対応した将来警戒管制レーダー「FPS-XX」4基の配備や、バッジ・システムの能力向上も進む。

「日本が(安全保障面で)より大きな貢献を行い、同盟のより対等なパートナーとなる意思を持つことを歓迎する。我々は、米国と英国の特別な関係を米日同盟のモデルと考えている」

２０００年10月にアーミテージ元国防次官補ら有識者グループが発表した特別報告書「米国と日本――成熟したパートナーシップに向けて」（アーミテージ報告）は、日米同盟を米英同盟に近づける方策として、国際平和協力活動やＭＤの分野で日米協力を拡大する必要性を強調した。それから4年余。日本はインド洋とイラクに自衛隊を派遣し、ＭＤの導入も決めた。

「報告の内容が、我々の予想以上に早く実現している」

アーミテージは２００５年１月に国務副長官を退官する前、こんな感想を漏らした。

米政府が民主党を認めた日

米政府と日本の野党との関係も変わった。

２００４年７月11日の参院選で躍進した民主党の岡田克也代表は、選挙の約２週間後に訪米し、米政府の民主党に対する見方が一変したことを目の当たりにする。

「大切なことをお伝えする。米政府は、英国の野党同様に、日本の野党第１党ともお付き合いしたい。今日がその始まりです」

スティーブン・ハドリー大統領次席補佐官（国家安全保障担当）は明言した。ただ、「我々との会談内容を日本での政権攻撃に絶対使わないでほしい。それが条件です」とも付け加えた。

米政府の閣僚は従来、英国やドイツの野党党首らとは会談しても、日本の民主党はほとんど相手にしていなかった。２００３年8月、菅代表が訪米を検討し、パウエル国務長官との会談を申し入れた際は、あっさり「ブッシュ政権の閣僚は日本の野党党首と会わない」と拒否された。結局、菅は訪米自体を断念した。

岡田に同行した長島昭久衆院議員は、ハドリーの言葉を聞き、背筋がゾクッと来た。

「ああ、これが我々の参院選の勝利に対する国際政治の現実か」

岡田は訪米中、米政府の厚遇を受けた。アーミテージ国務副長官、アラン・グリーンスパン連邦準備制度理事会（ＦＲＢ）議長らが会談に応じた。「日本も2大政党制になった。ぜひ岡田代表と会った方が良い」と、ベーカー駐日大使が各方面に直接働きかけたためだった。ライス大統領補佐官との会談も予定されていたが、ライスがブッシュに米テキサス州クロフォードの私邸に呼び出されたため、会談相手がハドリーに変更された。

ブッシュ政権は従来、敵・味方を峻別《しゅんべつ》する傾向が強かった。「良く言えば体育会系、悪く言えばマフィアのような体質だ」と日米関係筋は評する。小泉政権と蜜月《みつげつ》関係にある以上、民主党を軽視するのは当然だった。ブッシュ政権にとっての民主党は従来、「旧社会党と似ており、議席も少ない。政権交代の可能性は低い」という程度の認識だったという。

民主党も、中国や韓国など対アジア外交に重点を置き、対米外交を必ずしも重視していなかった。党幹部の訪米は、１９９７年9月の鳩山代表、98年5月の菅代表など、数えるほどしかない。

だが、岡田の認識は違った。代表就任3日後の２００４年5月21日、ベーカーを訪ねた。

岡田は「イラク問題に対する民主党の姿勢には米国も異論があるだろうが、我々は日米同盟が一番大事だと考えている」と強調した。上院議員出身のベーカーは「私も野党暮らしが長かった。立場はよく理解している」と応じた。2人はその後も、会談を重ねた。

岡田は通産官僚時代、エネルギー問題の日米交渉を担当し、米ハーバード大留学の経験もある。民主党政調会長時代の２００１年8月にも訪米し、国務省関係者らと意見交換している。

党内には、前原誠司衆院議員や長島など、安全保障問題に詳しく、米政府に人脈を持つ人材も増えてきた。前原はほぼ毎年、額賀福志郎、久間章生ら自民党の防衛長官経験者らとともに訪米し、政府高官と会談している。長島はワシントンの調査研究機関「米外交問題評議会」で日本人初の上席研究員を務めた。グリーン国家安全保障会議（ＮＳＣ）アジア上級部長とは、文字通り机を並べ、英語で議論した仲だ。

ただ、民主党と米国との政策面の隔たりは大きい。

岡田は訪米時、自衛隊のイラク派遣をめぐり、グリーンと激しく論争した。

岡田「テロが続くイラクの現状を見れば、自衛隊の駐留には憲法との関係で問題がある」

グリーン「民主党は『新しい国連決議が採択され、イラクに主権が移譲されて多国籍軍ができたら自衛隊が参加する可能性がある』と言ってきた。条件を満たしたのに、なぜ反対するのか」

岡田「憲法の条文を超えてまで、自衛隊が動くことはできない」

「政権準備政党」を標榜《ひょうぼう》する民主党だが、そもそも対米関係の軸が定まっていない、との指摘も少なくない。

菅が２００４年４月にニューヨークの国連本部を訪問した際、大統領選でブッシュと争う民主党のケリー上院議員と会談する案が浮上した。岡田の訪米時にも、ケリーとの会談を模索した。いずれも実現しなかったが、党内では、「小泉・ブッシュ関係の反作用で、野党の米民主党と連携しようとする発想は危険だ」との批判が出たほどだった。

43歳の新代表

２００５年８月８日、郵政民営化関連法案が参院本会議で賛成１０８票、反対１２５票で否決された。小泉は迷うことなく、衆院を解散した。小泉は記者会見で、「国会は『郵政民営化は必要ない』と判断を下した。国民に本当に必要ないのか聞いてみたい」との名演説を行った。

小泉は法案に反対した前自民党衆院議員37人を公認せず、女性の財務官僚やエコノミストら「刺客」候補を次々に擁立した。法案に反対した亀井静香・元建設相らは国民新党と新党日本を結成し、対抗した。民主党は、政権交代や年金改革を訴えたが、「劇場型選挙」の中で埋没した。

9月11日の投開票の結果、民主党は64議席を失った。1996年の結党以来の大惨敗だった。岡田は12日未明、「速やかに次のリーダーを選定していただきたい」と、無念の表情で代表辞任を表明した。

後継代表選は17日に行われた。立候補したのは、菅直人・元代表と前原誠司衆院議員の2人。事前の予想を覆し、わずか2票差の劇的な勝利を収めたのは、43歳の前原だった。

前原は松下政経塾出身で衆院当選5回。野田佳彦、枝野幸男、玄葉光一郎ら民主党の中堅・若手リーダーの1人で、攻撃的な国会質問などが評価され、早くから将来の代表候補と目されていた。日米同盟を重視する外交・安全保障政策通でもあり、「2大政党は、外交・安保で基本的な立場を共有すべきだ」が持論だ。自衛隊の制服組とも太いパイプを持つ。

前原は、「民主党を『闘う集団』にする」と宣言し、トップダウン型の政策決定を目指す意向を示していた。代表に就任すると早速、こう強調した。

「憲法改正は必要だ。(戦力の保持と国の交戦権を認めない)9条2項は削除して自衛権を明記すべきだ。党憲法調査会の議論をスピードアップし、受け身にならない、しっかりした案を常に持って対応できるようにしたい」

党役員人事でも、前原は独自色を打ち出した。党の要である幹事長には、憲法改正に積極的な鳩山由紀夫・元代表を起用した。政調会長には、元防衛長官・松本十郎を父に持つ衆院当選3回の松本剛明を抜てきした。党の政策を決定する「次の内閣」では、外務担当に米国留学経験を持つ浅尾慶一郎参院議員、防衛担当に長島衆院議員を充てた。

「いいですねえ。好漢ですね。私より20歳も下だ。頑張ってもらいたいですね」

20日、前原の表敬訪問を受けた小泉は、笑顔で持ち上げた。ローレス米国防副次官も、自民党の山崎拓・前副総裁に「前原氏の安全保障政策は米国が評価している」と語った。

ただ、イラクへの自衛隊派遣に反対するなど、対米支援に一貫して慎重な民主党の主張は、岡田代表時代に「次の内閣」防衛担当だった前原自身が策定に深く関与していた。前原は10月3日、トーマス・シーファー駐日米大使と会談すると、イラクからの自衛隊早期撤退を改めて主張した。シーファーは反論した。

「自衛隊が協力して水の供給やインフラの建設・整備をしていることは極めて重要であり、自衛隊の貢献は継続して欲しい。これは米国との関係だけでなく、日本が国際社会の中の『良い市民』であるためにも重要だ」

シーファーは、11月に期限が切れるテロ対策特別措置法についても、「自衛隊によるインド洋での給油を極めて高く評価している」と述べ、活動の継続を求めた。

テロ特措法の改正は、前原にとって、日米同盟に対する姿勢が問われる最初の試金石となった。政府は9月21日召集の特別国会にテロ特措法を1年延長する改正案を提出した。民主党は２００１年10月のテロ特措法の法案採決と、２００３年秋の１回目の延長の際、ともに反対していた。

前原は、今回も反対する方向に傾いたが、長島と浅尾は10月3日、前原を説得した。

「イラクの自衛隊について撤退法案を出すのはいいが、テロ特措法の延長には賛成すべきだ。両方に反対したら、『民主党は無責任だ。日米同盟はどうするんだ』と批判される」

前原は考え直した。翌4日の記者会見で、「油の提供は、テロ掃討作戦を展開しているパキスタン政府からも大変感謝されている。米国一辺倒だった油の提供が、かなり多くの国に行われるようになってきた。（テロ掃討に）日本としてどのような関与があり得るべきか、総合的に考えたい」と述べ、改正案について賛成に転じる可能性を強くにじませた。

前原の意向を受け、松本は12日の「次の内閣」で、テロ特措法改正案への対応について「私と担当者に一任してほしい」と求めた。表立った反対はなく、前原は、これで一任を取り付けたと判断した。ところが、その直後、あろうことか、幹事長の鳩山が異論を唱えた。

「この問題は政調会長が判断できる問題ではない。執行部だけで賛成を決めたら党分裂だ」

鳩山はテロ特措法の制定時、党代表として小泉との党首会談に臨み、決裂した当事者だった。鳩山に続き、小沢一郎・前副代表も反対を表明した。菅グループや旧社会党系議員からも慎重論が一斉に噴き出した。政策論争に乗じた反執行部側の巧妙な揺さぶりに、長島は「党内政局に利用されている」と吐き捨てた。松本は前原に自重するよう助言した。前原も「ここで勝負するのはまだ早い」と、これを受け入れた。

テロ特措法改正案は18日の衆院本会議で、自民党などの賛成多数で可決、参院に送られた。民主党議員はそろって反対票を投じた。

「あまり与党と協力しちゃいかんと思ったのかねえ」

「前原民主党」の変化に期待していた小泉は、残念そうにつぶやいた。

「日米同盟」の再確認

2005年11月15日夕、ブッシュの搭乗した大統領専用機が大阪国際空港に到着した。ブッシュの来日は2年1か月ぶり。小泉との日米首脳会談も1年ぶりとなる。2人は2001年以降、年に2〜4回会談していた。これほど長い間会談しなかったのは初めてである。

小泉は実は、外務省から5月の連休の訪米を打診されたが、関心を示さなかった。7月の英国でのグレンイーグルズ・サミット（先進国首脳会議）の際も、日米首脳会談について「セットしなくていい」と外務省に伝えた。その後、ブッシュの招請により、9月下旬の公式訪米が固まったが、郵政政局に伴う衆院解散・総選挙のため中止となった。

小泉は時折、ブッシュとの電話会談にさえも消極的な姿勢を示すことがあった。

2人の「蜜月関係」に一体何があったのか。外務省幹部はこう解説する。

「小泉首相は今年前半、長年の夢だった郵政民営化関連法案を国会で成立させることで頭が一杯で、外交全般への関心が薄かった。特に、日米関係では、BSE（牛海綿状脳症）と在日米軍再編という二つの懸案を抱えており、ブッシュ大統領とは積極的には会いたくない事情があった」

しかし、米国産牛肉の輸入は年内にも再開される方向となり、米軍再編も10月末に中間報告が発表された。首脳会談には格好の環境が整った。

小泉は11月15日、「『世界の中の日米同盟』という視点で、率直な意見交換をしたい」と語った。翌16日午前、小泉とブッシュは京都の金閣寺を一緒に視察した後、4月にオープンしたばかりの京都迎賓館で会談した。ブッシュは日米関係について、こう指摘した。

「イラク、アフガニスタンなどの平和と安定を維持するためには、日米同盟関係は不可欠だ。日米同盟は、首相の指導力の下で強化された」

ブッシュは「日米関係は、アジアと世界の平和のためのアンカー（錨）だ。日米関係が強くなればなるほど、この地域の紛争の可能性が低くなる」とも語った。小泉も持論を力説した。

「日米関係は日本にとって最も重要だ。日本が戦後60年間、平和の中で繁栄してきたのは、日米関係が維持・強化されてきたからだ。国内では、日米関係より国際協調に比重を置くべきだ、という議論があるが、自分は賛成しない。日米関係が良いからこそ、日本と中国、韓国、東南アジア諸国連合（ASEAN）との良い関係が維持されてきた」

在日米軍再編の中間報告について、小泉は「実行に移すべく努力を続ける。米軍施設を受け入れる地方自治体は、否定的な反応になるが、日本の安全全体を考えて対応する必要があり、何とか地元の理解を得て、実現を図る考えだ」と言明した。一連の基地・部隊の移転案に、沖縄、神奈川、山口各県などの関係自治体がそろって反対を唱えていることを念頭に置いたものだ。

小泉の発言は、日本政府が各自治体を説得し、米軍基地・部隊の再配置を実現することを一種の「対米公約」にする意味合いを持つ。仮に地元の反対で普天間飛行場の移設などが頓挫し、辺野古沖案の「二の舞い」に陥ったら、果たしてどんな事態になるのか。

小泉自身、「日米関係は決定的に悪化するだろう」との懸念を漏らしている。

ある国務省高官は指摘する。

「現在の日米同盟が強固なのは確かだ。だが、同盟関係は必ず摩耗していく。自転車を倒さないためにはペダルをこぎ続ける必要があるように、同盟関係を維持するには双方の努力が欠かせないのだ」

第3章　日中外交　大いなる蹉跌

特攻部隊への涙

小泉純一郎が泣いた。

２００１年2月9日、父・純也の出身地である鹿児島県の知覧特攻平和会館を訪れた時のことだ。

「お母さん　大元気で、でっかい奴《やつ》を沈めます」

若き特攻隊員が母親に送った手紙や写真を、小泉は食い入るように見つめた。展示品のガラスケースの上に、大粒の涙がぽたぽたと落ちた。

「散るために　咲いてくれたか　さくら花　ちるほどものの　みごとなりけり」

「特攻の母」と呼ばれた故・鳥浜トメさんが経営する旧富屋食堂も訪ねた。看板に記された鳥浜さんの短歌を、黙々と手帳に書き留めた。

小泉は後に、関係者にこう漏らした。

「国のために命をささげた御霊《みたま》に頭《こうべ》を垂れるのは当然のことじゃないか」

小泉の靖国神社参拝が政治的な焦点となるのは、その2か月後のことだ。森喜朗首相の退陣表明を受けた自民党総裁選に出馬し、「首相に就任したら、必ず8月15日に参拝する」と明言したためである。

小泉は１９７2年の衆院初当選以来、首相周辺によると、地元の遺族会幹部らとともに、年2回のペースで靖国神社を参拝していた。「父親の代からの支援者が初当選当時、日本遺族会の会長を務めていた縁があったため」だという。ただ、永田町では、小泉が靖国神社参拝に熱心という印象はあまり持たれていなかった。過去2回の総裁選出馬の際にも、靖国参拝を「公約」に掲げたことはなかった。

あえて3回目の挑戦で公約したのは、事前の総裁選の下馬評で有利と見られていた橋本竜太郎・元首相との違いを出すことに力点を置くためだった。橋本は1995年10月まで日本遺族会の会長を務め、靖国神社にも毎年の終戦記念日と春秋の例大祭に欠かさずに参拝していたが、96年1月〜98年7月の首相在任中はひっそりと私的参拝を1回しただけだった。小泉が所属する森派は、靖国参拝の公約を各都道府県の遺族会長にファクスで送った。日本遺族会の約10万とされる党員票を狙いとしていたという。

小泉は「自民党をぶっ壊す」と絶叫して総裁選で圧勝し、2001年4月26日、首相に就任した。

その後、中国は靖国参拝を思いとどまるよう、再三、日本側に要請した。

7月10日、自民党の山崎拓ら与党3党の幹事長が訪中し、唐家璇外相と会談した。

唐は1972年の日中共同声明の交渉に通訳、連絡官として携わった。88〜92年に駐日公使、93年からアジア担当の外務次官を務め、98年3月に外相に就任した。中国政府の知日派の代表格である。唐は靖国問題について直言した。

「戦争責任のあるA級戦犯が合祀《ごうし》されている靖国神社に、国家の指導者が行くのは受け入れられない」

A級戦犯とは、戦後の極東国際軍事裁判（東京裁判）で、侵略戦争を計画・実行したとして「平和に対する罪」などで有罪判決を受けた政治・軍事指導者だ。A級戦犯として起訴されたのは東条英機元首相ら28人に上る。1948年11月、7人が死刑、16人が終身刑、2人が禁固刑の有罪判決を受けた。このほかBC級戦犯5700人が捕虜虐待や民間人殺戮《さつりく》などの戦争法規違反に問われ、920人が処刑された。

1952年のサンフランシスコ講和条約の発効後、日本が独立を回復すると、戦犯の釈放運動が全国で起こった。衆参両院は53年、戦犯の赦免決議を採択した。政府は戦犯を「公務死」と位置付け、A級戦犯の公務復帰も妨げなかった。A級戦犯(容疑者を含む)は56年までに釈放され、重光葵は鳩山内閣で副総理兼外相に、賀屋興宣は池田内閣で法相に就任した。岸信介・元首相もA級戦犯容疑者である。

中国は72年9月の国交正常化の際、「戦争の責任は日本の一部の軍国主義者、すなわちA級戦犯にある。大多数の日本国民は中国人民と同様、戦争の被害者だ」という論理を編みだし、戦後賠償を求めなかった。中国側は現在も、「A級戦犯をまつった靖国神社に首相が参拝することは、この理屈を破たんさせる」と主張している。

歴史問題は常に、日中外交の大きな論点となり、様々なドラマを生んできた。

小渕内閣当時の1998年11月に「日中共同宣言」を発表した際は、日本の謝罪を宣言に盛り込むかどうかが最大の焦点となった。この年10月8日に小渕恵三首相と韓国の金大中大統領が東京で発表した日韓共同宣言には、日本の過去の植民地支配に対する小渕の「痛切な反省と心からのおわび」が明記されていた。それだけに、中国側は謝罪の文書化に強く固執した。

11月26日の小渕と江沢民国家主席の首脳会談の前日、東京・赤坂の料亭で、日中外務省の事務レベルで土壇場の交渉が行われた。日本の丹波実外務審議官らは「72年の日中共同声明で『責任を痛感し深く反省する』と明記しており、決着ずみだ」と主張した。中国の王毅アジア局長は、あくまで文書化を求め、日本側に譲歩を迫った。

「それは72年の中日共同声明の精神に反する」

この王の高圧的な一言に対し、丹波が激高した。丹波は72年当時、条約局の事務官として共同声明の作成作業に直接関与していた当事者だからだ。

「お前がそんなことを言うのは10年早い」

丹波は啖呵《たんか》を切ると同時に、よく読んで見ろとばかりに、王に分厚い条約集を投げつけた。王は色を失った。ぎりぎりの交渉の末、謝罪は、宣言には入れず、小渕が首脳会談の際に口頭で伝えることになった。

合意に不満だったのか、江沢民は翌日の首脳会談で極めて険しい表情を見せた。会談の冒頭、激しい口調で日本の戦争責任を一方的に非難し続けた。〝独演会〟は何と約30分間にも及んだ。首脳会談としては、極めて異例かつ非礼な対応である。江沢民がようやく一息ついた。それまでじっと黙っていた小渕が、すっくと立ち上がった。

「主席、お話はそれだけですか」

「何事か」と驚き、小渕を見上げる江沢民。小渕は平然とした表情で、深々と頭を下げ、謝罪して見せた。頭を下げるパフォーマンスはもちろん、事前のシナリオにはなかった。小渕なりの〝意地〟を見せつけたものだった。

「戦後50年以上を経ても、一国の首相が首脳会談の席で、あれだけ面罵《めんば》されなければならないとは……。正直、あまりの悔しさに涙が出た」

日本側同席者は感慨深げに振り返る。

幻の8・17靖国参拝

小泉内閣では、小泉の靖国参拝問題が徐々に日中間の最大の課題として浮上してきた。

唐家璇は2001年7月24日の田中真紀子との日中外相会談でも、「小泉首相が8月15日に参拝するならば、中国の民衆から当然強い反応が出てくるに違いない」とクギを刺した。父・角栄が国交正常化当時の首相で、親中派を自認する田中も、靖国参拝には否定的だった。田中は「私が首相に伝えます」と請け負った。

会談後、唐は得意の日本語で「(参拝を)やめなさい、と言明しました」と、記者団に語った。唐の口調が激しかったため、日本側では、「言明」でなく「厳命」ではないか、という論議が起きたほどだった。

終戦記念日が近づいてきた。中国側は、日中関係に理解がある与党の実力者に接近した。「小泉首相は、やはり15日に参拝するのですか」

8月初旬、中国共産党の王家瑞・対外連絡部副部長は、訪中した自民党の野中広務・元幹事長や古賀誠・前幹事長に探りを入れた。日本遺族会副会長の古賀は「首相の性格からも、お参りいただけると思う。ただ、私は15日にこだわらない」と答えた。

野中らと唐との会談でも、靖国参拝が話題となった。野中は日中外相会談後の唐の発言を取り上げ、「あなたが『やめなさい』と言うことの方がおかしい」と苦言を呈した。古賀もすました顔で、「参拝は心の問題だ。私なんか毎月参りますよ」と語った。2人は唐に「内政干渉」の自粛を求めたが、議論は平行線だった。

日本国内では、日中関係の悪化を心配する関係者が靖国参拝問題の〝軟着陸〟を模索した。

福田康夫官房長官は、この年1月まで駐中国大使を務めていた谷野作太郎に意見を求めた。2人は小学牛時代に草野球で谷野が投手、福田が捕手でバッテリーを組んで以来の仲だった。谷野はこう助言した。

「中国は、参拝するなら15日より後を希望している。中国国内は終戦記念日に向けて騒がしくなる。15日を過ぎれば熱も下がる」

小泉と福田はこの発言を重視した。8月上旬には、15日の参拝を避け、17日に参拝する方針をいったん固めた。外務省の川島裕次官、槙田邦彦アジア大洋州局長らとも相談し、ひそかに中国側にも知らせた。

しかし、小泉は側近にも、このことを知らせなかった。8月10日夜、首相秘書官らがお盆休みに入るため、「15日に参拝するということでいいんですよね」と念を押した。小泉は何食わぬ顔で指示した。

「ああ、そうだ。福田官房長官や古川官房副長官に、ちゃんと（参拝後に出す予定の）『首相所感』の文面を見せて確認しておいてくれよ」

首相秘書官室が10日夜に完成させた「首相所感」は、15日の参拝を前提とし、小泉自身が5回も筆を入れていた。

一方、かつて小泉と「ＹＫＫ」を組んだ盟友の山崎拓と、加藤紘一・自民党元幹事長も動いた。山崎は10日、小泉に靖国参拝の再考を促そうと、加藤に持ちかけた。

「小泉と会ってくれないか。あす首相公邸に私と一緒に来て欲しい」

加藤も参拝には慎重だった。だが、当初は、「拓さん、私の意見は公言しているし、あとは首相が判断するだけだ。会いに行けば、いろいろ取りざたされるだけだし……」と難色を示した。加藤は2000年11月、森首相の退陣を画策した「加藤の乱」を起こした際、森派会長として森を擁護した小泉と激しく対立した。それ以来、2人の間にはすきま風が吹いていた。

山崎は、「まあ、そう言わず。後で小泉からも連絡させるから」と言い、電話を切った。ほどなく、小泉本人から加藤に電話がかかってきた。

「明日の夜、来てくれないか。饅重を取っておくからさ」

加藤は渋々、承諾した。翌11日は土曜日だった。この日の昼、加藤は小泉との会談を前に、旧知の中国の武大偉駐日大使と腹合わせをすることを思いついた。帰国中の武の携帯電話にかけると、中国共産党幹部らが毎年夏に集まる河北省の避暑地・北戴河に滞在中だった。加藤は、自らの腹案を打診した。

「13日の参拝だったら、そちらの政府内を説得できるか」

武は「できます」と明言した。加藤は「13日であれば、『お盆の参拝』ということで国内的にも説明がつく。15日を外すことで中国側のメンツも立つ」と考えていた。特に、北戴河にいる武がそう言う以上、中国共産党幹部からも一定程度の同意が得られるのだろうと思った。

その夜、加藤と山崎は首相公邸を訪ねた。用意された饅重を食べ終えると早速、本題に入った。

加藤「日本はA級戦犯14人で戦争責任を負う、つまり、極東軍事裁判の判決を受け入れることをサンフランシスコ講和条約で宣言した。それなのに靖国に参拝すると言ったら、中国も言いたくないことを言わなければならなくなる」

小泉「それは分かるけれども、靖国神社で特攻隊の若者の遺書を見ると、誰だって涙する。知覧特攻平和会館に行くと、誰だってその御霊に頭を垂れたいと思う。A級戦犯の問題はあるかもしれないが、死ねば、みな仏様じゃないか」

小泉が参拝を中止する気配はみじんもなかった。そこで加藤は提案した。

「首相として『参拝する』と国民に言明した以上、靖国に行かざるを得ないのならば、今年は一度、15日を外すということを考えてはどうだ。15日より後にずらすのは中国に譲歩し過ぎだ。13日に前倒しにする方がきれいな形になる」

小泉は黙り込んだ。加藤は「13日参拝」で小泉から言質を取ろうと試みたが、小泉は最後まで「分かった」とは明言しなかった。会談は3時間に及んだ。加藤と山崎は疲れた表情で首相公邸を後にした。

加藤らの説得が不調に終わった翌12日。日曜日にもかかわらず、福田と古川官房副長官はひそかに会った。15日の終戦記念日に靖国参拝を見送った際に発表する予定の「首相談話」の作成に取りかかったのだ。古川は何度も中座し、公邸で待機している小泉に文案を相談した。

談話は、小泉が17日に参拝することを前提としていた。このため、「『8月15日に参拝する』という公約を果たさなかったことは慚愧《ざんき》の念に堪えない」との表現などを盛り込んだ。

ところが、翌13日、事態は急展開する。

13日に前倒し

小泉が、加藤、山崎の提案を採用し、17日の参拝を13日に変更することを決断したのだ。

「15日より後に先送りすれば、『一体いつ参拝するのか』と国内世論がうるさくなる。とても静かな環境での参拝は望めない。それならいっそ、15日より先に参拝してしまった方がいい」

そういう判断だった。午前10時半、福田が首相公邸に呼ばれた。小泉から参拝前倒しを告げられ、福田は驚いた。既に「17日参拝」で事前調整してあった中国側の反発が脳裏をよぎった。福田は、隣接する首相官邸内の官房長官室に戻ると、すぐに受話器を取った。まず唐家璇に電話したが、「会議中」だった。日中関係筋は「恐らく居留守を使ったのだろう」と指摘する。代わりに出たのは、中国外務省の高官だった。

高官は「13日参拝」に難色を示す。

「何とかならないか。今日ではなく、15日より後の方が良かったのだが……」

ただ、必ずしも強い口調ではなかった。福田が「割とあっさりしているな」と拍子抜けするほどだった。

午後1時過ぎ、小泉が前倒しで参拝するとの情報を聞いた山崎が首相公邸に駆け込んだ。山崎は小泉に念押しした。

「近隣諸国への配慮、公明党との関係、それに国内世論、これらを総合的に勘案してくれ」

小泉は既に覚悟を決めていた。淡々とした表情で、「分かった。今日、これから参拝に行く」と明言した。

参拝時刻は午後4時半と決まった。緊急招集を受けた首相秘書官らが続々と首相官邸に駆けつけた。秘書官の1人は、自分が用意していた「15日参拝」が前提の首相所感とは違う「もう1つの談話」があることに、目を丸くした。福田と古川の動きを一切知らなかったからだ。

「報道機関への配布用にコピーが必要だが、原文は一体、誰が持っているんだ」

外務省アジア大洋州局の職員が間もなく、コピーを大量に持って駆けつけた。

「そういうことだったのか……」

首相官邸内で、小泉の最も身近にいる自分たちが「蚊帳の外」に置かれていたことに、秘書官らは少なからぬショックを受けた。

　そのころ、小泉は首相公邸で政府・与党の複数の幹部に電話をかけていた。この日の参拝を説明し、理解を求めるためだ。ただ、公約を果たさなかったことに、小泉の心境は複雑だった。

「15日に参拝できなかったのは残念でならない」

　小泉は親しい政府高官に漏らした。

　日本遺族会副会長の古賀・前自民党幹事長は「ご祭神もお喜びになるでしょう。遺族会としても感謝します」と激励した。古賀はもともと「首相が毎年、靖国神社を参拝することが定着することこそが重要だ」と考え、8月15日の参拝にはこだわっていなかった。

　午後4時31分、東京・九段の靖国神社にモーニング姿の小泉が到着した。小泉は本殿に上がると深々と一礼し、口を真一文字に結んだまま参拝を済ませた。1985年の中曽根の参拝を基本的に踏襲し、「2礼2拍手1礼」などの神道形式はあえて避けた。将来、違憲訴訟を起こされることを想定し、「私的参拝」の色彩を強調するためだった。

　ただ、小泉は参拝後の記者会見で、「公的とか私的とか、私はこだわらない」とあいまいさを残した。首相周辺は小泉の気持ちを代弁する。

「首相は内心、『公的参拝に決まっているじゃないか』と考えていた。しかし、憲法との関係でそうは明言できないから、あのような言い方になった」

　小泉は後日、関係者の前で、独り言のように自問自答したという。

「私がもし首相じゃなかったら、『二度と戦争を起こさない』と念じながら参拝するだろうか。自衛隊の最高指揮官である首相として参拝するからこそ、そう念じるのではないか」

　小泉が靖国神社にいたのは約30分間だった。最後は、境内周辺で日の丸の小旗を振る群衆に軽く一礼し、再び公用車に乗り込んだ。首相官邸では、福田が記者会見し、首相談話を発表した。談話には、こんな奇妙な一節が盛り込まれていた。

「この際、私自らの決断として、15日の参拝は差し控え、日を選んで参拝を果たしたいと思っています」

「17日参拝」を前提として作成された談話を手直しする際、直し漏れになったのだ。また、談話は、靖国神社に代わる「新たな追悼施設」の建設を政府として検討することを公式に表明した。

「今後の問題として、靖国神社や千鳥ヶ淵戦没者墓苑に対する国民の思いを尊重しつつも、内外の人々がわだかまりなく追悼の誠をささげるにはどのようにすればよいか、議論をする必要がある」

福田は小泉の参拝に先立ち、武大偉と韓国の柳光錫駐日公使にそれぞれ談話の内容を伝え、理解を求めた。中国は小泉の靖国参拝に強く抗議した。

「中国を含むアジア近隣諸国や日本国内の反対を顧みずにA級戦犯をまつる靖国神社を参拝した。中国政府と人民は強い怒りを表明する」

王毅外務次官は13日午後、阿南惟茂駐中国大使を外務省に呼び、こう伝えた。ただ、「8月15日という敏感な日の参拝計画を断念し、談話の中で侵略の歴史を改めて認め、深い反省を示したことに留意している」とも語った。

小泉の苦渋の決断を中国側がある程度評価した証しだった。ただ、武は2005年7月、読売新聞のインタビューに応じ、こう補足した。

「私は当時、首相が必ず参拝すると見たので、どうすれば中日関係への影響を最小限に抑えられるか『次善の策』を考えた。『参拝して構わない』という表現を使ったことは1度もない」

日中双方が事前にぎりぎりの外交努力を重ね、「8月15日を外した靖国参拝」という妥協策で歩み寄ったことは、その後の関係改善の大きな足がかりとなった。

中曽根首相の公式参拝

戦後の歴代首相は靖国参拝にどう対応してきたのだろうか。

1946年、連合国軍総司令部（GHQ）の「神道指令」などによって、靖国神社が戦前の「唯一の陸海軍管理の神社」から一般の宗教法人となった後、最初に参拝した首相は吉田茂だった。サンフランシスコ講和条約に調印した翌月の51年10月、秋季例大祭に参拝した。吉田は首相在任中、年1回、代理参拝を含め、春秋いずれかの例大祭に参拝した。中韓両国の反発はなかった。公人か私人かも問題にならなかった。

公私の区別が問題になったのは、75年に三木武夫首相が初めて終戦記念日の8月15日に参拝してからだ。三木は、①公用車を使わない②玉串料《たまぐし》はポケットマネーで負担する③内閣総理大臣の肩書は記帳しない④公職者を随行させない——という4原則を設け、「私人」としての参拝を強調した。

社会党などは、終戦記念日の首相参拝に強く反発した。以後も、憲法の政教分離原則との関係などから、「公」と「私」の線引きを追及した。靖国参拝は徐々に政治問題化していった。昭和天皇は戦後8回、靖国神社を参拝したが、75年11月21日を最後に参拝は途絶えた。

福田内閣は78年、首相が私人の立場で神社、仏閣に参拝することは自由で、私的参拝の場合でも、①警備上の都合や緊急時の対応のため公用車を利用できる②記帳で肩書を記すことができる③閣僚が同行できる——との政府見解を示した。政府は現在もこの見解を踏襲している。

A級戦犯の合祀が明らかになった79年4月以降も、大平正芳、鈴木善幸、中曽根康弘の3首相は毎年2〜4回参拝していた。中国は全く抗議しなかった。3首相とも訪中し、中国からは華国鋒、趙紫陽両首相、共産党の胡耀邦総書記が来日するなど、日中間の首脳交流は行われた。

中国の批判が始まったのは、85年8月15日の中曽根の公式参拝の時だ。中曽根は従来、正月や春秋の例大祭などの際に参拝していたが、藤波孝生官房長官の私的諮問機関「閣僚の靖国神社参拝問題に関する懇談会」が「神道形式を避け、宗教色を薄めれば公式参拝は合憲」との報告をまとめたことを受け、終戦記念日に「公式参拝」を行った。

中国は、A級戦犯が合祀されていることなどを理由に強く反発した。中曽根は翌86年以降、私的なものも含めて参拝を取りやめた。中曽根は首相退任後、読売新聞に寄稿し、「参拝が中国の内部の権力闘争に援用され、特定政治家の失脚につながる危険があるという情報を聞き、日中友好を維持するために参拝は行わなかった」と真意を明らかにした。個人的にも親しい親日派の胡耀邦の中国国内での立場が悪くなることに配慮したのだった。

その後、竹下登、宇野宗佑、海部俊樹、細川護煕、羽田孜、村山富市、小渕恵三、森喜朗の8人は、首相在任中は参拝しなかった。93年4月、宮沢喜一首相は「参拝した」と周囲に語ったが、宮沢の事務所は「参拝したかどうかは答えられない」としている。96年7月、橋本首相は59歳の誕生日に社頭で私的に参拝した。

小泉訪中、すれ違いの始まり

小泉首相の初の靖国参拝の約1か月後の2001年9月15日、阿南駐中国大使は王毅外務次官の呼び出しを受けた。王は「これは非公式な会談だ」と前置きし、こう持ちかけた。

「小泉首相が訪中する際は、盧溝橋の抗日戦争記念館を見学し、その後、記者会見などで中国国民に歴史認識を語って欲しい」

10月初旬の小泉の訪中計画は実は、8月15日の参拝を避けることとワンセットで、8月の時点で既に中国側と大筋で合意していた。8月13日に発表した首相談話でも、「私はできるだけ早い機会に、中国や韓国の要路の方々とひざを交えて、アジア・太平洋の未来の平和と発展について意見を交換するとともに、私の信念についてもお話ししたい」と言及した。中国側にも、10月に上海で開催するアジア太平洋経済協力会議（ＡＰＥＣ）首脳会議の成功に向けて、日本との〝和解〟を演出したいという計算が働いていた。

日本側は、盧溝橋訪問を受け入れた。中国側はさらに「首相は、盧溝橋で歴史認識を表明したうえ、来年は参拝しないと明言できないか」と迫った。日本側は当初、「靖国に行く、行かないは首相の判断だ。歴史認識は述べるが、内容について中国側の指図は受けない」と主張した。訪中直前に、「歴史認識について、１９９５年の村山談話の線で発言することは可能だ」と伝え、中国側と折り合った。ただ、来年以降の参拝については、あいまいなまま、訪中の日を迎えた。

日本時間の10月8日未明、米国は9月11日の米同時テロの報復として、アフガニスタンへの空爆を開始した。政府内では「対テロ戦争の開戦日に中国訪問をするのはどうか」との慎重論もあったが、小泉は訪中を断行した。

盧溝橋の抗日記念館に着いたのは正午過ぎだった。小泉は入り口で、座右の書である孔子の「論語」を引用し、真心と思いやりを意味する「忠恕《ちゅうじょ》」と記帳した。記念館には、日中戦争の様子を再現した人形や絵、写真などの資料が飾られていた。小泉は視察後、記者団に感想を述べ、「侵略によって犠牲になった中国の人々に対し、心からのお詫びと哀悼の気持ち」を表明した。

江沢民国家主席との初の日中首脳会談は、午後3時にセットされていた。

江沢民は1989年6月の天安門事件後、最高実力者の鄧小平共産党中央軍事委員会主席によって党総書記に抜てきされた。その後、鄧小平の後任として党中央軍事委員会主席を兼務し、1993年には国家主席に就任した。党・国家・軍の最高ポスト3つを独占したのは、毛沢東以来初めてだった。江沢民は、高い経済成長を実現するとともに、党の求心力を維持するため、「愛国教育」の名のもとに強烈な反日宣伝政策を展開した。

江沢民は、北京市内の中南海で行われた首脳会談で、この日始まった「戦争」に言及した。

「テロ反対は世界的な共通認識だが、無辜《むこ》の人々を傷つけるのを出来るだけ避けるべきだと言ってきた。ブッシュ米大統領の演説には、こうした内容が含まれていてうれしい」

小泉はまず、盧溝橋の抗日記念館の視察を振り返り、「戦争の無残さ、苦痛をよく見て取れた。2度と戦争を起こしてはならない」と「不戦の誓い」を表明した。さらに、将来の日中関係のあるべき姿について力説した。

「日本はかつて米国と戦争した。しかし、米国とは今、世界で最も強力な友好同盟関係を結んでいる。日本と中国も過去に不幸な時期があったが、21世紀の将来に向かって、日中関係を日本と米国のような強力な関係にしていけたらと思う」

だが、江沢民は、「靖国神社にはA級戦犯がまつられており、日本の指導者が参拝すれば、複雑な結果になる。中国としては、靖国神社参拝が日本の軍国主義復活につながることを危惧《きぐ》している」と不満を示した。日本の歴史教科書問題にも言及した。

小泉は身ぶり手ぶりを交えつつ、「不戦の誓いと戦没者への哀悼の意を表すために参拝した」と繰り返し強調した。外務省が用意した発言要領には目もくれなかった。江沢民も徐々に理解を示すそぶりを見せ始めた。会談の最後、江沢民はこう締めくくった。

「私は多くの日本の首相と会ったが、これほど話のできる首相は初めてだ」

江は満足げに笑った。結局、翌年の靖国参拝については言及しなかった。

当時の複数の関係者によると、この首脳会談で、小泉は、自らの靖国参拝に一定の理解が得られたと思った。ところが、江は逆に、小泉の一連の言動から2回目の参拝はない、と勝手に思い込んだという。中曽根の公式参拝が翌年は中止されたことも中国側の誤解の背景にあった、との指摘もある。

中国高官は小泉・江沢民会談後、「首相は今後、参拝しないということですよね」と阿南駐中国大使に尋ねた。阿南は淡々と答えた。

「首相が会談で言った通りですよ」

極めて深刻な日中間のすれ違いの始まりだった。

つかの間の蜜月

小泉の初訪中を機に、日中関係は大きく好転した。

約2週間後の10月21日夜、アジア太平洋経済協力会議（APEC）首脳会議が開かれた上海で、小泉と江沢民は再び会談した。

小泉は「来年は国交正常化30周年だ。この機会に、スポーツ、文化、政治、経済の分野で、両国間の交流を進めていきたい。日中間の協力を進めることは、アジアひいては世界の平和と安定に寄与する」と強調した。江沢民も上機嫌で応じた。

「来年は大変重要な年だ。中日間には歴史的教訓があるが、同時に我々は未来にも向かわなければばならない。今後、両国関係は様々な分野で発展していくことを確信している」

江沢民の言動には、自国で重要な国際会議を主催したことによる高揚感が満ちていた。

4日後には、中国の武大偉駐日大使が、都内の中国大使館で催された中国・四川省の伝統劇「川劇《せんげき》」の鑑賞に小泉を招待した。現職の首相が中国大使館を訪ねるのは異例のことだった。

中国側が国交正常化30周年に合わせて、2002年の皇太子ご夫妻の中国訪問を非公式に打診してきたのも、このころである。20周年の1992年10月には天皇、皇后両陛下が中国を訪問されていた。

福田官房長官は2001年12月14日、「追悼・平和祈念のための記念碑等施設の在り方を考える懇談会」の設置を発表した。小泉が8月に靖国神社を参拝した際、「新たな追悼施設の建設」の検討を表明したことを具体化する動きだった。懇談会は福田の私的諮問機関と位置づけられた。座長には、財界の重鎮である今井敬・経団連会長を選任した。日中関係筋によると、中国側は、懇談会の設置について「将来の首相の靖国参拝中止につながる布石であり、においだけかがせて結局、何もないということは、まさかないだろう」と解釈したという。

小泉は経済問題でも対中重視の姿勢を示した。中国産ネギ、生シイタケ、畳表(イ草)に対する日本の一般セーフガード(緊急輸入制限)問題である。

日本政府は4月の小泉内閣の発足直前、安値により中国からの輸入が急増する3品目について「国内業界が打撃を受けている」として、11月8日までの200日間、セーフガードを暫定発動した。中国は6月21日、日本製自動車、携帯・自動車電話、空調機の3品目に100%の特別関税を課す報復措置で対抗した。秋以降も解決の糸口は見えなかった。日本側ではセーフガードの本発動を求める声が相次いだ。

平沼赳夫経済産業相と武部勤農相は12月11日、北京で中国の石広生・対外貿易経済協力相との閣僚協議に臨んだ。佐野忠克経産審議官は事前に、平沼に楽観的な見通しを示していた。

「日中両政府の水面下での調整で合意点が見えてきたので、北京に行って下さい。苦労しましたが、これでまとまります」

ところが、中国側の対応は日本側の予想とは全く違った。

平沼「紆余曲折《うよきよくせつ》はあったが、今日は日本を代表してやって来た。これまでの労苦を多として、最後の話し合いをしましょう」

石「いや、ちょっと待って欲しい。中国は全く合意するつもりはない」

石の一言に、日本側同席者は一斉に凍り付いた。経産省幹部が向かいの席をにらみつけると、中国側の担当者も戸惑いの表情を浮かべていた。

「これは中国の常套手段だ。石対外貿易相は『最後にごねれば、日本側は譲歩する』とでも思っているのだろう」

平沼はそう直感した。「分かりました。私は帰ります」と語ると、席をけるように立ち上がった。「中国の態度が変わらないなら、協議が最終的に決裂してもいい」とまで思い詰めていた。

翌12日、ありのままを小泉に報告した。

小泉の反応は意外なものだった。

「中国側と話し合ってくれ。今後の日中関係は、話し合いで問題を解決する。江沢民主席とも合意しているんだ」

平沼は、次回の閣僚協議の東京開催に中国側が反対していることを説明し、「今度は中国側が日本に来る番だ。人をバカにしている」と訴えた。それでも小泉は、「もう一度北京に行ってくれ」と重ねて指示した。

再度の閣僚協議は12月21日、北京で行われた。中国側は日本の主張に、ほとんど異論を挟まなかった。違法貿易の取り締まりなど、中国が3品目について日本への輸出抑制策を取ることで合意した。日本はセーフガードの本発動を見送り、中国も報復関税を取り下げた。

話し合い解決を目指した小泉の姿勢に呼応し、中国側も譲歩したのである。

「日本に裏切られた」

良好な日中関係が〝頂点〟に達したのは、翌2002年4月12、13の両日、中国・海南島で開かれた「博鰲《ボアオ》アジアフォーラム」だった。

ボアオフォーラムについて、中国側は、世界の政財界リーダーらがスイスのダボスに集う「ダボス会議」にならい、「アジアのダボス会議にしたい」と意気込んでいた。各国に首脳級の出席を呼びかけたが、応じたのはタイのタクシン・シナワット首相だけだった。中国は土壇場になって、小泉に照準を定めた。

衆参両院の招きで来日した中国全国人民代表大会（全人代）の李鵬常務委員長は4月3日、綿貫民輔衆院議長と会談し、日本が引き揚げを目指していた北朝鮮の不審船について、こう述べた。

「沈没場所は中国の排他的経済水域（ＥＥＺ）内だから、国連海洋法条約や国内法で法的に解決したい。自分は楽観的に考えている」

従来は慎重だった不審船の引き揚げについて、一転して理解を示したものだった。その直後、小泉は国会会期中の平日にもかかわらず、ボアオフォーラム出席を発表した。

関係者の間では当時、「島（海南島行き）と船（不審船引き揚げ）の事実上のバーター」とささやかれた。

中国側は、海南島での宿泊先に新築の最高級ホテルのスイートルームを用意し、盛大に小泉を出迎えた。小泉は12日の基調演説で、こう強調した。

「中国の経済発展を『脅威』と見る向きもあるが、私はそうは考えない。むしろ日本にとって『挑戦』であり、『好機』である」

小泉は、日本の経済界などで台頭しつつあった「中国脅威論」を強い口調で否定した。最前列にいた中国の朱鎔基首相は、文字通り手をたたいて大喜びした。小泉発言はその後も、多くの中国の要人が折に触れて引用するほど、中国側に重要視されている。

同じ日の日中首相会談でも、朱は演説を絶賛した。「大変素晴らしく、内容の濃いものだった。『中国経済の発展は脅威でない』と明言されたことは、中日友好協力関係の発展に資する」

朱は靖国参拝問題には一切触れなかった。不審船の引き揚げについても、「冷静かつ慎重に処理することに賛成だ。必ず解決できると信じている」と容認する姿勢を示唆した。さらに、「北京の一番良い季節である秋に、公式訪中いただけるよう招請したい」と、国交正常化30周年の目玉として、9月の小泉訪中を正式に提案した。

だが、9日後の4月21日、約半年間続いた日中の蜜月《みつげつ》関係は一気に暗転する。小泉が突然、春季例大祭に合わせて靖国神社を参拝したからだ。

福田も外務省も寝耳に水だった。当然、中国側との事前調整は一切ない。前年8月13日の参拝との決定的な違いである。小泉は後日、親しい外務省幹部に「君たちに言うと反対されると思って、黙っていたんだ」と打ち明けている。

例大祭に合わせた参拝には、田中角栄まで歴代首相が行ってきた経緯もあり、国内外向けに説明がつきやすいという判断があった。唐家璇が4月14日、北京で自民党の野中・元幹事長、古賀・前幹事長と会談した際、「ぜひ今年8月は平穏に行われるようお願いする」と語ったことも、森前首相を通じて小泉の耳に入っていた。小泉は参拝後、「内外に不安や警戒の念を抱かせない一番良い時期だと思った」と語った。

ある外務省幹部も当日、「首相は、中韓両国の反発が最も小さくなるように、戦略的に参拝時期を選んだ」と小泉を持ち上げた。良好だった日中首相会談に加え、6月のサッカー・ワールドカップ（W杯）日韓大会、秋以降は日中国交正常化30周年の記念行事が目白押しであることなどを踏まえて、総合的に判断したといういわば〝自画自賛〟的な解説だった。

ところが、小泉や外務省幹部の判断は完全な見当外れだった。

朱は、江沢民ら共産党指導部に厳しく批判された。

「海南島での中日首相会談で靖国問題にクギを刺さなかったから、こんな事態を招いたんだ」

中国外務省も、「参拝の事前情報を入手できなかったのは大失態だ」と非難された。唐家璇外相、王毅外務次官、武大偉駐日大使ら中国の知日派は、そろって面目を失った。知日派にすれば、「日本に裏切られた」という思いだったという。

「中国は、２００２年は首相が靖国を参拝しないと思い込んだ。日本は、8月15日を避けて参拝すれば、中国がさほど反発しないと楽観視していた。完全なボタンのかけ違いだった」

政府高官は、こう振り返る。

小泉が就任以来行った5回の靖国参拝のうち、日中関係に最も深刻な打撃を与えたのは、実は

2回目だった。

冷え込む日中関係

小泉の靖国参拝に、中国は激しく反発した。参拝2日後の4月23日、中国政府が突然、北京の日本大使館に通告した。

「現在の中日関係にかんがみ、27日から予定していた中谷防衛長官の中国訪問受け入れと、5月14日の中国海軍艦艇の訪日をそれぞれ延期する」

中谷元・防衛長官は、遅浩田国防相との会談や国防大学での講演を予定していた。中国艦艇の来日は、前年8月の小泉の靖国参拝時にも延期され、ようやく実現のメドが立ったところだった。いずれも、中国共産党指導部の意向と見られた。

特に、江沢民の怒りはすさまじかった。公明党の神崎代表は4月29日、北京で江沢民と会談し、小泉から託された親書を手渡した。

「アジアにおける日中関係は相互依存関係にあり、極めて重要だ。大事にしていきたい。私は秋に訪中したいと考えている」

親書は、朱鎔基が招請した9月の小泉の中国公式訪問に意欲を示す内容だった。しかし、江沢民の態度はつれなかった。親書には一瞥《いちべつ》もせず、不愉快そうに同席者に渡した。その後、一方的にまくし立てた。

「私の気持ちは非常に複雑だ。小泉首相は昨年10月、盧溝橋で自己批判の姿勢を示した。この問題はもう終わったと思っていたが、思いもかけぬ事件が起きた。彼は改めて靖国神社を参拝したのだ。私たちは信用、信義を重んじる。しかし、彼の行動ぶりでは、言っていることが信用できない。首相はこのことを簡単に思ってはならない」

江沢民は時折、小泉を「彼」と呼び、その言動を強く非難した。神崎は「首相は8月15日から遠い日に参拝することで、アジア各国の国民への一定の配慮をした」と理解を求めた。だが、江沢民は「絶対に許せない。これは国家対国家、歴史対歴史の問題だ。簡単なミスではない。首相は問題を甘く見過ぎていたのではないか」と言い放った。

神崎は帰国後の5月7日、首相官邸で会談結果を小泉に報告した。

神崎「総理、やはりまずいですよ。アジア諸国との関係がおかしくなる」

小泉「うーん、そうだろうなあ。ただ、あくまでも戦没者を追悼する、今後二度と戦争を起こさない、という気持ちで参拝したんだけどなあ」

神崎はなおも翻意を促した。小泉は「立場の違いを尊重しながら、日中交流を拡大していくことはできないものかな」とぼやいた。だが、最後は迷いを振り払うように明言した。

「参拝は私の信念なんだ」

翌8日、日中関係をさらに悪化させる事件が起きた。中国・瀋陽の日本総領事館に駆け込んだ脱北者5人を中国の武装警察官が連行したのだ。竹内行夫外務次官は9日、外務省に武大偉・駐日中国大使を呼び、「領事機関公館の不可侵を定めるウィーン条約に違反している」などとして、5人の身柄引き渡しを要求した。武は「中国警察は日本総領事館の安全確保の措置を取ったもので、それ以外の意図はない。ウィーン条約は順守している」と反論した。

中国はその後、情報戦で日本を揺さぶった。

2日後、中国外務省の孔泉報道局長が「武装警察官の総領事館立ち入りには、日本側の同意があった」とする談話を発表した。中国政府はさらに、「脱北者が亡命意思を記した文書を手渡そうとしたにもかかわらず、総領事館員が突き返した」などと、〝新事実〟を次々に公表した。いずれも日本側の内部調査にはない情報だった。日本政府は釈明に追われ、守勢に回った。当初、中国側に向けられた日本の国内世論の矛先は、外務省に移っていった。

「外務省の対応は、甘い、とろい、のろい、だ」

5月14日の自民党外交関係合同会議では、外務省批判が2時間以上も続いた。前年12月に東シナ海に沈没した北朝鮮の不審船の引き揚げをめぐる中国との交渉も、脱北者事件に伴う外務省内の混乱により、停滞した。

政府はこれ以上の日中関係の悪化を避けようと腐心した。

当時、森前首相が旧知の陳水扁・台湾総統の招請を受け、6月ごろの台湾訪問をひそかに検討していた。2人は、陳が2000年1月の総統選前に来日した際、自民党幹事長だった森が激励会を開き、肩を組んでカラオケを歌った仲だった。陳は直筆の手紙を森に送り、「ぜひ台湾に来て欲しい」と要請していた。

この話を聞きつけた福田官房長官は、前首相が訪台した場合の中国の反発を懸念した。陳は台湾独立派の急先鋒《せんぽう》だった。福田は森を自宅に訪ね、こう頼んだ。

「9月の日中国交正常化30周年式典が終わるまで、訪台は待ってほしい」

森は「それもそうだな」と素直にうなずいた。森の訪台は2003年10月まで延期された。

一方、中国側も、瀋陽総領事館での駆け込み事件発生から2週間後の2002年5月22日、連行した脱北者5人をフィリピン経由で韓国に出国させた。「人道的配慮」を求めた日本側の要請に応じたのである。北朝鮮の不審船の引き揚げにも、6月17日に北京で開かれた日中局長級協議で正式に同意した。

ただ、小泉の訪中は当然ながら、立ち消えとなった。9月29日の日中国交正常化30周年を記念して、日本から国会議員約100人を含む約1万3000人が訪中したが、政府高官では川口外相ぐらいだった。

その後も、小泉の靖国参拝を継続する姿勢は全く揺らがなかった。外務省の竹内行夫次官や田中均アジア大洋州局長が小泉に参拝中止を直訴したこともあった。しかし、小泉は「中国に歴史問題を外交カードとさせないためにも、靖国に行く必要があるんだ」と強い口調で断言し、全く取り合わなかった。

江主席、参拝中止を求める

10月27日、アジア太平洋経済協力会議（APEC）首脳会議が行われたメキシコ・ロスカボスで、小泉と江沢民国家主席との3度目の会談が実現する。会談の前半は、9月17日の小泉訪朝が議題となり、和やかな雰囲気の中で進んだ。

小泉は「金総書記は拉致や工作船について犯行を認めた。日本国内には様々な意見があるが、私は日朝平壌宣言に署名した」と成果を強調した。江沢民は「今回の訪朝は意義深い」と評価した。江沢民がAPEC首脳会議でロシア語と英語を披露したことについて、小泉が「驚いた」と褒め、江沢民が「小泉首相の英語も素晴らしい」と応じる場面もあった。

会談の終了予定時刻が迫ってきた。江がおもむろに切り出した。

「中日関係を議論しなくてはならない」

江沢民は最初に、奈良時代の遣唐使だった阿倍仲麻呂や、日本に仏教を伝えた鑑真の話を語り始めた。江沢民は、阿倍仲麻呂の漢詩がお気に入りだった。そして、こう力説した。

「中日両国には非常に長い交流の歴史があるが、日本の軍国主義者が中国を侵略した歴史もある。歴史を鑑《かがみ》にして未来に向かうことが大事だ。首相の靖国参拝は、13億の中国人民の感情に触れる問題である。これは外交辞令ではない」

日本側同席者によると、江沢民が会談する際の癖なのか、その視線は、会談相手の小泉よりも中国側同席者に向きがちだった。まるで国内向けに演説しているかのように見えたという。

小泉はすぐに反論した。

「心ならずも戦場に行った人々に哀悼の意を表明するため、二度と戦争をしてはならないという気持ちで参拝している。日本は戦後一貫して国際協調路線を取ってきた」

江沢民は納得しなかった。再び小泉に迫った。「中曽根首相以降の首相は靖国神社に（公式）参拝してこなかった。中日関係を健全に発展させたい。ぜひ私が申し上げたことを考えてほしい」と、靖国参拝の再考を求めた。

小泉は持論を繰り返した。江沢民は業を煮やし、より明確に参拝中止を求める「三の矢」を放った。

「戦争の犠牲になった一般国民と軍国主義者は区別しなければならない。先の大戦は軍国主義者が引き起こした。日本の一般国民も戦争の被害者だ。靖国神社に行かない方が良い」

室内の空気が緊迫した。事務レベルで事前に会談内容を入念に調整する首脳会談で、双方が同じ主張を3回もぶつけ合うのは、極めて異例のことである。唐家璇外相ら中国側同席者の顔は蒼《そう》白《はく》となっていた。

小泉は平然としていた。「本日は率直な意見交換ができた」と総括すると、旧知の中国側同席者と話しながら会場を後にした。

江沢民は翌月、政治の一線から退いた。小泉と再び顔を合わせることはなかった。

12月24日、「追悼・平和祈念のための記念碑等施設の在り方を考える懇談会」（座長＝今井敬・経団連会長）が1年に及ぶ議論を踏まえ、恒久的な追悼施設が必要とする報告書を福田官房長官に提出した。報告書の柱は2つである。

一、政教分離原則に触れないよう、新追悼施設は国立の無宗教の施設とする。

一、追悼対象は「将兵」に限らず、民間人や外国人も含める。

ただ、報告書は、国立追悼施設の中身や追悼の方式などには「時期尚早」として言及しなかった。靖国神社については、新施設とは性格が違うため、「両立できる」とした。

靖国神社や日本遺族会などは「歴史ある靖国神社を軽視するもので、戦没者顕彰の形骸《けいがい》化につながる」などと反発した。日本遺族会会長に就任していた自民党の古賀・前幹事長は福田を訪ね、「日本遺族会としては絶対に反対です」と通告した。古賀は小泉にもひそかに会い、反対の意思を直接伝えた。小泉は黙って聞くだけだった。

自民党内でも反対・慎重論が根強い中、小泉は新たな追悼施設について「仮に建設されたとしても、靖国神社に代わる施設ではない」と発言を後退させた。

靖国問題を解決するための「落としどころ」として小泉や福田が模索した新施設の建設構想は事実上、棚上げになった。

「中国が靖国参拝に反対している時に施設を作れば、『中国に言われて作った中国神社』などと、その後、何十年も批判の対象となりかねない。追悼施設は本来、作るべきだが、靖国問題と絡めて検討をスタートしたのが失敗で、手順を誤った」

追悼施設問題に直接関与した首相周辺の解説である。

追悼施設建設と並んで、靖国問題の解決方法として再三、議論されてきたのが、「A級戦犯の分祀《ぶんし》」である。分祀とは、靖国神社に合祀されているA級戦犯14人の御霊を他に移すという意味だ。

中曽根は1985年の公式参拝が中国などの批判を呼んだ後、A級戦犯の分祀を模索した。しかし、靖国神社や遺族の反対で立ち消えとなった。99年にも小渕内閣の野中広務官房長官が記者会見で「A級戦犯に第2次大戦の責任を負ってもらい、分祀してはどうか」と提起したが、論議は進まなかった。

靖国神社は、教学上、こうした分祀は不可能だと説明している。そもそも、神道上の分祀という用語は、御霊をまつる際に、神社の中に別の「座」を新設してまつることを指しており、「いったんまつった御霊を抜き出す」という意味はないという。政府が一宗教法人の靖国神社に対し、分祀を強要すれば、憲法の政教分離原則に反する恐れもある。

中国側の反発を招かない形で、首相が靖国神社を参拝することは果たして可能なのか。妙案は見つかっていない。

胡錦濤新体制

2002年12月、中国の隔月刊誌「戦略と管理」に「対日関係の新思考」と題する論文が掲載された。中国の民族主義的な反日行動を強烈に批判するという、かつてない斬新な内容だった。「名は『愛国』であれ、実際には国に禍《わざわい》をもたらすものであり、国家、民族に対して何の責任も負わない群衆行動だ」

著者は共産党機関紙・人民日報の馬立誠評論員（論説委員）だ。論文は、日本の対中政府開発援助（ＯＤＡ）や前年の小泉の盧溝橋訪問を高く評価した。謝罪問題については「既に解決し、（文書化の）形式にこだわる必要はない」と指摘した。世界第２位の経済大国となった日本を「アジアの誇り」とまで呼んだ。日本人の中国に対するイメージの悪化原因として、日本に不法滞在している中国人の犯罪問題を取り上げた。

馬の論文について、中国国内では賛否両論が渦巻いた。否定的な反応が圧倒的に多く、インターネットでは、「売国奴」などと痛烈な批判も噴出した。だが、馬は当時、複数の日本側関係者に自信ありげに語っている。

「党中央指導部から『君の考え方は理解できる』と、お墨付きを得ている」

馬に「お墨付き」を与えた人物とは誰か。日中関係者の間では、この年11月の第16回共産党大会で、政治局常務委員に昇格した曽慶紅・前組織部長と見られていた。曽は、長年の江沢民の懐刀である一方、自民党の野中・元幹事長ら日本側と太いパイプを持つ。４月の小泉の靖国参拝直後にも、中国国内の反発を浴びながら来日を決行した「知日派」だ。

11月の党大会では、総書記が江沢民から胡錦濤へと交代した。毛沢東、鄧小平、江沢民に続く「革命第４世代」の新体制の発足である。

胡錦濤は、１９８０年代に対日重視の姿勢を示し、中曽根元首相と良好な関係を保った胡耀邦総書記と同じ中国共産主義青年団の出身で、胡耀邦の直系とされる。端正で知的な顔立ちや、えらぶらず、洗練された態度も、従来の中国指導者にはない新鮮な印象を国際社会に与えていた。

中国トップの交代は、しばしば歴史的な転機となる。

中国の胡錦濤体制（2003年3月の中国全国人民代表大会で決定）

	新	←	旧
国家主席	胡錦濤		江沢民
国家副主席	曽慶紅		胡錦濤
中央軍事委員会主席	江沢民		江沢民
全人代常務委員長	呉邦国		李鵬
首相	温家宝		朱鎔基
副首相	黄菊、呉儀、曹培炎、回良玉		李嵐清、温家宝、銭其琛、呉邦国

「馬立誠の論文は、胡錦濤新体制が日本に向けて発したメッセージではないか」

日本側に、新指導部に対する期待が広がった。

胡錦濤は翌２００３年３月の全国人民代表大会で、国家主席に選出され、党と国家の最高ポストを兼務した。胡の後任の国家副主席には、曽が就いた。

４月には、中国人民大学国際関係学院の時殷弘教授が「日本の国連安保理常任理事国入りを支持し、中日接近を図るべきだ」と主張する論文を発表した。中国側には、歴史問題よりも実務を重視して日中関係の改善を目指す兆しが相次いでいた。

小泉と胡錦濤が初めて会談したのは5月31日、ロシア、サンクトペテルブルクの建都３００周年記念行事に出席した際のことだ。胡は穏やかな口調で語りかけた。

「中日両国は友好的に30年間交流を続け、関係は広く深く発展した。長期的視野と大局を踏まえて、新世紀の中日関係を考えたい」

胡錦濤は、北朝鮮による日本人拉致問題についても、日本の立場を支持する考えを初めて表明した。胡錦濤の「未来志向」は、「過去の歴史」にこだわった江沢民の姿勢とは対照的だと日本側に映った。

小泉「私は61歳。胡主席と同じ年齢ですが、ずいぶん若く見えますね。10歳くらい若いのではないですか」

胡「いやいや、私は本当に同じ年ですよ」

小泉「同じ世代ですね。21世紀の日中関係の発展に尽くしましょう」

会談は和やかな雰囲気に終始した。日中双方の有識者が関係改善に向けて意見交換する「新日中友好21世紀委員会」の設置でも合意した。

胡錦濤体制の発足により、日中関係は新たな段階を迎え、順調なスタートを切った。

2003年は、日中平和友好条約の締結25周年という節目の年でもあった。

8月9日、北京の人民大会堂で開かれる記念式典に出席するため、橋本竜太郎、村山富市の両元首相や福田官房長官らが訪中した。福田の父・赳夫は、条約締結時の首相だった。

宋健・中日友好協会会長は式典で、あいさつした。

「中日両国の交流が、さらに拡大することを願ってやまない」

日本側代表の橋本は、「日中両国の発展だけでなく、世界の平和と安定に寄与することが求められている。双方が崇高な目標に向かって努力しなければならない」と応じた。記念行事に水を差さぬよう、双方が小泉の靖国参拝への言及は避けた。

しかし、中国側は、小泉内閣の番頭役である福田を通じて、参拝中止を再び働きかけた。温家宝首相は翌10日の福田との会談で、冒頭から小泉を批判した。

「日本の指導者が引き続き靖国神社に参拝するという問題がある」

福田は「心ならずも戦争に参加し、国に命をささげた人々を追悼する気持ちで行っており、参拝方法も工夫している」と理解を求めた。さらに、こう強調した。

「歴史認識の問題はすぐには解決できないでしょう。時間をかけて、話をしていきましょう」

福田は、経済の連携強化や文化交流の促進など、靖国問題以外の分野の協力を先行させるよう提案した。温は黙って聞き入った。

同じ8月10日、唐家璇の後任の外相に就任した李肇星が来日した。李は翌11日の小泉や川口外相との個別会談で、8月下旬の6か国協議の開催に向けて日中両国が連携することで一致した。

川口は、李と打ち解けた関係を作ろうと、レ・ミゼラブルの観劇に招待した。

だが、李は「ご招待はありがたく受けるが、一緒に劇場に行くのはちょっと……」として、中国側だけで観劇したい意向を伝えてきた。日本の外相と仲良くしているのは中国国内向けに具合が悪い様子だった。

約2か月後の10月7日、インドネシアのバリ島で、小泉、温と韓国の盧武鉉大統領が、政治、経済、安全保障など幅広い分野で日中韓3か国の協力促進をうたった初の共同宣言に署名した。共同宣言は、歴史問題には一言も触れなかった。日中両首脳が署名した文書では初めてのことだという。宣言の作成作業に携わった外務省幹部は、こう証言する。

「絶対に未来志向だけの文書にすると、最初から心に決めて交渉に臨んだ。中国側も、歴史問題に言及する宣言の文案を持ってくることはなかった」

温は同じ日の小泉との会談で、「小泉首相の適当な時期の訪中を歓迎する。私も訪日を希望する。そのためには良好な雰囲気をつくる必要がある」と語った。中国側から首脳間の相互訪問の再開を切り出してきたことに、日本側は驚き、日中関係の好転への手ごたえを感じた。温の発言は会談後に公表された。

ところが、翌8日の小泉の発言が中国で大きな波紋を広げ、事態は急変する。

小泉は同行記者団との懇談で、年1回の靖国神社参拝を継続すると明言した。さらに、靖国参拝について「もう理解されている。日中友好を阻害しない」と発言した。この発言が中国国内での温の立場を危うくした。中国指導部で靖国参拝に「理解」を表明した人物は1人もいない。温が直前の小泉との会談で靖国参拝を容認したのか、と疑われたのである。

3日後、中国外務省の章啓月・副報道局長は「7日の会談では、中日両国首脳の相互訪問には触れなかった」との異例の談話を発表した。会談での実際の発言を否定してでも、温の立場を守ろうとしたのだった。

「私も希望する」と温が語った初来日は、一気に遠のいた。小泉の2回目の靖国参拝で悪化した後、徐々に上向きかけていた日中関係は、再び冷え込んでいく。

「政冷経熱」にも動じず

「中日関係は『政冷経熱』の不正常な状態にある」

2003年12月4日、中国の唐家璇国務委員（前外相）は北京で、両国の有識者による「新日中友好21世紀委員会」のメンバーに語った。近年の日中関係を象徴する「政冷経熱」に、中国高官が初めて言及した場面とされている。

新日中友好21世紀委はこの年5月、小泉と胡錦濤との初会談で設置が決まった。委員は計15人。日本側は小林陽太郎・富士ゼロックス会長、中国側は鄭必堅・改革開放フォーラム理事長がそれぞれ座長を務めている。鄭は胡錦濤のブレーンの1人とも言われる。

日中両国の経済関係は年々、緊密化していた。財務省の貿易統計によると、2003年の総貿易額（香港分を含む）は約19兆円。２００４年は約22兆円に達した。中国が初めて米国を上回り、日本にとって最大の貿易相手国となった。

日本の経済界では、政治交流の停滞が経済分野に波及することへの懸念が強まり始めた。中国側も、経済をカードに、小泉の靖国参拝問題で譲歩を迫ろうとした。

対中国貿易額の推移(香港含む)

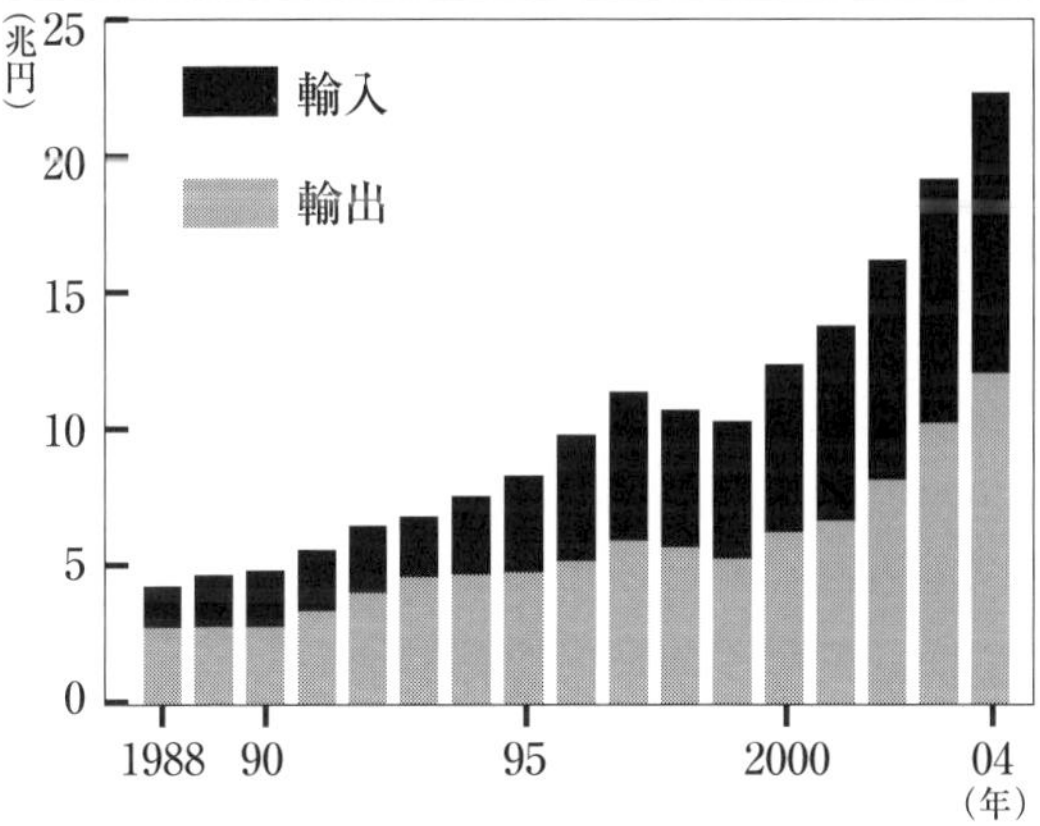

代表的な例が、日本がフランスやドイツと受注を争う北京―上海間の高速鉄道建設問題だ。話は２００２年6月上旬にさかのぼる。

訪中した保守党の野田毅党首は、中日友好協会の宋健・会長から「グッドニュース」を聞かされた。

「我々は、日本の新幹線でいく。この件は朱鎔基首相から任されている」

中国は日本の新幹線の技術を高く評価していた。この年11月の共産党大会で江沢民体制が胡錦濤体制に移行した後、正式決定する運びと見られていた。

日本ではこの前後、武大偉駐日大使が福田官房長官に対し、懇願していた。

「小泉首相が今後、靖国に参拝しないと約束できないか。参拝すれば、中国の高速鉄道の入札に影響するかもしれない。中日の交流計画もストップし、私の大使の仕事がなくなってしまう」

福田は「そんなことをすれば、日本国民の対中感情を悪化させるだけだ」と、やんわり断った。

しかし、2003年になっても、中国側は高速鉄道の入札を先送りし続けた。1月14日に小泉が行った3回目の靖国参拝が影響したとの見方が支配的だった。中国のマスコミは、日本の新幹線売り込みに対し、「日本は歴史問題への態度があいまいで、用心せざるを得ない。新幹線に決まれば、最も利益を得るのは、自衛隊のために兵器を生産している企業だ」などと批判した。

福田は8月9日、北京で胡錦濤と会談し、日中関係の改善と合わせて、新幹線をPRした。

「私の父、福田赳夫は1978年の日中平和友好条約の調印式に臨んだ際、『日中国交回復で日中間に吊り橋が架かったが、この条約で鉄橋ができた』とあいさつした。私は、この鉄橋の上に新幹線を走らせなければならないと思っている」

ただ、福田には懸念があった。中国国内では当時、日仏独各国の鉄道の長所を組み合わせる「分割入札方式」が浮上していた。福田は唐家璇らと会談した際、強調した。

「日本が車体、レール、運行システムを『三位一体』で受注しないと、安全性が確保できず、新幹線の技術を提供する訳にいかない」

小泉改革の一つの柱である地方財政の「三位一体改革」に引っかけ、分割入札方式を中国が取らないようクギを刺したのだ。

自民党の野中・元幹事長も24日、北京で会談した唐に対し、「(新幹線技術の)部分的な採用でなく、すべて日本の方式でなければ、日本は安全性に責任を持てない」とけん制した。

中国は当時、日本側の条件を丸飲みしてでも、日本に発注するのは時間の問題だと見られていた。しかし、発注はさらに、ずるずると延期された。2004年6月、中国に駐在する日本企業幹部は、訪中した日本の経済人に訴えた。

「中国は今すぐにも、日本に高速鉄道建設を発注したいのに、政治状況のせいで決められないでいる」

小泉の靖国参拝さえなければ、問題は解決するというわけだ。

中国側も、こうした日本の経済界の動向を横目でにらんでいた。武大偉は駐日大使を退任する直前の8月、何とか小泉の靖国参拝の中止を実現しようと、最後の猛烈な働きかけを行った。武の新ポストは当時、共産党外事弁交室副主任で、左遷人事とされていた。武の活発な動きは人事面での巻き返しが目的と見る向きもあった。

武のターゲットには多くの財界人も含まれていた。効果はすぐに表れた。

8月31日夜、日本経団連の今井敬名誉会長、奥田碩会長ら経済界首脳が都内のホテルで小泉と会食した。出席者の1人が切り出した。

「中国では、日本が当然受注すべき案件が他の国に回っている。中国は本来、経済的な効率を重視する国なのに、『政冷』が影響しています」

間接的に靖国参拝の中止を求める発言だった。しかし、小泉は全く動じなかった。

「そういうことも知っているが、それは経済の論理だ。政治には政治の別の論理がある」

小泉はさらに、自らに言い聞かせるように力説した。

「靖国参拝は、これはこれで大切なことなんだ。日中関係の大きなことについて、自分は一生懸命やるつもりだ。そこは何とか分かってほしいし、いずれ中国も分かってくれるはずだ」

こうした小泉の姿勢について、ある財界人は「首相は『中国側も分かってくれる』と言うばかり。日中関係を改善するために、目に見える形で打ち出した政策など何もない」と吐き捨てた。

一方で、財界側への批判もある。

「ふだんは政治なんて自分と関係ない、という立場なのに、自分のビジネスに影響するとなると、手のひらを返したように意見が変わる」と、親中派議員は語る。

小泉は9月8日、首相官邸を訪れた新日中友好21世紀委の日本側座長の小林陽太郎らに対し、機先を制するように語った。

「また、靖国問題で考えを変えろと言いに来たのか？」

靖国問題をめぐる日本国内の対立は徐々に深刻化してきた。

新日中友好21世紀委は9月20日、エネルギー開発や、青少年、学術、文化、教育面の交流促進のための基金の設立を提言したが、具体化には至っていない。

「来年も靖国に行く」

2004年9月10日、中国の王毅外務次官が駐日大使に着任した。王は50歳。胡錦濤国家主席とも近い「知日派のエース」で、将来の外相候補の1人と目されている。

2日後、唐家璇・国務委員は北京で川口外相と会談した際、王の大使起用について「困難な状況にある中日関係を改善、好転させたいということだ」と強調した。在中国の日中関係筋は語る。

「王は大使に任命された時、胡錦濤ら指導部から『対日関係を改善するように』と強く指示された。同時に、『小泉首相の靖国参拝を何とか出来ないか』という話も出た可能性がある」

王は早速、動いた。細田官房長官、武部自民党幹事長ら政府・与党の有力者を次々と訪ね、力説した。

「小泉首相が靖国神社の参拝をやめれば、中日間の歴史問題は全部解決する」

さらに、「来年は抗日戦争勝利60周年で、中国人民にとって敏感な年だ。それを考慮する必要がある」とも強調している。

10月18日には、都内での講演後の質疑応答で、「靖国問題は日本の内政の範囲を超え、厳粛な外交問題となっている。日本の指導者が根本から態度を変え、中国の国民感情を再び傷つけないよう望む」と語った。

正面から参拝中止を迫る王の手法は、同じ知日派で7歳上の武大偉・前大使と対照的だった。「武・前大使は苦労人で、じわじわと人脈を作り、時にリスクも取った。エリートの王大使は官僚的で、何事にもしゃかりきに取り組む。靖国問題では本国に活躍をアピールしようとしたが、少し張り切り過ぎた」

外務省のある中国専門家（チャイナスクール）の解説である。

また、唐や王、武ら中国の知日派は「基本的に日本には厳しく対応する。そうしないと、中国国内で批判され、外務省内で生き残れない」という宿命を背負っているとされる。アーミテージ前米国務副長官に代表される米国の知日派が「基本的に日本を励まし、日本を持ち上げて米政府に売り込む。それが自分たちの立場を強くする」と考えるのと比べて、対照的である。

王が日本の歴史問題を批判するのに対し、竹内行夫外務次官が反論したこともあった。「戦前のことばかり言うのはどうか。戦後の60年も歴史だ。日本はアジアや世界平和のために尽くしてきた。今、日本の軍事攻撃を恐れる国があるだろうか。そこを評価しないで60年前と今を結びつけるのでは、日本国民の賛同は得られない」

王ら中国側の強硬な姿勢は、小泉を一段とかたくなにさせた。

小泉は10月22日、国会内で河野洋平衆院議長と会談した際、靖国参拝にこだわる理由について本音を漏らした。

「中国に言われて靖国参拝をやめるのはなあ」

そこには、他人に指図されることを極端に嫌う、勝ち気な性格が表れていた。

河野は、親中派の元外相で、ハト派の代表格でもある。9月の訪中を踏まえ、やんわりと靖国参拝の中止を小泉に求めた。

「小泉さんは『中国の経済発展は日本にとってチャンスだ』と言い、台湾問題も全くブレがない。中国側が神経質な部分に、きちんと対応できている。ただ一点、靖国問題が小泉さんの良いところを全部帳消しにしている」

さらに、「中国に言われたからやめるとか、やめないとか、そういう風に考える必要はない。相手が何と言おうと、自分が考えて、こうすべきと思うことをすればいい」と主張した。

だが、小泉は「例えば、中国向けのビザ（査証）も随分出すようになった。日中関係は順調じゃないですか」と語り、最後まで聞き入れなかった。

小泉は11月4日には、首相官邸を表敬訪問した王と大激論になった。

小泉「米国もロシアも何も言わないのに、なぜ中国だけが文句を言うのか」

王「A級戦犯には関東軍の司令官もいた。だから問題にしている」

小泉「日本では、死んだ人はみな神としてまつられるんだ」

王「中国から見ると違う。中国はA級戦犯に戦争の責任があると総括し、それを前提に国交正常化した」

2人のあまりの剣幕《けんまく》に、同席者らが報道陣に対し、「靖国問題は全く話題にならなかった」と会談内容を伏せたほどだった。

当時、日中両政府は、11月下旬にチリで開かれるアジア太平洋経済協力会議（APEC）首脳会議の際に小泉と胡錦濤の首脳会談を行うかどうかについて、水面下で調整を続けていた。中国側は当初から慎重だった。中国政府高官は「会談すれば、小泉首相の靖国参拝問題が再び焦点になる。結局、中国国内の反発を招くだけで、会談しない方が良いのではないか」と語った。

外務省の藪中三十二アジア大洋州局長はこう主張した。

「日中間に懸案があるからこそ、首脳同士が会談すべきでしょ。日中両国の首脳が同じ国際会議に出席するのに、2国間会談をしないことが本当に良いことなんですか」

福田康夫・前官房長官も、「会談すべきだ」と中国側に働きかけた。

前年10月の温家宝首相との会談の直後、小泉が靖国参拝の継続を表明し、温の立場が傷ついたことがあった。中国側はこの件を持ち出し、「同様の発言があるようでは首脳会談はできない」と注文してきた。首脳の相互訪問でなく、第三国での首脳会談の開催にまで条件を付けてきたのは初めてである。

藪中は言葉を選びつつ、小泉にやんわりと理解を求めた。

「昨年の温首相との会談後、『来年も行く』とおっしゃったことで、中国側は大変なことになりました。今回、『来年も靖国に行く』と言ったら、日中関係はおしまいです」

小泉は黙って聞いていた。その後、一つの提案をした。

「靖国問題ばかりに縛られるのはおかしい。会談後、私が、靖国に行くとも行かないとも言わないことで、どうだろう」

同時に、外務省に対して強くクギを刺した。

「でも、おれは来年も靖国に行くよ。そこは中国に絶対、誤解を与えるな」

日本側の方針が固まった。これを中国側に伝えたのは、竹内外務次官だった。11月9日、竹内は王と会談し、「来年の参拝には一切言及しない」という小泉のアイデアを説明した。さらに、「首相は会談で、『A級戦犯のために参拝するのではない』と言うはずだ」と語り、A級戦犯へのこだわりを見せる中国側に対し、一定の配慮を行うことを伝えた。

王は喜んで「本国に正確に伝える」と応じた。そして、最も気になる点を竹内にただした。

「それで、首相は来年、靖国に行くのか、行かないのか」

王は何度も質問したが、竹内は「今の説明から読み取ってほしい」の一点張りで通した。王はあきらめて席を立った。その瞬間、竹内はつぶやいた。

「首相は行くよ」

あえて非公式な形で小泉の意向を伝えたのだった。

中国側はどう出るのか。チリでの会談実現はなお、不透明だった。

中国原潜が領海侵犯

日中両政府が11月下旬のチリでの首脳会談に向けて調整を進めている最中、かつてない大事件が発生した。11月10日未明、沖縄県の宮古列島周辺で国籍不明の原子力潜水艦が領海侵犯し、海上自衛隊に海上警備行動が発令されたのだ。

正当防衛、緊急避難の目的での武器使用や船舶の立ち入り検査などを可能とする海上警備行動の発令は、99年3月に能登半島沖で発生した北朝鮮の工作船事件以来、史上2回目だった。

防衛庁はすぐに、スクリュー音などから中国軍の原潜と断定した。海自のP3C哨戒機2機と護衛艦2隻が追尾した。原潜は蛇行を繰り返し、中国東岸に向けて北上を続けた。細田官房長官は記者会見で、「極めて遺憾だ」と苦虫をかみつぶした。

中国側はすぐには非を認めようとはしなかった。

「報道で初めて知った。詳しいことは分かっていない」

その日夜、北京で橋本元首相と会った中国人民解放軍の熊光楷・副総参謀長は、他人事のように語った。翌11日に会談した曽慶紅・国家副主席も、「関心を持っており、調査を行っている」と語るだけだった。外務省は当初、中国への抗議や、事実関係の照会を見送った。

「これは外交戦争、ゲームなんだ。最も効果的な時期と方法を考えれば、調査中に抗議するのではなく、すべて証拠が出そろってからの方がいい」

ある外務省幹部は解説した。しかし、野党だけでなく、自民党からも「外務省のチャイナスクールは弱腰だ。中国への抗議をためらうべきではない」などと政府批判が噴出した。

親中派で知られる自民党の二階俊博総務局長は13日、地元の和歌山県の高野山で開いた二階グループの研修会に王毅駐日大使を招いた。二階はかつて、中国との太いパイプを誇った竹下派に所属しており、王とは旧知の仲だった。

王は研修会での講演で、「中国と日本の間には時々波風もあるが、互いに尊重し合い、落ち着いて解決策を探ることが求められる」などと語った。

翌14日朝、二階は王と２人で僧侶の説法を聞いた。宿坊の広間に、僧侶の低い声が響き渡った。部屋の床の間には、「徳照隣」（徳は隣を照らす）と揮毫《きごう》された由緒ある書が飾られていた。二階は説法を聞き終わると、王に語りかけた。

「大使、隣人を大切にするという徳は大事ですね」

王はしみじみと書を見上げ、何度もうなずいた。

原潜は15日夜から16日未明にかけて、黄海沿岸の青島付近にある中国・姜哥庄《ジャングウジャン》の潜水艦基地に入港した。日本側は、日米の衛星情報や電波情報などでこれを確認した。中国軍の原潜は、中台有事の際に米海軍の空母の動きをけん制する役割を担うとされる。領海侵犯には「日本の対潜能力を探る狙いがあった」との見方が多かった。

ようやく中国が動いた。16日午前、武大偉外務次官は阿南駐中国大使と会い、「調査の結果、中国の原潜と確認した」と責任を認めた。ただ、軍事目的ではなく、あくまで事故だと強調した。

「通常の訓練で、技術的要因により誤って進入した」

武は「遺憾」の意こそ表明したが、謝罪や再発防止への言及はなかった。

ちょうど北京を訪問中だった山崎拓首相補佐官は、武に注文した。

「再発防止を明確にしないと、日中首脳会談は開けない。まず外相会談を開き、そこで言及してほしい」

武は当初、「原潜事件は解決済みだ」と主張した。山崎は納得せず、繰り返し〝けじめ〟を要求した。武は「我々は首脳会談開催に積極的だ」と、間接的表現ながら、柔軟な姿勢を示した。

2日後、アジア太平洋経済協力会議（ＡＰＥＣ）外相会議が開かれたチリで、町村信孝外相と李肇星外相が会談した。李は領海侵犯事件について、「再発防止策を取るのは当然だ」と明言した。山崎が求めた通りの返答だった。

だが、町村は満足しなかった。武が先に表明した「遺憾の意」に言及し、改めて中国側の見解をただした。李は渋々言った。

「武次官の一言一句を理解しており、自分が述べた言葉と理解してもらって間違いない」

町村がさらに「遺憾の意も含まれるのか」と追及すると、李はようやく、「（含まれると）確認する」と答えた。

日中間の障害の一つが取り除かれた。しかし、もう一つの「対立の火種」が残っていた。中国が東シナ海で開発中のガス田問題である。

中国は90年代後半、日本の排他的経済水域（ＥＥＺ）の境界線（日中中間線）近くの中国側海域にある平湖ガス田で天然ガスの生産を開始した。約13億の人口を抱える中国が経済発展を続けるには、エネルギー資源の確保は最重要案件だ。数十年先を見据えた国家戦略に基づいていた。

ところが、中国が２００３年８月以降に、平湖より日中中間線に近い場所で開発に着手した春暁（日本名・白樺）、断橋（同・楠）など複数のガス田は、地下で日本側につながっている可能性が高く、日本の資源が奪われる懸念が生じた。川口外相は２００４年６月の日中外相会談で強く抗議し、中国側の鉱区設定などに関する詳細なデータ提供を求めた。

しかし、李は「日本が一方的に主張する中日中間線は認めない。相違を棚上げにして共同開発も考えていくべきだ」などと主張した。10月25日の局長級協議でも、議論は平行線だった。

11月上旬、自民党海洋権益特別委員長の武見敬三参院議員は、細田を首相官邸に訪ね、強く要望した。

「このままでは中国のいいように天然ガスを吸い取られてしまいます。政府を挙げて取り組むため、関係閣僚会議を設置すべきです」

武見のかねてからの持論だった。武見ら自民党の有志は既に６月、閣僚会議の設置や、政府主導による資源調査などを政府に提言していた。細田は煮え切らない答えに終始した。

「首相の指示で作られた関係閣僚会議があまりに多すぎて、整理統合を進めている最中なんだ。それなのに、新しい会議を作ることなんてできないよ」

武見がなおも食い下がると、細田は「まず関係省庁の局長級で実務的に対応し、必要に応じて閣僚懇談会を開くことでどうか」と提案した。武見は残念そうにうつむいた。

細田は、武見に言い聞かせるように、裏事情を明かした。

「今、関係閣僚会議なんか作ったら、この問題が必要以上に早く政治問題化する。中国との対立をあおる流れは、なるべく避けたいんだ。意に添わないとは思うが、この辺で勘弁してくれよ」

武見はようやく、「日中首脳会談を優先するということか」と気づいた。それ以上の発言は控え、黙って官邸を後にした。

首脳会談、ぎりぎりの譲歩

11月19日午前、日中首脳会談の開催について、中国側から「受け入れる」との最終回答が届いた。胡錦濤らが最後まで会談に応じるかどうか迷ったため、会談日程は当初調整していた20日午前から21日夜にずれ込んだ。小泉がAPEC首脳会議に出席するため、チリのサンティアゴに出発する直前だった。

小泉は出発前、「日中関係はお互い重要だし、国際社会の場でも日中が協力して発展する分野が増えてきた。今後も日中関係を重視して、友好発展に努力しようという立場で会談に臨みたい」と上機嫌で記者団に語った。

南米のチリは、晩秋の日本と逆で、春真っ盛りだった。小泉は明るいグレーのスーツ姿で中国側宿舎のマリオット・ホテルを訪ねた。胡錦濤は笑顔で迎えたが、表情には緊張が見えた。

1年1か月ぶりの会談が始まった。「来年は靖国神社に行くとも行かないとも言わない」という小泉の密約に対し、胡がどう出るのか。日本側は、かたずをのんで見守った。

「中日国交正常化から32年、各分野で著しい成果が上がっており、貿易は今年１６００億ドルを超える勢いだ。中国の貿易量の15％を占めるまでに至っている。友好都市の数も２６６となっている」

胡錦濤はまず、具体的な数字を挙げて日中関係の重要性を力説した。中国要人の典型的な発言のパターンである。胡は10分間に及ぶ冒頭発言を、「中日両国は相互補完の関係にあり、共通利益の拡大を目指すべきだ。中日関係の進展はアジア、世界の反映に貢献する」と締めくくった。

小泉は賛意を示したうえ、ガス田問題や領海侵犯事件について中国側に善処を求めた。ただ、領海侵犯に関する抗議や謝罪要求は行わず、胡錦濤に配慮した。胡錦濤は「中日間の諸懸案は、大局的見地に立って解決していきたい」と応じた。

靖国参拝に話が及んだのは、会談の最後だった。胡錦濤はそれまでの穏やかな雰囲気とは打って変わり、予想以上の厳しい言葉で小泉を批判した。

「中日両国間の政治停滞の原因は、日本の指導者の靖国訪問にある。来年は反ファシスト勝利60年の敏感な年だ」

中国国内の保守派などにくすぶる「弱腰」との批判を避けることを意識した発言と見られた。日本側に緊張が走った。

しかし、胡錦濤は、今後の小泉の靖国参拝について、あえて深追いはしなかった。

「適切に対処して下さい」

小泉は「真剣に聞きました」と短く答えた。

この応酬が意味するところは何か。関係者は解説する。

「胡主席は『靖国神社に行くな』と直接は言わず、国内的なリスクを背負った。小泉首相が『来年も行く』と言わないリスクを取ったことに応えたのだ」

両首脳がぎりぎりの譲り合いを見せた会談は、予定を30分以上もオーバーし、1時間10分に及んだ。小泉は「良い会談だった」と晴れやかな表情で席を立った。同席した杉浦正健官房副長官が「胡錦濤はいい人ですね」と声をかけると、小泉は「うん、うん」とうなずいた。

その後は、シナリオ通りだった。小泉は記者団に参拝継続の意思を問われ、「どんな質問があっても触れないことにした」と淡々と答えた。

会談の成功に関係者は一息ついた。だが、懸命に演出した日中の「関係修復」は、すぐに崩壊する。


新たな日中間の亀裂の原因は、2つの台湾問題だった。

1つは、中国が「台湾独立派の総代表」と見なす李登輝・前台湾総統への査証（ビザ）発給問題だ。

李が総統退任後、初めて来日したのは小泉政権発足直前の2001年4月22日。心臓病の治療が目的である。2002年11月には、慶応大学の学園祭「三田祭」での講演を理由に、再び来日の動きが表面化した。一部には慎重論もあったが、政府は、受け入れる方向で準備を進めていた。だが、ビザ発給直前になって、講演自体がなくなったため、来日は実現しなかった。

来日計画が再浮上したのは2004年夏だった。台湾との議員交流を主導している日華議員懇談会の平沼赳夫会長が外務省などに打診した。

「李氏は京大出身で日本に知己も多い。目的は家族旅行だ。迎え入れてはどうか」

李は9月下旬の来日を希望していた。私人の観光旅行を拒否する理由はなかった。

政府内には「いつまでも李登輝氏の来日を政治問題にしたくない。静かに来て、静かに帰っていく形に持って行きたい」という思いもあった。

だが、12月の台湾の立法委員（国会議員）選挙が障害となった。李の来日が、「独立派」の選挙宣伝に利用される恐れがあったためだ。将来的な台湾との統一を目指す中国は、独立派の動きに神経をとがらせていた。日本が李の来日を許可すれば、中国の反発は必至と見られた。

当時、日中関係は急速に冷え込んでいた。7月に中国各地で開催されたサッカー・アジアカップの影響だ。日本代表の試合中、中国人観客が激しくブーイングしたり、試合後に日本人観客を取り囲んで暴言を吐いたりした。8月7日の北京での日本対中国の決勝戦後には、日本大使館の公用車のガラスが投石で割られた。日本国内でも嫌中感情が強まっていた。

政府はこうした状況を考慮し、9月に入ると、「立法委員選挙の後ならビザを発給する用意がある」と李側に伝えた。来日の政治的意味を薄める意図だった。

外務省幹部から説明を受けた平沼は、「そういう判断ならそれでいい。だが、必ず来日を実現する方向でやってほしい」と了承した。

3か月が過ぎた。12月11日の台湾の立法委員選挙では、対中関係安定を主張する国民党と親民党の野党連合が過半数を制した。独立志向が強い陳水扁総統の民進党と台湾団結連盟の与党連合は敗北した。

李の来日を妨げていた障害がなくなった。細田官房長官は12月16日、李へのビザ発給を発表した。中国への配慮も忘れなかった。

「台湾独立を支持しないことを改めて明確にしておきたい」

町村外相は平沼ら親台派の国会議員に電話し、「李氏はプライベートで来るので、個別の面会は控えてもらえないか」と頼んだ。外務省は、李にも、「政治家に会わない」「講演しない」「記者会見を開かない」という3つの条件を付けた。

12月27日、李は曽文恵夫人、長男の妻、孫娘の3人とともに日本の地を踏んだ。金沢や京都などを観光し、1月2日に離日するまでの7日間、日本側が要請した「3条件」を守った。楽しみにしていた母校・京都大学の訪問も「政治問題に発展しかねない」と断念した。

それにもかかわらず、中国の対応は厳しかった。李が離日した2日後、在日中国大使館は自民党の額賀福志郎・前政調会長に通告した。

「9日から予定していた訪中は延期して欲しい」

中国側は表向き、「成果を上げるための準備が整わない」と説明した。だが、交流行事の中止や延期により、間接的に不満を伝えるのは、中国がよく使う手法である。

時期を同じくして、自民党の安倍晋三幹事長代理や、野中広務・元幹事長らの訪中計画も、相次いで延期された。日本政府は、李へのビザ発給が原因だと受け止めた。

間もなく、それが真相だと判明した。2005年1月11日、訪中した自民党の中川秀直国会対策委員長らと会談した唐家璇国務委員は、こう言い放った。

「皆さんは古い友人なので、私の真意を話したい。この局面には2つの問題がある。1つは歴史問題であり、2つ目は日台関係の問題だ」

唐は李登輝の訪日について、「中国のいろいろな注意を顧みず、来日させたことは率直に言って遺憾だ。李登輝は分裂勢力の大元締だ」などと一方的に非難した。日本がこの問題で示した配慮には何も触れなかった。

日中関係にとってのもう1つの「台湾問題」は、2月19日、ワシントンの米国務省で開かれた日米安保協議委員会（2プラス2）が引き金となった。

協議には、日本側から町村外相と大野防衛長官、米側からライス国務長官とラムズフェルド国防長官が出席した。4人は、在日米軍再編の基本指針となる「共通戦略目標」を共同声明として発表した。

声明は、アジア太平洋地域の安全保障環境について、朝鮮半島などを念頭に、「不透明性・不確実性」が継続していると指摘し、「中国が責任ある建設的役割を果たすことを歓迎する」とした。裏を返せば、中国は現在、「責任ある建設的役割」を果たしていないという指摘でもあった。さらに、「台湾海峡を巡る問題の対話を通じた平和的解決を促す」と明記した。

日本の外務、防衛両省庁や国防総省は当初、もっと強い表現で軍事大国化する中国への警戒感を示すことを検討していた。しかし、米国務省が事前協議で「中国を刺激するのは得策ではない」と主張したため、穏やかな表現に落ち着いた。前年12月の日本の新しい「防衛計画の大綱」が、中国軍の近代化などを「注目していく必要がある」と明記したのに比べても、むしろ控え目となった。

ところが、台湾問題の部分について、中国は強く反発した。中国外務省の孔泉報道局長は翌20日、「米日軍事同盟は冷戦という特殊な歴史条件の中で形成された2国間同盟であり、2国間の範囲を超えるべきではない。共同声明は、中国の国家主権、領土保全、国家安全にかかわる台湾問題を盛り込んでおり、中国政府と国民は断固としてこれに反対する」との談話を発表した。中国の政府系報道機関も「日米による内政干渉」などと批判した。

中国が懸念したのは、日米両国が「平和的解決」の旗を振ることが結果的に、台湾の独立派を勢いづかせることだった。実際、陳政権は日米共同声明について、「長期的に、両岸（中台）の平和の推進に役立つ」と歓迎する意向を表明していた。

台湾問題は常に、日中、米中関係の火種となってきた。

２００２年２月19日、初めて来日したブッシュ米大統領が参院本会議で演説した。

「日米は共に安全保障の絆《きずな》を強める。米国は台湾の人々に対する関与を忘れはしない」

民主党のクリントン前政権は、台湾有事の際に米国がどう行動するかを明確にしない「あいまい戦略」を取ってきた。共和党のブッシュの演説は、この戦略を放棄し、中国が武力行使による中台統一に動いた場合、台湾を防衛する意思を示したものだった。

ただ、ブッシュ政権は一方で、２０００年５月に総統に就任した陳水扁が独立志向を一段と強め、中台関係が緊張することは避けたい、と考えていた。

「陳総統は火遊びが過ぎる」

アーミテージ国務副長官は竹内外務次官との日米戦略対話で再三、陳を批判した。

陳が、各国との自由貿易協定（ＦＴＡ）締結交渉を通じた「経済外交」を活発化させたり、パスポートの表紙に「ＴＡＩＷＡＮ」と追記する考えを表明したりしたからだ。米側は様々なルートで、「日本も台湾に忠告してほしい」と要請した。

日米両国の懸念が最も強まったのは、陳が２００３年11月、台湾の主権と安全を守るための住民投票を翌年３月の総統選と同時に行う方針を表明した時だった。住民投票の内容は後日、「中国に台湾向けミサイルの即時撤去と武力不行使を求めるもの」と説明された。陳には、総統選を有利に運ぶ思惑があったが、中国は猛反発した。

ブッシュは12月９日、ワシントンで中国の温家宝首相と会談した後、記者団にこう明言し、中国側への配慮を見せた。

「中国でも台湾でも、現状を変革する一方的な動きには反対する。台湾の指導者の言動は、現状を一方的に変革する意志を示していると見られ、我々は反対する」

日本も米国と共同歩調を取った。12月25日、父親の友人の墓参のため、私的な立場で訪台した森前首相は、旧知の陳と会談した際、率直な表現で再考を促した。

「台湾にとって米国は大切な国だ。米国を困らせるのは得策ではない」

その４日後には、日本の対台湾の窓口である交流協会の内田勝久台北事務所所長が、台湾総統府に「中台関係をいたずらに緊張させる。慎重な対処を希望する」と申し入れた。外務省の「訓令」に基づく異例の措置で、わざわざ記者発表まで行った。

今度は陳政権が反発した。翌30日、一部の立法委員（国会議員）が交流協会台北事務所を訪れ、「中国の圧力に屈した内政干渉だ」と抗議した。親日派の李登輝が「米国は台湾防衛に責任を持つが、日本は口ばかりで何だ」と口走ったほどだった。総統府の高官も「日本が水面下で意見を言うのは構わないが、メディアにまで発表するのはどうか」と不満を漏らした。

日米両政府は基本的に、台湾問題の「現状維持」を望み、中台双方のバランスに腐心してきた。だが、中国と台湾は一貫して過敏な反応を繰り返している。

政治主導で円借款中止

日本では近年、急激な経済成長を続ける中国への政府開発援助（ＯＤＡ）の見直し論が高まっていた。この世論を追い風として、「政治主導」で円借款中止の流れが固まった。

政府内で口火を切ったのは町村外相だった。就任間もない２００４年10月３日、都内で開かれたタウンミーティング「ODAを考える」でのことだ。

会場の会社員が「中国は経済発展が著しい。有人宇宙飛行など、日本が成し遂げていないことを行うほど経済力をつけている。日本への感情も良くなく、そういう国にODAを続けるのはどうか」と質問した。町村は率直に持論を披露した。

「対中援助は2000年がピークで、いまや半分以下に減っている。しかし、多分どこかの時点で、中国に（ODAを）卒業していただく時期が来ることは当然、予想される」

後日、外務官僚は慌てて町村の元に走った。「対中援助は日中の文化交流や環境対策に重点を移し、役立っています」と説得した。だが、町村は「中国は他国への経済援助や、自国の軍備増強を進めているじゃないか」と譲らなかった。

小泉首相も動いた。

11月30日、東南アジア諸国連合と日中韓（ASEANプラス3）首脳会議が開かれたラオスで、記者団の質問に対し、「中国は目覚ましい経済発展を遂げており、卒業の時期を迎えている。円借款の返済も順調だし、早く卒業生になることを期待している」と答えた。

小泉は、その日の温家宝首相との会談でも、「できるだけ早い機会に、中国が各国を支援できる立場に経済発展すれば、これに越したことはない」と語り、反応を探った。

普段は穏健な温が、珍しく強い不快感を露骨に示した。

「仮にODAを中止すれば、両国関係は、はじける状況になる」

温は、「ODAは中国の経済建設に大きく貢献してきた」と強調した。一方で、「円借款の重要性が減少しているのは事実だ」「今後、適切な形で処理していくのがいい」と、将来的には円借款の中止を容認するかのような姿勢も見せた。

日本側は、相反する温の発言の真意をいぶかった。会談後、中国側との交渉を担当した外務省幹部はこう明かした。

「当時、中国国内の意見は真っ二つに分かれていた。円借款を見込んだプロジェクトを抱える地方都市などは『お願いだから継続してくれ』と主張していた。一方で、対日強硬派の幹部らは『日本にそんなことを言われるくらいなら、こっちから願い下げだ』という意見だったようだ」

対中ODAの推移

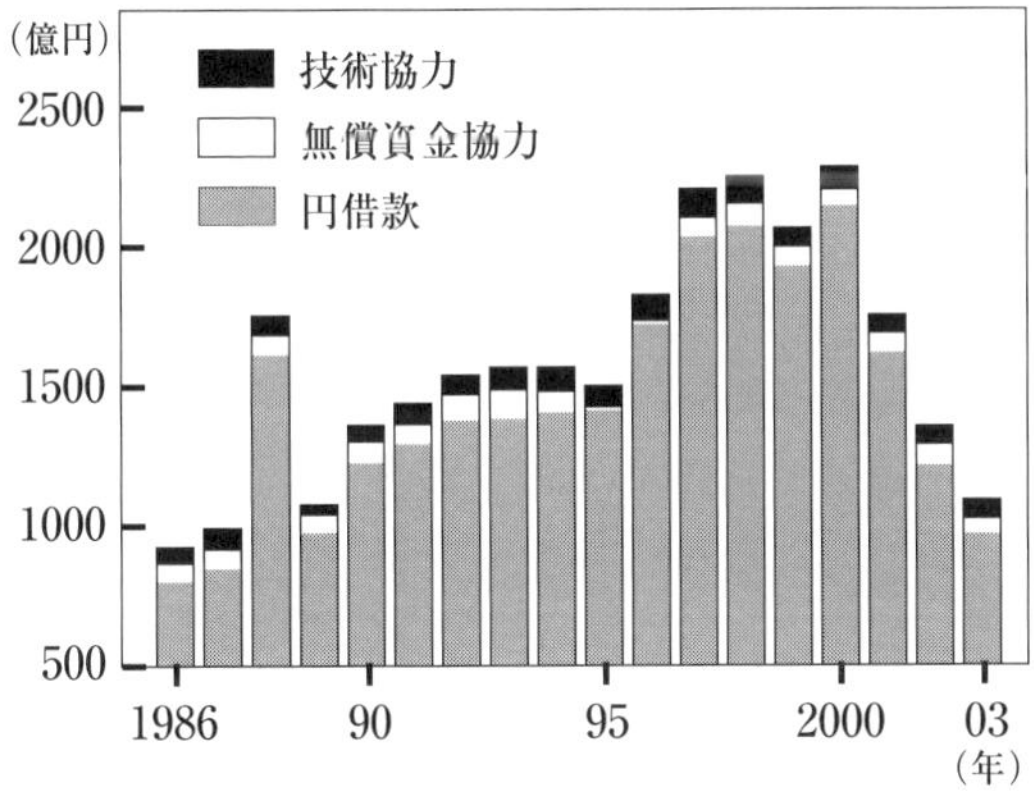

対中ＯＤＡを見直す動きは、国会でも起きていた。この年８月下旬、自民、民主、共産各党の参院議員６人の調査団が訪中した。参院の独自性を発揮することを目指し、決算審査を重視する方針を打ち出した一環として、ＯＤＡが有効に使われているかどうかを点検するのが目的だった。

約２３０億円の円借款で建設された北京首都空港の第２旅客ターミナルビル。調査団長の鴻池祥肇《よしただ》・元構造改革特区相は驚いた。

「これでは一般の中国人の目に触れないなあ」

日本のＯＤＡに感謝する記念プレートが、国際線の貴賓室に向かうエスカレーターの壁面にひっそりと掲げられていた。

調査団は貧しい中国の内陸部も訪れた。中国国内では貧富の差が激しい。貴州省の農村では、老女がた。

「大変苦労が多いのです」と、日本の支援継続を訴えた。しかし、同行した中国共産党幹部は

「我が国でも、そろそろODAは要らないのではないか、という話が出ている」と本音を漏らした。

参院は11月9日、「対中ODAを引き続き推進する必要性は見当たらなかった」とする調査報告書を発表した。中国側もODAの中止に理解を示し始めた。

2005年1月11日、唐家璇国務委員は北京で、自民党の中川秀直国会対策委員長らに対し、こう語った。

「双方が大局を重視し、有終の美を飾るという原則で処理していくべきだ」

日本側は「有終の美」について、「最後に日中の友好関係を象徴する事業を行うことを条件に、円借款中止を容認するサインだろう」と受け止めた。政府高官は、「五輪と万博の両方を開催した発展途上国はない」として、中止のメドを2008年の北京五輪ないし2010年の上海万博と想定した。その後、中国側との交渉は比較的順調に進んだ。

3月に入ると、王毅駐日大使ら中国の対日政策を担当する幹部が北京に集結した。

「日本との関係改善を重視する」

新たな政治方針が確認された。温は3月14日の第10期全国人民代表大会（全人代）第3回会議閉幕後の記者会見で、日中関係を改善するための「3つの提案」を明らかにした。提案は、「首脳相互訪問促進に向けての環境づくり」「日中外交当局による友好強化のための戦略的研究」「歴史問題の適切な処理」の3項目だった。さらに、温は、「中日関係は最も重要な2国間関係だ」と力強く宣言した。

外務省幹部は、従来の「最も重要な2国間関係の1つ」から「の1つ」という表現がなくなっ

たことに着目し、喜んだ。対中円借款を円満な形で中止できる環境は整った。

町村と李肇星外相が電話会談し、「北京五輪前までに円借款の新規供与を終了する」と合意したのは、翌15日のことだった。そこには、日中関係の改善という大目標に向けて、日中双方が歩み寄ろうという政治判断があった。

ひょう変した首相

2005年春、日中関係にとって新たな懸案が急浮上した。日本が長年の悲願としてきた国連安全保障理事会の常任理事国入りの問題だ。

国連は1945年に設立され、現在191か国が加盟している。最も重要な機関とされるのが安全保障理事会である。

安保理は米英仏露中の常任理事国5か国と、任期2年の非常任理事国10か国で構成され、国際秩序を乱す国への制裁決議や武力行使などを決定する。5常任理事国は、1か国でも反対すれば安保理の決定ができない「拒否権」を持つ。こうした第2次大戦の戦勝国だけの特権や、常任理事国の地域バランス、国連分担金の負担割合の偏りなどに対し、加盟国には不満が高まっていた。1992年12月には、安保理の構成見直しを求める決議が国連総会で採択された。

時の宮沢内閣は、「国連創設50周年の1995年をメドに常任理事国入りしたい」とする意見書を国連に提出する準備に入った。これに異論を唱えたのが、当時郵政相の小泉だった。小泉は翌1993年6月の閣僚懇談会で、敢然と武藤嘉文外相にクギを刺した。

「まさか外務省だけで決めないでしょうね」

小泉は「常任理事国になれば武力行使も求められる。そのためには憲法改正が必要だ」と判断していた。また、「この問題は政治家が判断すべきで、外務官僚任せにすべきではない」とも考えていた。１９９４年には、与党の慎重派議員による「国連常任理事国入りを考える会」を結成し、会長に就任した。外務省幹部が「今回を逃すと、絶対に次はありません」と説得したが、「小役人の発想だ」と取り合わなかった。

小泉は２００１年4月の首相就任後も、常任理事国入りには否定的だった。２００２年9月13日、国連総会で初めて演説した時も、安保理改革については「拡大後の安保理の議席数に絞った議論をすべきだ」などと、わずかに言及しただけだった。

小泉が立場を一変させたのは２００４年夏のことだ。外務省は当時、こんな戦略を描いていた。〈国連創設60周年の来年9月の国連サミットで安保理改革を実現する。そのためには、まず今年9月の国連総会で、小泉首相に常任理事国入りを目指す意思を表明してもらう必要がある〉

２００４年7月28日、竹内外務次官が小泉の説得を試みた。

「安保理はかつて軍事をつかさどる機関でしたが、今は、復興支援など平和の定着や配当に取り組んでいます。日本が国際貢献でやってきたことが、安保理に求められているんです」

さらに、常任理事国入りには憲法改正が不可欠とした小泉の過去の発言を念頭に、強調した。

「今のままの日本でいいのです。安保理が変わったのです。これに乗らない手はありません」

小泉は意外にも、「分かった」とあっさり返答した。自らカレンダーを取り出し、9月の国連総会に出席するための日程調整を始めた。

なぜ小泉はひょう変したのか。

「首相がブッシュ米大統領に対し、イラク情勢に関して国際協調を訴え続ける中で、国連安保理の重要性を認識したことが大きい」と、首相に近い外務省幹部は語る。「北朝鮮との国交正常化や拉致問題、日露間の北方領土問題などがこう着状態に陥る中、国連改革に外交上の成果を求めようとした」との解説もある。

9月21日夕、小泉はニューヨークの国連本部で国連総会の一般討論演説を行った。得意の英語で、常任理事国入りを目指す決意をアピールした。

「わが国の果たしてきた役割は、常任理事国となるにふさわしい確固たる基盤となるものだ。今こそ、安保理を改革する歴史的決断を行う時だ」

小泉は、これに先立つ記者団との懇談でも、「日本は武力行使をしなくても国連平和維持活動（PKO）やイラクなどで支援している。国際社会で十分な役割を発揮できる。憲法を改正しなくても常任理事国として十分やっていける」と自信をみなぎらせた。

このころ、中国は国連改革自体には理解を示しつつ、日本の常任理事国入りについては態度を留保していた。李肇星外相は9月27日の国連総会の一般演説で、「安全保障理事会の拡大と、多くの開発途上国を優先的に参加させることを支持する」と述べた。

ただ、日本は「中国の本音は現状維持であり、日本の常任理事国入りに反対だ」と分析していた。このため、まず米英仏露の4常任理事国などの賛成を取り付け、中国が単独で拒否権を行使しにくいように「外堀を埋める」作戦を立てていた。

2005年3月20日、国連のコフィ・アナン事務総長が国連改革の報告書を公表した。報告書は安保理改革について、2種類の案を併記していた。

A案「常任理事国を6か国増の11か国とし、非常任理事国を3か国増の13か国とする」

B案「常任理事国は5か国を維持し、任期4年で再選可能な準常任理事国を8か国創設。さらに非常任理事国を1か国増の11か国とする」

アナンは翌21日の記者会見で、口を滑らせた。A案で常任理事国が増えた場合の「アジア枠」について、「1つは日本に行く」と語ったのだ。

中国外務省の劉建超・副報道局長は「全加盟国の広範な共通認識が得られねばならない」と不快感を示した。ただ、従来通り、日本の常任理事国入りへの論評は避けた。中国外務省幹部は、その理由を関係者に明かした。

「現段階で反対を表明するのは得策ではない。日本のナショナリズムに火がつき、対中政策が硬化する」

しかし、事態は思わぬ展開を見せる。

アナンの〝失言〟が報じられた直後の3月下旬、中国国内で、日本の常任理事国入りに反対する署名運動が拡大した。媒介役となったのはインターネットだった。

「集まった署名簿は、アナン事務総長らに送り、『中国の民意』を示す」

あるサイト関係者は語った。

中国では2000年代に入り、若者を中心にインターネットが爆発的に普及していた。2003年には、黒竜江省チチハル市の旧日本軍遺棄化学兵器による死傷事故などをめぐり、約110万人分のネット署名が日本大使館に渡されたこともあった。

ネット上では、歴史教科書検定や竹島の領有問題で日本を批判する一部の韓国人も、中国人の「反日」をあおった。国境を越えた電脳空間で、過激な言動は野放し状態だった。

日本の常任理事国入り阻止を唱える声は、中国各地で大規模な反日デモに発展した。4月3日、多数の日本企業が進出する広東省深圳市に「広東愛国志願者ネット」の若者らが集結した。

「国辱を忘れるな」「小泉打倒」

学生たちは口々にスローガンを叫んだ。参加者は2000人を超えた。中国の民間団体の「愛国反日」活動としては過去最大規模となった。

中国政府は当初、反日デモの封じ込めに消極的だった。暴徒が日系企業の看板などを壊しても、街頭に立つ武装警察官は黙って見守るだけだった。日本では、「下手にデモを取り締まれば、国民の不満が政府批判に転じることを恐れたからだろう」との見方が多かった。「中国政府が意図的に官製デモを起こしたのではないか」との憶測も出た。

デモの続発を受け、日本の常任理事国入りをめぐる中国政府の言動は強硬になった。4月4日、王光亜・国連大使は国連本部で強調した。

「中国人やアジアの国々は、どの国が常任理事国に加わるべきか、異なった考えを持っている」

温家宝首相は11日にニューデリーでインドのマンモハン・シン首相と会談し、インドの常任理事国入りへの「支持」を明言した。インドは日本、ドイツ、ブラジルとともに4か国グループ（G4）を結成し、常任理事国に名乗りを上げていた。温は翌12日、「歴史を尊重し、その責任を取る国だけが、国際社会でより大きな責任を果たせる」と語った。「歴史カード」を絡めて日本の政治大国化をけん制したのである。

毎週末のデモは徐々に拡大した。3週目の16日には大都市・上海に数万人が集まった。

上海日本総領事館には、小石やペットボトル、インク瓶などが投げつけられ、窓ガラス41枚が割られた。デモ後の総領事館は廃虚のような有り様だった。周辺のすし屋や日本料理店などの看板や備品も壊された。小泉の写真にモノを投げつけるイベントまで行われた。

上海市政府の報道官は、「日本が侵略の歴史問題で、間違った態度を取ったことが人民の不満を招いた」との談話を発表した。反日デモの責任を日本側になすりつけたのだ。

小泉はその日、盟友の山崎拓が出馬した衆院福岡2区補選の応援演説で、強がって見せた。

「最近、私は韓国や中国で葬式を出されている。遺影や棺桶まで作ってくれている。しかし、元気でしょう。生きているんですよ、私は」


「これが法治国家か」


小泉が目指した日本の常任理事国入りは、中国国内の大きなうねりを前に、隘路《あいろ》にはまり込んでいた。

中国外務省の劉結一国際局長は、訪中した外務省の西田恒夫総合外交政策局長に対し、用意した文書を読み上げるだけだった。

「安保理改革は、幅広い合意をもとに行う必要がある。人為的な期限を区切るやり方には賛成できない」

G4が目指す9月の国連サミットでの決着を先送りし、改革つぶしを図る意図は明らかだった。劉は終始、発言要領の枠内の発言に終始した。日本側は「デモ後、中国指導部が中南海で日本の常任理事国入りを阻止する方針を正式に決定した。外務官僚は保身に走り出した」と受け止めた。

日本側は巻き返しに動いた。

上海で猛烈な反日デモの嵐が吹き荒れた翌17日、町村外相が訪中した。町村が「こういう時だからこそ、行きたい」と訪中を発案し、小泉も「そうしてくれ」と背中を押した。

町村は17日の李肇星外相との会談の冒頭、語気を強めて謝罪と補償を要求した。

「3週連続して大使館などへの破壊活動や日本人への暴力行為があり、大変遺憾で、深く憂慮すべき状態だ。『愛国無罪』という動機さえ正しければ、何をやってもいいのか。これが法治国家のあるべき姿なのか」

李も負けていなかった。会談の冒頭取材を終え、立ち去ろうとする日中の報道機関をわざわざ呼び止めた。居並ぶカメラの前で、「中国政府は一度も日本国民に申し訳ないことはしていない。一貫して、一部の国民の動きについて法律に基づいて対処してきた。過激な動きには賛成しないし、目にしたくもない」と反論した。さらに、李は続けた。

「より大きな根本原因は、日本の歴史問題にある」

デモ発生の責任を、小泉の靖国参拝に転嫁したのだ。あえて強い姿勢に出たのは、日本に対する〝弱腰外交〟を許さない中国国民の視線を意識したと見られた。町村はあきらめなかった。

「関係改善の気持ちがなければ、自分は来なかった。日中には２０００年の歴史がある。戦争の歴史は50年だけ。戦後の平和発展の歴史でさえ60年ある。この３つをよく見るべきだ」

常任理事国入り問題については、こう力説した。

「日本は戦争の教訓を踏まえ、戦後は国際平和を堅持している。戦後60年の歩みに誇りと自信があるから立候補した。中国も理解を深めてほしい」

李は「国連改革の進め方については意見交換しよう」とだけ答えた。日中間の対話・交流の拡大や、首脳会談の早期実現などでも一致し、一定の成果を得た。

翌18日の町村と唐家璇国務委員との会談は、より激しい応酬に終始した。

「日本の指導者はA級戦犯を合祀《ごうし》した靖国神社参拝にこだわり、侵略を美化した教科書を採択し、中国国民の信頼を失っている」

唐はメモを読み上げ、小泉の靖国参拝などを一方的に批判した。

「東シナ海のガス田開発問題などで、日本は言動を慎んで欲しい。場合によっては、計り知れない結果をもたらしかねない」と、脅し文句まで使った。町村が遮ろうとすると、「反論の機会を与えるから、最後まで聞きなさい」と日本語で制した。唐の〝独演会〟は結局、延々35分間にも及んだ。

ようやく町村が反論する番となった。町村は、中国政府が最も気にかけている問題にあえて踏み込んだ。

「今回のデモを見て、国際社会は北京五輪がきちんと開催できるのだろうかと心配したのではないか」

さらに、「一部の日本人がデモの報復として日本国内の中国の在外公館などに行った嫌がらせについて、私は遺憾だと思う。あなた方はなぜ素直にこう（私が日本側の過ちを謝ったように）言えないのか」と、たたみかけた。

唐の顔色が紅潮した。会談は双方が主張をぶつけ合い、決裂に終わった。唐は最後まで、「遺憾」を口にしなかった。

ただ、中国側も、反日デモについては収拾を図ろうとした。翌19日、中国外務省系の不動産会社が、デモによる大使館被害の賠償を申し出てきた。李肇星は中国共産党宣伝部の情勢報告会で、反日デモへの不参加を訴えた。後日、デモを扇動したグループの摘発も始まった。責任の所在をあいまいにしたまま、事態は沈静化に向かった。

小泉は中国側の動きについて、「改善につなげていかなければならないという調子がよく出ている。それは（私も）共有している」と評価した。

反日デモによる日中関係の悪化は一応、食い止められた。しかし、国連安保理の常任理事国入りを目指す日本の戦略には明らかに狂いが生じていた。

「日中は戦争を始めるのか」

４月20日、ジャカルタでのアジア・アフリカ会議に出席した町村は、各国の外相から質問攻めにあった。

「日本と中国は戦争でも始めるつもりなのか」

日中間の非難合戦は国際社会の関心事となっていた。町村は「先の日中外相会談で『日中友好で行こう』と合意した。小泉首相と胡錦濤国家主席も後日、会談する。きっと良い会談になる」と釈明に追われた。

安保理改革を実現するための国連憲章の改正には、１９１国連加盟国の３分の２に相当する１２８か国の賛成と批准が必要になる。その成否のカギは、大票田のアフリカ53か国と中南米33か国が握っている。

小泉は22日、アジア・アフリカ会議の首脳会議で演説に立った。中韓両国との関係悪化に伴って生じた、「日本が過去の歴史を反省していない」という誤解の払拭《ふっしょく》に重点を置いた。

「我が国は、かつて植民地支配と侵略によって、多くの国々、とりわけアジア諸国の人々に対して多大の損害と苦痛を与えた」

小泉は１９９５年の村山談話を引用し、先の大戦を総括した。さらに、「こうした歴史の事実を謙虚に受け止め、痛切なる反省と心からのおわびを常に心に刻みつつ、世界の平和と繁栄に貢献していく」と、改めて「不戦の決意」を表明した。

演説後、アフリカの首脳らから「過去の侵略について、あそこまで謝罪した国は欧州にない」

と評価する声が相次いだ。反響を伝え聞いた小泉は、満足そうな笑みを浮かべた。

仕上げは、日中首脳会談だった。小泉は翌23日、ジャカルタのホテルで胡錦濤と会談した。事前に外務省幹部が「西側の先進国らしい、余裕を持った振る舞いをしましょう」と、小泉に助言していた。小泉は会談の冒頭、あえて日中関係とは直接関係のないインドネシアの津波災害の問題を取り上げた。

「山々に津波がぶつかり、2階建ての屋根が壊された。いかに波が高かったか」

小泉は大きな声で快活に語り続けた。

反日デモについては、「既に外相会談で取り上げており、繰り返さない。今後、適切な対処を求めたい」と述べるにとどめた。謝罪や賠償には言及しなかった。すべてシナリオ通りだった。

胡錦濤は、小泉に対し、「日中共同声明など3文書の順守」「台湾問題の適切な処理」など5項目に上る注文を突きつけた。さらに、日中関係改善について、「反省を実際の行動に移して欲しい」と述べ、改めて靖国参拝の中止を求めた。

小泉は、「過去の非をあげつらうのではなく、未来に向かって友好関係を発展させることが大切だ」と応じた。

首脳会談は、6日前の外相会談よりは議論がかみ合い、一応は「成功」と報じられた。日中双方が仕掛けた「演出」に過ぎなかったが、小泉にはそれで十分だった。

5月5日、大型連休を利用して山崎拓首相補佐官が訪中した。山崎は4月の衆院福岡2区補選で1年5か月ぶりに国政復帰を果たしていた。訪中の狙いは、小泉の靖国参拝と日本の常任理事国入り問題について、落としどころを探ることにあった。

山崎はまず、上海社会科学院の黄仁偉副院長ら幹部5人と意見交換した。

「『政冷経熱』が『政冷経冷』に変わる可能性を否定できない。歴史問題の矛盾が災いしている。たとえば新幹線、エネルギー分野での協力問題は、政冷経熱の状態では解決できない」

　中国側は、すべての問題は小泉の歴史認識に起因していると強調した。日本の国連常任理事国入りにも難色を示した。山崎はこう反論し、中国側に揺さぶりをかけた。

「日本には国連中心、日米同盟、アジア重視という外交3原則がある。もし常任理事国入りが認められず、国連中心主義を改めることになれば、2つの外交方針しか残らない。それでは、中国にとって大変まずいことになるのではないか」

　中国側からは、「靖国参拝問題が解決すれば、日本の常任理事国入りもOKになる」と、〝誘い水〟をかけるような発言も飛び出した。

　その後、山崎は北京を訪問し、唐家璇と会談した。唐は靖国問題について「知恵と勇気が必要だ。うまく処理しなければならない」と強調した。山崎は「阿南駐中国大使を窓口とし、知恵と勇気の出し方を相談しましょう」と応じた。

　だが、山崎に妙案があるわけではなかった。

「小泉首相は歴史問題全般で包括的な理解を得たいと考えているのに対し、中国側はあくまで靖国問題の決着をつけたがっている。そこにすれ違いがある」

　埋めがたい日中間の溝を実感した訪中だった。

　駐中国大使として5年目に入った阿南も、中国が一筋縄ではいかない相手であることを実感していた。一時帰国した5月18日、自民党外交関係合同会議で、こう断言した。

「仮に首相が靖国参拝を中止しても、中国が日本の常任理事国入りに賛成することはない」

　中国は結局、アジア唯一の常任理事国の座を手放そうとしないだろう、という分析だった。

その5日後、やや沈静化していた日中関係に再び波風が立った。仕掛けたのは、中国側だった。

複雑な迷路

「今日の会談をキャンセルしたい」

5月23日朝、王毅駐日大使から谷内正太郎外務次官に電話が入った。愛知万博訪問のため来日中の呉儀副首相と、小泉との会談を突然取りやめるというのだ。王はその理由を「国内での緊急な公務」と説明した。

実は、呉本人が会談のキャンセルを知ったのも、ほぼ同時刻だった。呉はこの日午前9時過ぎ、河野衆院議長と会談している最中に、本国から携帯電話で指示を受けた。

「急きょ帰国するように言われた」

呉は怪訝《けげん》そうな表情で、河野に漏らした。外務省幹部はすぐ、在京中国大使館高官に「靖国問題が原因なのか」と問い合わせた。相手は「違う」と明言した。真相は謎のまま、呉はその日午後、専用機で羽田空港を出発し、予定よりも1日早く帰国した。

首脳との会談を当日、一方的にキャンセルするのは極めて異例かつ非礼なことだ。

小泉は23日夜、「野党の審議拒否が伝染したのかなあ。分かりませんね」と冗談めかして怒りをかみ殺した。町村外相は「最低限の国際的なマナーは守ってもらいたい。中国の日本大使館への破壊活動とも一脈通じるものがある」と、公然と中国側を批判した。

呉は貿易や衛生問題が担当の副首相である。一時は、対米貿易摩擦や、北京郊外での家畜伝染病への対応が帰国の理由ではないか、との見方も出た。だが、呉は翌24日、予定通りモンゴルを訪問した。外務省幹部は吐き捨てた。

「もし中国首脳が格下の相手に会談をドタキャンされたら、日本以上に激怒するだろう。いい加減な理由をつけて、副首相を帰国させた中国のやり方は姑息《こそく》で、けしからん」

日本国内では一時、直前に訪中した自民党の武部勤幹事長の不用意な発言が原因ではないか、との憶測も呼んだ。武部が21日に中国共産党の王家瑞・対外連絡部長と会談した際、中国側の靖国問題への批判について「日本では、内政干渉だと思っている人もいる」と述べ、王が激高していたためだ。

中国外務省の孔泉報道局長は24日の定例記者会見で、緊急帰国の原因が靖国問題だと、ようやく公式に認めた。

「中国が中日関係の発展と改善を真剣に求め、努力を続けている中で、日本の指導者は関係発展を損なう発言を繰り返している。こうした状況下で、両国首脳が会談するのに必要で適切な雰囲気がなくなった」

孔は、中国側の当初の説明にあった「緊急の公務」についても、「私は言っていない」と平然と開き直った。

孔の発言は、小泉の国会答弁を指していると見られた。小泉は5月16日の衆院予算委員会で、民主党の仙谷由人政調会長と靖国問題をめぐり激論を繰り広げていた。

仙谷「首相の靖国参拝によって、日本の国連常任理事国入りに近隣諸国からこれだけクレームを付けられている。やっていることがバラバラだ」

小泉「どのような（戦没者の）追悼の仕方がいいか、他の国が干渉すべきではない。A級戦犯の問題がたびたび国会でも論じられるが、そもそも『罪を憎んで人を憎まず』というのは、中国の孔子の言葉だ」

小泉は、今後の参拝について「いつ行くか、適切に判断する」とも答弁し、従来より踏み込んだ表現で続行を明言した。与党内からも「この重要な時期に配慮が足りない」との批判が出た。

ただ、この小泉発言が直接の理由だとすると、矛盾する点もある。外務省幹部は「首相の国会答弁が気に食わなかったのなら、その時点で会談をキャンセルしていたはずだ。その後に予定されていた武部氏らの訪中も拒否すれば良かった」と語る。

小泉の国会答弁に加えて、中国側に会談のキャンセルを決断させた別の出来事があったのではないか。首相周辺の1人はこう明かす。

「実は、会談の4日前の5月19日、外務省を通じて中国側に『今回は表敬訪問なので、靖国問題を話し合うのはやめませんか。そちらが持ち出せば、首相もはっきり靖国神社に参拝すると言わざるを得なくなる』と申し入れた。中国側は、それなら会談しない方が良いと判断したのだろう」

一方、中国誌「新聞週刊」は6月上旬、次のような分析記事を掲載した。

「(中国)外交当局内部は意見が割れ、会談を主張する意見が優勢に立ったが、指導部が迅速に利害を判断して決断し、会談の取り消しを指示した。(この判断は)日本の現首相が中日関係を改善できるかどうか、指導部が確信を持てなかったことを示している」

日中関係は、複雑な迷路に入り込んだまま、出口を見つけられない状況にあった。

5回目の靖国参拝

10月17日午前10時過ぎ、小泉は秋季例大祭に合わせて、靖国神社を参拝した。参拝は首相就任以来5回目である。小泉はグレーの背広姿で、小雨の中、傘はささずに、颯爽《さっそう》と参道を歩いた。

拝殿の前で一礼し、さい銭箱にお金を入れると、30秒間ほど手を合わせた後、再び一礼した。

過去4回の参拝は、いずれもモーニングか羽織はかま姿で、本殿に昇った。「内閣総理大臣小泉純一郎」と記帳し、私費で献花料を納めていた。

今回、参拝形式を大幅に簡略化したのは、小泉の靖国参拝について「職務行為で、憲法で禁止された宗教的活動にあたる」として違憲判断を示した9月30日の大阪高裁判決に加え、中国や韓国への外交上の配慮があった。

外務省は事前に、首相側に①10月に参拝すると、11月のアジア太平洋経済協力会議（APEC）首脳会議や12月の東アジアサミットでの日中、日韓首脳会談ができなくなる恐れがある②年末に参拝すれば、外交日程はこなせるが、中韓両国に「首相に裏切られた」との恨みが残る――と説明していた。

小泉が参拝当日の朝まで誰にも相談せず、1人で参拝の時期や方式を考えた末の結論だった。

小泉は17日夕、「首相である小泉純一郎が1人の国民として参拝する。首相の職務として参拝したのではない」と記者団に語った。「日中友好、日韓友好、アジア重視は変わらない」と語る一方で、「本来、外国政府が、日本人が日本人の戦没者に哀悼の誠をささげることを『いけない』などと言う問題ではない」とも強調した。

中国は即座に、激しく反応した。

李肇星外相は17日夜、阿南駐中国大使を外務省に呼び、「中国政府と中国人民は強い憤慨を表明する」との外務省声明を読み上げた。外相による大使への抗議や、外務省声明という形式は極めて異例で、中国側の反発の強さをうかがわせた。

23日から予定されていた町村外相の訪中は中止になった。10月中の開催で日中が一致していた東シナ海のガス田開発の局長級協議も、中国側が「協議を行う雰囲気ではない」と主張し、見送られた。

胡錦濤は11月18、19の両日、韓国・釜山で開かれたAPEC首脳会議で、小泉との会談に応じなかった。首脳会談を打診した日本側も、「何が何でも会談を」という姿勢は見せず、あえて深追いはしなかった。APECで日中首脳会談が実現しなかったのは小泉政権で初めてのことだ。12月のマレーシアでの東アジアサミットでも、小泉と温家宝首相は会談しなかった。

ただ、中国は、国民の反日行動は抑え込んでいる。また、多くの中国高官は日本の関係者と会う際、靖国問題を批判する一方で、必ず「中国にとって中日関係は最も大切な2国間関係という考えは全く変わらない」とも強調している。

小泉政権における日中関係は悪化と改善を繰り返した。そして、常に、その中核にあったのは、小泉の靖国参拝問題だった。

あとがき

小泉外交の舞台裏を追い続けて非常に印象的だったことがある。小泉純一郎首相は重要な局面でしばしば、一つのキーワードにこだわった。それは、「主体性」である。

例えば、2005年11月16日、京都で開かれた日米首脳会談。12月14日に期限が切れる自衛隊のイラク派遣の延長問題に話が及ぶと、小泉首相は慎重な言い回しで、こう強調した。

「イラク復興のために、日本は国際社会の一員として何をすべきか、日米関係も考慮し、その時点での状況の下で、総合的に、自主的に判断する」

政府内では当時、自衛隊派遣の延長は既定路線だった。それでも、あえて「自主的に判断する」と言明したことに、日本外交の「主体性」に執着する小泉首相の強固な姿勢がにじんでいた。

首相は2003年に自衛隊派遣を決断する前、何度も、「日本が主体的に何をするか考えたい」とブッシュ大統領に主張した。湾岸戦争の時のように、米国の外圧を受けて日本が小出しに譲歩するという、従来の「米国追随」のパターンから脱却したい。それが一貫した首相の意志だった。

そもそも、小泉首相が目指してきた日米関係とは何か。一言で言えば、「日本がやるべきことは主体的にやる。その代わりに、言うべきことも積極的に言う」という関係だろう。

日本は、米同時テロとイラク戦争の後、それぞれ特別措置法を制定し、自衛隊を国際協力活動に派遣した。国際社会の一員かつ米国の同盟国として「やるべきことをやる」決定をしたのだ。

一方で、小泉首相はイラク戦争の前後、国際協調の重要性を米国に訴え続けた。在日米軍再編問題でも、地元の負担軽減を重視し、「米国にも、言うべきことは、きちんと言わなければ駄目だぞ」と再三、外務・防衛官僚を叱咤《しった》した。沖縄の米海兵隊普天間飛行場の移設先をめぐり、日米の当局者が対立した際は、こう言い切った。

「最後は自分がブッシュ大統領との首脳会談で、直談判したっていいんだ」

小泉首相がここまで強い交渉姿勢を示したのはなぜなのか。首相周辺はこう解説する。

「首相は、戦後60年に及ぶ米軍基地問題を自ら前進させたい、との思いが強い。テロとの戦いなど、より深い部分で連携している今の日米同盟なら、多少の対立は構わないとの計算もあった」

外交は基本的に、「貸し」と「借り」で成り立つ冷徹なギブ・アンド・テークの世界である。各国が自らの国益を実現するため、バランスシートを計算しつつ、戦略を練り、妥協点を探る。一方で、目の前の損得にとらわれず、より中長期的な共通の利益を確保する同盟関係を築くことも重要である。その意味で、小泉外交が「やるべきことをやる」ことで日米同盟を強化し、「言うべきことを言える」関係を実現した意義は大きい。北朝鮮問題など、米国の協力なしでは解決しない課題が多いからだ。

一方で、日本の国連安全保障理事会常任理事国入りが挫折した一因が、米国の対応にあったことも、見過ごせない事実である。米国は、日本の常任理事国入りは支持したが、ドイツ、ブラジル、インドも同時に常任理事国入りするという4か国グループ（G4）の安保理改革案には反対した。米国の反対運動を最小限に抑え切れなかったのは、小泉外交の限界だった。

日本外交の主体性という観点では、2002年9月17日の小泉首相の訪朝も画期的だった。

本文で触れたように、米政府に訪朝計画を伝えたのは訪朝の約3週間前である。拉致問題という日本固有の懸案を抱えていたことが、同盟国にも秘密外交で通した理由だ。

事前の極秘交渉に携わった田中均・前外務省外務審議官は、こう語ったことがある。

「日朝間の拉致問題と日露間の北方領土問題には実は、共通項がある。戦争以外の方法で、拉致被害者や4島を取り返すには、どちらも相手国に『返した方が得だ』と思わせるしかない」

外交交渉で、自国の要求を実現するには、単に声を張り上げるだけでなく、複線的、総合的な戦略により、要求に応じるメリットを相手国に実感させることこそが重要、という考えである。

北朝鮮に拉致被害者5人の帰国を認めさせたのは、日朝国交正常化後の経済協力という「将来のアメ」であり、金正日総書記の名誉心をくすぐる首相の訪朝という形式だった。一切の米朝協議を拒否するブッシュ米政権の北朝鮮への圧力という国際環境を利用したことも大きかった。

日中関係においても、小泉首相は主体性にこだわった。靖国神社への参拝である。

戦死者への哀悼の意の表明という純粋な動機に、「参拝中止を求める中国の外交圧力に屈するべきではない」との考えが加わり、年1回の参拝を継続してきた。「政策より政局の政治家」と自称する小泉首相ならではの〝闘争本能〟が働いたとも言える。

日本の国内世論は割れた。「中国に言われて参拝を中止するのはおかしい」と首相支持の意見がある一方で、「単なる意地の外交」との批判も少なくなかった。いずれにしても、首相の靖国参拝へのこだわりが、日本の近隣外交の選択肢を狭めたことは否定できない。

国際社会では今後、政治や経済などの各分野で、各国の競争が一段と激化するだろう。日本外交は従来以上に、「主体性」の確立が求められる。その際、激動の小泉外交の経験からどんな教訓を読み取り、どう生かしていくか。その点が厳しく問われるだろう。

私たち取材班は今回、米政府高官や拉致被害者の家族らも含め、たくさんの関係者から話を聞いた。ただ、官僚の多くは、「今後の日本外交に影響するから」として、口が重かった。ある外交官は「外交上の秘密は墓場まで持っていくものだ」と語った。「小泉政権が続いている間に、その外交政策を網羅的に検証する連載企画を書こうなんて無理ですよ」と、私たちに忠告する政府高官もいた。それでも、時間をかけて取材を進める中で、日朝極秘交渉の内幕や、日米首脳会談の未公表の応酬、日中外交の停滞を招いた双方の誤解など、多くの新事実が明らかになった。小泉首相ら各国首脳・高官の苦悩や迷い、ぎりぎりの外交交渉の駆け引きや機微を象徴する場面も発掘できた。

私たちが追いかけた米同時テロ後の米国のアフガニスタン攻撃やイラク戦争に関して、米国では、ワシントン・ポスト紙のボブ・ウッドワード編集局次長による『ブッシュの戦争』『攻撃計画』といった著作がある。痛感するのは、ウッドワード氏らの綿密な取材力とともに、ブッシュ大統領本人を含む、米政府や米軍の高官が事実を詳細に語ろうとする真摯《しんし》な姿勢である。

そこには、多くの米国人が共有する、ジャーナリズムに対する伝統的な強い信頼感がある。さらに、米国にとって未曽有の大事件のプロセスを克明な記録として後世に残すことについて、取材者と取材対象の間に醸成された一種の使命感さえもうかがえる。

もちろん、日米の社会体制の違いも大きく影響している。日本の官僚は実質的に終身雇用制の下で勤務し、所属する省庁への忠誠心に縛られがちだ。これに対し、「回転ドア」と呼ばれる、政府と民間を頻繁に行き来する官僚任用制度を採用している米国では、政府高官が在任中でも、自らの体験について一定のルールの下で比較的自由に発言できる環境がある。大統領を始めとする政府高官が引退後、回想録を執筆する例も多い。

私たちの取材対象の中にも、小泉外交の真実を、成功も失敗も含めて、記録に残したいという趣旨に賛同し、協力して下さった方も少なくなかった。

「事前に記録を調べておこう。もう1度取材に来て欲しい」と語る政府高官もいた。そうした方々には、何度も足を運んだ。ただ、多くの協力者が匿名を条件に取材に応じたことも、今の日本の現実であった。このため、残念ながら、本書には、実名ではなく、「幹部」とか「関係者」という表現が少なからず登場することとなった。

取材対象の発言が食い違うことも、しばしばあった。例えば、2002年9月の日米首脳会談で、小泉首相が「横綱相撲を」とブッシュ大統領に国際協調を説いた時のことだ。首脳会談の同席者のうち4人は「イラク情勢についての発言だった」と証言した。ところが、2人は「北朝鮮情勢の話だった」と語った。結局、その後の追加取材で、「イラク情勢で間違いない」と結論づけることができた。

本書の取材・執筆は主として、読売新聞政治部の内田明憲、村尾新一、吉山一輝、東武雄が担当した。読売新聞掲載中にも、多くの外交のプロから「我々ですら知らない新事実がたくさん盛り込まれているのには驚いた」と、お褒めの言葉を頂いた。苦労も多かったが、歴史の記録を使命の一つとする新聞記者の醍醐味《だいごみ》を実感できる作業だった。

取材に協力するため時間を割いて下さった多くの方々と、出版に当たって尽力して頂いた新潮社の伊藤幸人、大畑峰幸の両氏に、心から感謝したい。

読売新聞東京本社政治部次長　内田　明憲

2006年1月

日朝平壌宣言（全文）

小泉純一郎日本国総理大臣と金正日朝鮮民主主義人民共和国国防委員長は、２００２年９月17日、平壌で出会い会談を行った。両首脳は、日朝間の不幸な過去を清算し、懸案事項を解決し、実りある政治、経済、文化的関係を樹立することが、双方の基本利益に合致するとともに、地域の平和と安定に大きく寄与するものとなるとの共通の認識を確認した。

1．双方は、この宣言に示された精神及び基本原則に従い、国交正常化を早期に実現させるため、あらゆる努力を傾注することとし、そのために２００２年10月中に日朝国交正常化交渉を再開することとした。双方は、相互の信頼関係に基づき、国交正常化の実現に至る過程においても、日朝間に存在する諸問題に誠意をもって取り組む強い決意を表明した。

2．日本側は、過去の植民地支配によって、朝鮮の人々に多大の損害と苦痛を与えたという歴史の事実を謙虚に受け止め、痛切な反省と心からのお詫びの気持ちを表明した。

双方は、日本側が朝鮮民主主義人民共和国側に対して、国交正常化の後、双方が適切と考える期間にわたり、無償資金協力、低金利の長期借款供与及び国際機関を通じた人道主義的支援等の経済協力を実施し、また、民間経済活動を支援する見地から国際協力銀行等による融資、信用供与等が実施されることが、この宣言の精神に合致するとの基本認識の下、国交正常化交渉において、経済協力の具体的な規模と内容を誠実に協議することとした。

双方は、国交正常化を実現するにあたっては、１９４５年８月15日以前に生じた事由に基づく両国及びその国民のすべての財産及び請求権を相互に放棄するとの基本原則に従い、国交正常化交渉においてこれを具体的に協議することとした。

双方は、在日朝鮮人の地位に関する問題及び文化財の問題については、国交正常化交渉において誠実に協議することとした。
3．双方は、国際法を遵守し、互いの安全を脅かす行動をとらないことを確認した。また、日本国民の生命と安全にかかわる懸案問題については、朝鮮民主主義人民共和国側は、日朝が不正常な関係にある中で生じたこのような遺憾な問題が今後再び生じることがないよう適切な措置をとることを確認した。
4．双方は、北東アジア地域の平和と安定を維持、強化するため、互いに協力していくことを確認した。双方は、この地域の関係各国の間に、相互の信頼に基づく協力関係が構築されることの重要性を確認するとともに、この地域の関係国間の関係が正常化されるにつれ、地域の信頼醸成を図るための枠組みを整備していくことが重要であるとの認識を一にした。
双方は、朝鮮半島の核問題の包括的な解決のため、関連するすべての国際的合意を遵守することを確認した。また、双方は、核問題及びミサイル問題を含む安全保障上の諸問題に関し、関係諸国間の対話を促進し、問題解決を図ることの必要性を確認した。

朝鮮民主主義人民共和国側は、この宣言の精神に従い、ミサイル発射のモラトリアムを2003年以降も更に延長していく意向を表明した。

双方は、安全保障にかかわる問題について協議を行っていくこととした。

日本国　総理大臣　小泉　純一郎
朝鮮民主主義人民共和国　国防委員会　委員長　金　正日

2002年9月17日　平壌

小泉政権の外交関連年表

（現地時間、肩書は当時）

【2001年】

4月26日 第1次小泉内閣が発足。外相に田中真紀子・元科技庁長官
6月18日 ワシントンで田中外相とパウエル米国務長官が会談
30日 ワシントン近郊で小泉首相とブッシュ米大統領が初会談
7月29日 参院選投開票。自民党が大勝
8月13日 小泉首相が靖国神社を参拝
9月11日 米同時テロ
19日 小泉首相が米同時テロに対応した7項目の「当面の措置」を発表
25日 ワシントンで日米首脳会談。小泉首相がテロ戦争での米国支持を表明
10月5日 テロ対策特別措置法案を閣議決定
7日 米国がアフガニスタンの空爆開始
8日 小泉首相が訪中し、盧溝橋を訪問。江沢民国家主席と初会談
21日 上海でアジア太平洋経済協力会議（APEC）首脳会議。日中首脳会談
29日 テロ特措法が成立
11月16日 自衛隊のインド洋派遣の基本計画を閣議決定
12月19日 「追悼・平和祈念のための記念碑等施設の在り方を考える懇談会」（座長・今井敬経団連会長）が初会合
22日 東シナ海で北朝鮮の不審船事件。不審船は中国の排他的経済水域（EEZ）内で沈没

【2002年】

1月22日 東京でアフガニスタン復興支援会議
29日 小泉首相が田中外相と野上義二外務次官を更迭。後任の外相に川口順子環境相
2月18日 東京で日米首脳会談
4月2日 中国の李鵬・全国人民代表大会常務委員長が来日
11日 小泉首相が中国・海南島での博鰲（ボアオ）アジアフォーラムで基調演説。朱鎔基首相と会談
17日 政府が武力攻撃事態法など有事関連3法案を閣議決定
21日 小泉首相が2回目の靖国参拝
5月8日 中国・瀋陽の日本総領事館で脱北者連行事件
6月25日 カナダ・カナナスキスで日米首脳会談
7月31日 ブルネイで日朝外相会談
8月25、26日 平壌で日朝局長級協議
9月11日 東シナ海で北朝鮮の不審船を引き揚げ
12日 ニューヨークで日米首脳会談。小泉首相がイラク問題で国際協調を要請
17日 小泉首相が訪朝し、金正日総書記と初会談。日朝平壌宣言に署名。金総書記が拉致を認めて謝罪
29日 日中国交正常化30周年
30日 小泉改造内閣が発足
10月15日 拉致被害者5人が北朝鮮から帰国

24日　政府が拉致被害者5人を北朝鮮に戻さない方針を決定

27日　メキシコ・ロスカボスで日中首脳会談。靖国参拝をめぐり激論

29、30日　クアラルンプールで日朝国交正常化交渉。協議は決裂

11月8日　国連安保理がイラクに大量破壊兵器査察の受け入れを求める決議を採択

11日　台湾の李登輝・前総統が来日ビザを申請。日本側は応じず、李氏は来日を断念

15日　中国共産党中央委員会総会で江沢民総書記が引退。後任に胡錦濤・国家副主席を選出

12月4日　テロ特措法に基づくインド洋へのイージス艦派遣を決定

24日　「追悼・平和祈念のための記念碑等施設の在り方を考える懇談会」が国立の無宗教施設が必要とする報告書を提出

【2003年】

1月14日　小泉首相が3回目の靖国参拝

3月15日　中国の全国人民代表大会が胡錦濤氏を国家主席に選出

20日　イラク戦争が開戦。小泉首相が米国のイラク攻撃支持を表明

5月1日　ブッシュ米大統領がイラク戦争の終結宣言

23日　米テキサス州で日米首脳会談。小泉首相がイラク復興支援への自衛隊派遣の検討を表明

31日　ロシア・サンクトペテルブルクで小泉首相と胡錦濤・中国国家主席が初会談

6月6日　有事関連3法が成立

13日　イラク復興支援特別措置法を閣議決定

7月26日　イラク特措法が成立

8月4日　中国黒竜江省チチハル市の建設現場で旧日本軍の遺棄化学兵器による中毒事故

9日　北京で日中平和友好条約25周年記念行事。日本から福田康夫官房長官らが出席

27〜29日　北京で北朝鮮の核問題をめぐる第1回6か国協議

9月20日　自民党総裁選で小泉首相が再選

22日　小泉再改造内閣が発足

10月7日　バリ島で日中韓3か国首脳会談。小泉首相が中国の温家宝首相と会談

20日　バンコクで日中首脳会談

11月9日　第43回衆院選投開票。与党が絶対安定多数を確保

19日　第2次小泉内閣が発足

22日　米ハワイで日米審議官級協議。米側が在日米軍再編案を提示

29日　奥克彦駐英参事官、井ノ上正盛駐イラク3等書記官がイラクで殺害される

12月9日　自衛隊のイラク派遣の基本計画を閣議決定

19日　ミサイル防衛（MD）システムの整備を閣議決定

20、21日　北京で平沢勝栄自民党衆院議員が北朝鮮高官と接触

29日　日本の交流協会台北事務所が台湾総統府に対

し、総統選と同時の住民投票や新憲法制定について慎重な対応を申し入れ

【2004年】

1月1日　小泉首相が4回目の靖国参拝
2月9日　北朝鮮に対する独自の経済制裁を可能にする改正外国為替・外国貿易法が成立
11～14日　外務省の田中均外務審議官らが訪朝、約1年4か月ぶりの日朝政府間協議
25～28日　北京で第2回6か国協議
3月24日　中国人活動家7人が尖閣諸島に不法上陸。逮捕後、強制退去に
4月1、2日　中国・大連で山崎拓・自民党前副総裁らが北朝鮮高官と会談
7日　イラクで日本人3人が拉致され、犯行グループが自衛隊撤退を要求
15日　イラクで人質の3人が無事解放
5月4、5日　北京で田中外務審議官らが日朝政府間協議
7日　福田官房長官が辞任。後任に細田博之官房副長官
22日　小泉首相が再訪朝し、2回目の日朝首脳会談。拉致被害者の蓮池薫、地村保志さん夫妻の家族5人が帰国
27日　イラクで日本人2人が襲撃され、死亡
6月7日　東シナ海の日中中間線近くで中国の天然ガス田開発が発覚
8日　米ジョージア州で日米首脳会談。小泉首相が自衛隊のイラク多国籍軍参加を事実上表明
14日　北朝鮮船舶などを念頭に置いた特定船舶入港禁止特別措置法が成立
23～26日　北京で第3回6か国協議
7月9日　ジャカルタで拉致被害者の曽我ひとみさんが夫のジェンキンスさんらと再会
11日　参院選投開票。自民党は不振、民主党が躍進
18日　曽我さん一家が帰国・来日
8月11、12日　北京で第1回日朝実務協議
9月10日　武大偉駐日大使の後任に王毅外務次官が着任
21日　小泉首相が国連演説で安保理常任理事国入りへの意欲を表明。ニューヨークで日米首脳会談
25、26日　北京で第2回日朝実務協議
27日　第2次小泉改造内閣が発足。外相に町村信孝・元文相
10月31日　イラクで武装組織に拉致された日本人男性が遺体で発見
11月2日　ブッシュ米大統領が再選
9～14日　平壌で第3回日朝実務協議。北朝鮮側が拉致被害者の横田めぐみさんの「遺骨」を渡す。後日、別人のものと判明
10日　中国海軍の原子力潜水艦が宮古列島周辺の日本領海を侵犯
21日　サンティアゴで日中首脳会談。小泉首相が翌年の靖国参拝について「適切に判断」と語る
12月9日　自衛隊のイラク派遣の1年延長を閣議決定

10日　新たな「防衛計画の大綱」を決定。武器輸出3原則も緩和
27日　台湾の李登輝前総統が観光目的で来日

【2005年】

2月19日　ワシントンで日米安保協議委員会（2プラス2）。米軍再編をめぐり共通戦略目標を発表
3月15日　日中外相が電話会談で、2008年めどの対中円借款打ち切りで合意
19日　ライス米国務長官が小泉首相らに米国産牛肉の早期輸入再開を要請
20日　国連のアナン事務総長が国連改革の報告書を公表
4月9日　北京の日本大使館前で反日デモ。大使館の窓ガラスが割られる
17日　北京で日中外相会談。町村外相がデモ被害に謝罪と賠償を要求
22日　小泉首相がアジア・アフリカ会議首脳会議で演説し、先の大戦をめぐる「痛切なる反省と心からのお詫び」を表明
23日　ジャカルタで日中首脳会談
5月23日　中国の呉儀副首相が小泉首相との会談をキャンセルし、帰国
7月26日　北京で第4回6か国協議が開幕
8月7日　6か国協議が共同文書を発表できないまま休会
8日　郵政民営化関連法案が参院本会議で否決。小泉首相が衆院を解散
9月11日　第44回衆院選投開票。自民党が296議席を獲得し、圧勝
17日　民主党代表選で前原誠司氏が勝利
19日　第4回6か国協議が北朝鮮の核放棄を明記した共同声明を採択
21日　第3次小泉内閣が発足
10月17日　小泉首相が5回目の靖国神社参拝
26日　日米が米海兵隊普天間飛行場の移設先をキャンプ・シュワブ沿岸部とすることで合意
29日　2プラス2で在日米軍再編の中間報告を発表
31日　第3次小泉改造内閣が発足。外相に麻生太郎総務相、官房長官に安倍晋三自民党幹事長代理
11月3、4日　北京で日朝政府間対話
9〜11日　北京で第5回6か国協議
16日　京都で日米首脳会談
20〜22日　プーチン露大統領が来日。北方領土問題は進展せず
12月4日　中国がマレーシアでの日中韓首脳会談の延期を発表
8日　自衛隊のイラク派遣の1年再延長を閣議決定
12日　米国・カナダ産牛肉の輸入再開を決定。東南アジア諸国連合と日中韓（ASEANプラス3）首脳会議が東アジア共同体を実現する決意を表明したクアラルンプール宣言を採択
14日　第1回東アジア首脳会議（サミット）

外交《がいこう》を喧嘩《けんか》にした男《おとこ》　小泉《こいずみ》外交《がいこう》二〇〇〇日《にち》の真実《しんじつ》

読売新聞政治部《よみうりしんぶんせいじぶ》

発　行　2006年1月25日

発行者　佐藤隆信
発行所　株式会社新潮社　郵便番号162-8711
東京都新宿区矢来町71
電話：編集部　03-3266-5611
読者係　03-3266-5111
http://www.shinchosha.co.jp

印刷所　二光印刷株式会社
製本所　加藤製本株式会社

乱丁・落丁本は、ご面倒ですが小社読者係宛お送り下さい。送料小社負担にてお取替えいたします。
ISBN4-10-339008-5　C0031
価格はカバーに表示してあります。